“乐学教育丛书”编写委员会

本册编写委员会

主　编：张明霞

副主编：孙庭标　许蓉雪　章荣耀　高　纯　周明霞　杨　晨　侯嘉慧　滕衍平　陈垚犇

编　委（按姓氏笔画排序）：

汤靓亮　许康妮　李　真　李振楠　杨　晨　杨春琴　吴小燕　张安龙　周永彬　侯嘉慧　高　纯　诸康俊　蒋必诚

乐学教育

江苏省无锡师范附属小学

趙朴初题

行而不辍　履践致远

“春得一犁雨，秋收万担粮。”1985 年，乐学教育在江苏省无锡师范学校附属小学初萌，由此儿童教育的研究实践便开始了历史性的生根、生长，附小也因乐学教育的盎然生命力而跃动在中国基础教育蓬勃发展的历史舞台之上。

近四十年来，《走向乐学教育》《聚焦课程开发》《乐在其中》《为了培养完整的儿童》《暖认知课堂》等成果接续诞生，我们选择在 110 周年这个重要的学校发展历史节点，将其重新整理、修订和提炼，出版“乐学教育丛书”，既是献礼，又是为附小再腾跃画出新的起跑线。它回答了“为何—何为—为何”螺旋上升的自我叩问。

为何——“穷理以致其知”。从系统的乐学教育模型，到乐学课程建构、乐学课堂研究，再到乐学环境开发，著作内涵深刻、内容丰富、内在自洽，是最好的附小教育理念教材。汇编丛书，就是要做乐学教育的学习者、思想者。

何为——“反躬以践其实”。成果的诞生，基于一线的实践；一线的实践，又必然受理论的浸润。两者往复，方能不断上升。乐学教育来自于附小师生、生成于儿童课堂、来源于中国大地，只有坚守儿童立场、扎根中国大地，才能接地气、结硕果、育新苗。汇编丛书，就是要做乐学教育的实践者、创新者。

再论为何——“涓涓不止江河生”。乐学教育是附小的，更是教育的；是现在的，亦是未来的。有了日积月累植树造林的潜功，才能

造就青山叠翠、江山如画的显功。丛书出版既归零了日月奔驰的里程，又标注了万象新启的时刻，唯有“再出发”才能“拳拳不息教育成”。汇编丛书，就是要做乐学教育的守林人、登山者。

丛书付梓之际，由衷地感谢附小这片栖息理想又蕴藏希望的土地，感谢所有为乐学教育深耕不辍的附小老师们，感恩所有关心、支持、帮助附小的社会各界人士。我们要把这套丛书作为附小百又十年华诞最好的礼物！

行而不辍，履践致远。可以预见，这个春天之后，乐学教育将继续走向繁盛，更多的研究成果将生长在中国基础教育的田野之上，与之伴随的是附小更加美好的未来。

江苏省无锡师范学校附属小学

二〇二三年一月

总序

乐学教育：扎根中国大地办教育的生动实践

20 世纪 80 年代，时任国家教委基础教育司司长陈德珍把锡师附小、北师附小、上海一师附小等七所小学开展快乐教育、愉快教育的材料交给我，问我赞成不赞成，我说我很赞成。但当时学界有争议，认为学习是要刻苦的，怎么能进行愉快教育？我说愉快和刻苦是两回事，愉快教育是让学生生动、活泼、主动地学习发展。正如孔子所说“知之者不如好之者，好之者不如乐之者”，学生感到学习愉快了，才能刻苦地学习。

时光荏苒，锡师附小深入研究乐学教育已经有近四十年历史。在近四十年的实践历程中，锡师附小的研究也从“乐学教育”走向了“乐学课程”，进而又聚焦到学科和课堂领域，通过“乐学与乐教的双向建构”，形成了指向完整儿童培养的乐学教学实践体系。近年来，学校又引入了社会心理学的理论，提出了小学“暖认知课堂”的实践要素和基本框架，构建了小学暖认知课堂的过程与模型。持续、深入的乐学教育研究，有效推动了课程改革和教学变革，实现了育人方式的转型。锡师附小围绕“乐学教育”展开的深入研究和生动实践，为我们提供了一种扎根中国大地办学校、办教育的成功范例和典型范式，对小学教育的改革与发展具有重要的意义。

学校的文化不是一朝一夕能够建立起来的，锡师附小的乐学教育特色是通过一代又一代人的努力积淀起来的。一百多年前，学校在创建之初就明确了办学的“三大使命”，“师爱弟敬，和乐一堂，你我地久天长”“先生与同学，笑语盈盈，相亲又相爱”的歌词传唱百年。

1933 年创办的校刊《儿童与教师》至今仍生机勃勃。1946 年，学校提出了“十大教育信条”，强调办“学生本位的教育”。改革开放后，学校提出“轻负担、高质量，把学校办成儿童成长的乐园”的办学愿景。进入 21 世纪，学校又旗帜鲜明地提出了“捍卫童年、启迪童年、放飞童年”的办学理想和“培养完整儿童”的教育目标。附小的百年办学历程，就是一部最好的儿童研究史和儿童教育史。锡师附小始终围绕儿童展开研究，深刻认识童年价值，深入理解儿童文化，深度研究儿童发展，坚定不移地实施儿童教育，这些成为乐学教育研究最重要的基石。现在，儿童为本、乐学教育、人文情怀已经成为学校最鲜明的办学文化，一百多年来，这种精神和文化代代相传，使得学校始终充满活力，并且常新常青！

锡师附小提出的“乐学教育”理念，是一种非常中国化的表达。两千多年前的孔子把乐学作为学习的最高境界。明代学者王心斋所写的《乐学歌》“乐是乐此学，学是学此乐，不乐不是学，不学不是乐”，更是从哲理高度阐述了快乐心理和高效学习的辩证关系。锡师附小善于从古代传统智慧中汲取营养，来解决传统教育强调教师主体而忽视学生地位、重视教而忽视学的普遍问题。改革开放以后，随着高考的恢复，学生“苦学”的情况愈加明显，附小率先开展乐学教育的研究，提出了“轻负担、高质量”的理念。进入 21 世纪，学校又确立了“三维六品”的儿童发展标准和“三类六型”的乐学课程体系，为儿童的全面发展提供了航向和跑道。当前，锡师附小又提出了“培养完整儿童”的教育目标，构建了“乐学教学体系”，打造了“暖认知课堂”，这是一所实验小学、模范小学践行为党育人、为国育才使命，担负中华民族伟大复兴重任的最好体现。附小不断丰富办学内涵，提

升教育质量，满足了更多家长和孩子对优质教育资源的需求，促进了教育优质均衡发展。因此，锡师附小的乐学教育是一种立足中国大地、解决现实问题、推动教育发展的本土创造和中国表达。

我一直关注着锡师附小，关注着锡师附小乐学教育的研究动向。令人欣喜的是，近四十年来，锡师附小的乐学教育取得了丰硕的研究成果，成为一张闪亮的名片，获得了国家级教学成果奖，甚至走出了国门，为世界教育提供了中国故事、中国话语。乐学教育的研究更使得万千学子在锡师附小这个快乐的摇篮中茁壮成长。同时，通过乐学教育的研究，一代代教师脱颖而出，成为推动教育改革、提高教育质量的先行军和开拓者。

锡师附小开展乐学教育研究，确立了办学思想，推动了课程改革，优化了育人模式，不仅是对百年文化的坚守，更是扎根中国大地办教育最生动的实践！

中国教育学会名誉会长、北京师范大学资深教授

二〇二二年十一月

本册序

理想乐园

我与锡师附小的联系可追溯到20世纪80年代，时任国家教委基础教育司司长陈德珍给我送来了锡师附小、北师附小、上海一师附小等七所学校开展愉快教育、快乐教育的材料，问我认不认同他们的实验，能不能推广。我看了以后感到这几份材料都很好，非常赞成他们的实验。学习本来就是愉快的事情，教育要让师生都快乐。但是当时教育界可不认同愉快教育，认为要教育学生刻苦学习，怎么能提倡愉快教育、快乐教育？我觉得愉快教育与刻苦学习是不矛盾的。学生对学习有兴趣了，学习愉快了，才能刻苦学习，才能提高学习效果。提倡愉快教育、快乐教育，就是要改变学生被动学习、没有兴趣学习的状况。进行愉快教育、快乐教育，就能够让学生生动、活泼、主动地发展。锡师附小坚持了快乐教育的理念并认真实践。1992年春天，中国教育学会在锡师附小召开了第一次“愉快教育”研讨会。我到会并做了报告。于是，我和锡师附小结上了缘。

锡师附小是快乐教育的创始者之一，近四十年来，锡师附小始终坚持快乐教育的理念，引领学生主动地学、有兴趣地学、愉快地学，不断提高教育的质量。在庆祝建校一百一十周年时，锡师附小打造以百个“乐”字组成的主题墙，我为此写了一个大大的“乐”字，被他们刻在墙的中央。2023年秋天，我参加了锡师附小庆祝建校一百一十周年的大会，祝贺他们为我国基础教育改革做出的贡献。

《理想乐园——营造教室文化（2020—2024）》一书凝聚了锡师附

小近四十年来的坚持和创新。他们为什么能够坚持并不断发展快乐教育的理念和实践？应该有其内在动力。

首先，乐学教育始终是滋养儿童与教师生命最具活性的土壤。在乐学教育不断深入实践的进程中，在乐学教育建模的基石上，学校奏响了“课程—课堂—环境”三部曲。附小的老师们以学习环境设计为重要突破口，聚焦学校微观空间——教室，打造了班级百变教室、学科挑战教室、主题探险教室、虚拟奇趣教室、校园隐秘教室等一系列乐学教室，营造了学科实践的过程化场景、工具性场景、创造性场景和文化性场景，提供了学科实践的新范式，使学生在有趣的场景下快乐地学习，愉快地成长。

其次，乐学教育是在中国本土实施素质教育最生动的实践。锡师附小以乐学教育为办学理念，一直把立德树人作为学校的根本任务，坚持党的教育方针，推进素质教育。特别是在2021年中共中央办公厅、国务院办公厅印发《关于进一步减轻义务教育阶段学生作业负担和校外培训负担的意见》后，附小一直在研究，不断在实践，形成了大量丰富的案例和可供借鉴的经验。这是在中国大地上产生的教育思想和实践经验。

最后，乐学教育促进了区域教育的发展。锡师附小在集团化办学的进程中，促进了区域教育的发展。在他们的理念体系里，乐学教育不再局限于“一所学校”，而是“共筑儿童教育的理想乐园”。这是在坚守儿童教育的本真，把学生从过重的学业负担中解放出来。乐学教育理念因此在区域范围，甚至省内外、国际上都产生了一定的影响。社会的认同，更加激励附小的老师们不断努力，继续创新。

总结经验既是回顾过去，又是面向未来。乐学教育是今天的教育，更是未来的教育！

二〇二四年六月

目录

第一章 暖认知学习环境与乐学教室文化

环境是课程教学的核心，高质量的课程往往依赖于学习环境的整体优化。创建乐学教室环境，必然要打造乐学教室文化。建构乐学教室文化是暖认知课堂研究的延伸，是乐学教育不断深化发展的诉求。锡师附小百十年办学的文化主题，从 20 世纪 80 年代的“轻负担、高质量”，到 90 年代的“规范儿童、解放儿童”，再到 21 世纪的“捍卫童年、启迪童年、放飞童年”“培养完整儿童”“为创新儿童画像”，始终是学校乐学教育实践的灵魂追求。这种文化建构是一个持续推进的过程，充分发挥了科研引领的作用：2007 年起，附小通过“浸润于儿童文化的课程开发”部级课题，开发了乐学课程，形成了儿童文化课程体系；2014 年起，通过“浸润于儿童文化的学习导向型教学变革”省重点资助课题和“暖认知教学：乐学与乐教的双向建构”前瞻性项目研究，全新定义了以内驱学习为核心的暖认知课堂；2018 年起，通过“暖认知理念下的儿童学习环境设计”省重点资助课题和“乐学教室文化：儿童学习生态的重构”省中小学课程基地与学校文化建设项目，以学习环境设计为重要突破口，聚焦教室文化创设，在具有根源意义的学校微观空间着力，以教室生态重塑倒逼学习方式转型，来打通新课程改革的“最后一公里”。可以说，暖认知学习环境和乐学教室文化的探索是基于乐学教育主题，在打造暖认知课堂的过程中就环境的整体优化展开的一项研究，目前已取得了一些阶段性成果。

第一节 从学习环境、暖认知到乐学教室

在过去20年里，学习模式发生了显著的变化，这些变化主要体现在知识获取渠道的多样化和学习方式的个性化上。学习环境成为一个新的教学隐喻，意味着教学不仅是知识的传授，更是通过创造适宜的学习环境来促进学生主动学习和深入思考的过程。这种观点强调了教师在设计和管理学习环境过程中的关键作用，以及如何利用技术工具和资源来支持这一过程。因此，随着学习环境的变革，教学方式和学习方式也需要相应地调整和创新。这不仅是对传统教育模式的补充和完善，也是对未来教育发展趋势的预判和准备。

近年来，锡师附小引入“暖认知”概念，打造暖认知课堂，探索和研究暖认知理念下儿童学习环境设计的相关理论、理念，以及不同学习环境设计的系列化策略。同时，我们通过五种样态的乐学教室设计案例和现场研究，深入剖析学习环境设计与儿童学习之间的内在关联，获得对学习环境设计更为具体化的认识。教师教育观念、学习观念不断更新。学生在开放、有温度、自主的学习环境中乐学、会学，并能学出属于自己的“精彩”。这样的研究与创造性实践，深化了我校的乐学教育，促进了课堂教学和学校教育的转型与发展，为学校落实立德树人根本任务、培育时代新人提供了有益经验。

一 教学实践中学习环境地位的嬗变

学习环境，顾名思义就是学习者的周遭外界。因为产生于学习科学的话语体系中，学习环境的内涵很广。从正式课堂和学校延伸到非正式的家庭和

社会，从有形的学习环境拓展到技术和互联网营造的虚拟学习环境，学习环境概念的嬗变折射出不同时代对学习的不同理解。

（一）前多媒体时代：学习环境仅仅是学习空间

在前多媒体时代，学习环境被狭义地理解为学习空间。在这一时期的研究中，空间和环境是交叉使用的，被认为是同义词。人们对学习环境的理解常常局限于物理空间，将其等同于教室布置、区域划分和座位排列等。例如 1979 年，美国教育技术学家 F.G. Knirk 就明确将学习环境定义为：由学校建筑、课堂、图书馆、实验室、操场以及家庭中的学习区域所组成的学习场所。这一定义将学习环境限定为学校和家庭中的物质因素。这个时期的学习环境有类工厂的性质，主要是通过工厂式的建筑，如白墙、黑板和秧田式课桌椅等，来营造专心学习书本知识的氛围。

可以想象，被四壁围成的教室、满是书架的图书馆和静谧的自习室，就是这一时期学习环境的所有形态了。这些地方是知识的殿堂，为学生们提供了学习所需的物理场所和基础设施，如桌椅、书架、黑板等。在这样的学习环境中，学生们主要依赖纸质图书、手写笔记以及教师的面对面指导来获取知识。

（二）多媒体时代：学习环境扩展到资源、工具和方式

在以影视为核心的多媒体时代，学习环境已经发生了深刻的变化。学习环境不再局限于传统的教室和书本，而是扩展到各种资源、工具和方式。这种变化为学生提供了更加丰富和多样化的学习体验，同时也对教师和学生提出了更高的要求。

资源的多元化。在多媒体时代，学习资源变得日益丰富和多元化，除了传统的纸质教材外，还有大量的影视资源、电子书等。这些资源不仅为学生提供了丰富的知识内容，还以不同的形式呈现，如视频、音频等，使得学习

更加生动有趣。

工具的智能化。随着科技的发展，学习工具变得越来越智能化。例如，智能教学平台可以根据学生的学习进度和需求，提供个性化的学习建议和资源推荐。智能辅助工具，如语音识别、智能笔等，可以帮助学生更加高效地完成学习任务。

方式的灵活性。在多媒体时代，学习方式变得更加灵活多样。除了传统的课堂学习外，还有在线学习、自主学习、协作学习等多种方式。这些方式可以满足学生的个性化需求，让学生根据自己的节奏和时间安排进行学习，提高学习效率和自主性。

（三）数字化时代：学习环境成为决定性课程互动因素

在数字化时代，随着技术的飞速发展，学习环境正在被重新定义，如基于信息技术的虚拟学习环境和利用虚拟现实（VR）或增强现实（AR）技术的智慧课堂，学习环境开始向数字化和虚拟化方向发展。

第一，数字化技术为学习环境提供了无限的可能性。在线学习平台、虚拟现实技术、人工智能（AI）等使学习不再局限于传统的教室。学生可以在任何时间、任何地点，利用全球的资源进行学习。这种灵活性和便捷性极大地丰富了学生的学习体验，使学习变得更加个性化。

第二，学习环境对于课程互动的影响是深远的。在数字化学习环境中，学生可以通过在线讨论、实时反馈、协作项目等与老师、同学进行互动。这种互动不仅提高了学生的积极性和参与度，还有助于培养他们的批判性思维、合作精神和创新能力。同时，数字化学习环境也为老师提供了更多的教学方法和手段，使教学更加生动有趣。

第三，数字技术的应用可以聚合分散的优质资源，突破传统学习环境的时空限制，进一步推动教育公平。一方面，通过数字化转型，地域和资源限制被突破，学习环境中的优质教育资源可以惠及更多学生，从而缩小教育差距。另一方面，数字化教育还能够支持大规模个性化教育的落实，满足因材施教的需求，实现课程、学生、环境的互动。

可以说，数字化时代的学习环境已经成为决定课程互动效果的关键因素。通过教育数字化，我们的学习环境将融合物理空间、社会空间和数字空间，构建以学习者为中心的教育教学场景，培育跨班级、跨年级、跨学科、跨时空的学习共同体，形成以数据驱动大规模因材施教为核心的教学新范式。

二　暖认知课堂是以学习环境为中心的教学

齐瓦·孔达在《社会认知：洞悉人心的科学》中提出了“暖认知”的概念，其核心思想是认知的过程并不是一般意义上的纯信息加工活动，而是包括目标、情景、动机、情感、自我在内的更广泛意义上的“大认知”。[①]从这个意义上讲，“暖认知”为我们打开了一个认知发展的社会情景视野，启示我们暖认知是有动力、有情感、有温度的认知，是满足需求的认知，暖认知课堂是以学习环境为中心的教学。

在暖认知原理的启发下，儿童学习的课堂不再是生生、班班之间学习成绩的角逐场，不再是以教师为中心的“一言堂”，不再是一成不变的物理空间，不再是以讲授知识为目的的场所，而是以学习环境为中心的教学：关照和尊重儿童情感，让儿童在协商和合作中获得自我归属感，呈现富有弹性和情境的课程，提供开放的学习资源供儿童体验、探索、建构知识。

（一）暖认知课堂是情感型物理环境中的教学

认知心理学中阐述了情感在认知过程中的作用，认为恰当的情感浸润有利于好的认知效果的产生。如果一个儿童在认知的过程中，一直被当作学习的机器，那么他对整个学习生活一定是厌恶的、反感的，我们就不得不怀疑

① 孔达．社会认知：洞悉人心的科学 [M]. 周治金，朱新秤，等译．北京：人民邮电出版社，2013.

他健康成长的可能性。这表明儿童学习的环境必须是充满温情与爱的，要让儿童在有情有意的“教室”中获得快乐和成长。

乐学教室就是这样一种有情有意的“教室”，不管是外在物态环境设计，还是制度的制定和文化的打造，都是从关注儿童的主观情感体验出发的。例如，“明日之星”的评比表扬、“亮眼睛发现岗”的好人好事宣传，发挥了榜样引领的正导向功能，弘扬了正能量；“悄悄话信箱”的心理沟通，帮儿童找到了情绪宣泄口，使他们重拾前行的信心和动力，逐步实现班级的同频共振、和谐共融。再如，“告示栏”“梦想目标卡”“成长的足迹”等，让每个儿童都能在班级中找到自己的位置，实现自身的价值。

这样的教室不再是传统意义上沉闷乏味的学习空间，而是充满温暖、美好、快乐和幸福的港湾。在这里，情感的力量能够唤醒沉睡的生命，点燃学生内心的认知之火，让学生在探索科学知识的道路上感受到前所未有的温馨。

（二）暖认知课堂是平等式人际环境中的教学

暖认知课堂是一种在平等式人际环境中进行的教学。这种教学强调情感浸润、情境交互和协同合作。人际交互的过程避免了儿童成为一个孤独的学习者，自由平等的交往互动会使儿童产生被需要、被关怀的感受，使儿童处于高自尊感和强自我效能感状态，让原先单一枯燥的认知过程也有了一定的温暖情态——知识建构变得趣味盎然了，人际关系变得融洽和谐了，学习氛围变得浓厚热烈了。

乐学教室为自由平等人际交互的实现提供了可能。第一，在乐学教室里，教师和儿童拥有一个共同愿景。受共同愿景的约束，他们需要通过互助合作、分享知识、共享资源等方式来实现集体的目标和个人的成长。第二，尊重儿童的异质性。乐学教室中的儿童都是独立的存在，不能为了实现共同愿景而把儿童封闭在单一的框架里来培养，否则会使主体丧失经验的独特性和交流的可能性。当我们承认儿童的差异、尊重儿童的异质性，教室中的儿童就愿意暴露他们学习上的缺陷，并感到老师和同伴会做出支持性的反应，这就形成了一种开放交流的氛围，形成师生、生生之间建设性的互动。第三，乐学教室里的“无声”桌椅可以自由组合。为了便于自由开放地交流意见、主张、看法和情感，布置教室时可以撤销教师讲台，靠墙放一张陪伴桌，还可以打破学生桌椅矩阵，根据认知任务的需要，按马蹄形、圆形、六角形、菱形等“拼图式”摆放桌椅，让学生看到彼此，教师融入学生之中，建立一个有同伴交流、自我感知与教师指导的和谐空间。总之，在人际交互的过程中，师生相互建构，生生相互启发，人与人之间建立了友好的相互依赖的感情，这有利于每一位儿童对自我身份的确认，对集体的认同、满意和依恋。

（三）暖认知课堂是情境性心智环境中的教学

知识的学习是镶嵌在情境中的，对学习者而言是有意义和有吸引力的认知过程。因而，要把个体认知放在更大的物理和社会的情境脉络中，通过呈现知识产生、理解和迁移的情境，将知识内化、转化，进而外化。发挥情境在促进知识理解、运用和迁移上的作用，能让冷冰冰的知识变得有意思，让枯燥的认知过程变得有吸引力，显然，这符合暖认知的加工特点。

乐学教室创建是这种教学理念的一种具体实践，它通过空间设计，将课程知识与儿童周围的环境紧密结合，形成能促进知识、技能、经验和环境之间连接的认知情境。科学合理的认知情境能充当相关问题解决的先行组织者，激活儿童的相关图式，扩大迁移范围，充分发挥儿童的主动性，促进儿童开展高阶学习，发展高阶能力。它主要有两个特点：一是镶嵌性。在情境中镶嵌解决问题所需要的领域性课程内容、探究性和启发性知识、元认知策略和学习策略，使缄默知识变为有趣知识，让儿童在解决情境问题的过程中增长知识和发展能力。二是独特性。空间设计使课程具有丰富性、多样性和可变性。依据不同风格的空间特点设计不同的课程框架，根据学习进度不定期更新课程资源，让学习者从不同的视角对知识进行持续的审视和思考，可以实现对知识的深入理解和灵活运用。

可见，乐学教室里的情境化学习最大化地强调了利用情境中的信息和因素，让学生自主参与，促进其高阶复杂心智的发展。

（四）暖认知课堂是实践性工具环境中的教学

暖认知是社会认知中具有动机性的认知加工过程，也就是说，对某个主题产生强烈持久动机的人会投入更多的注意，为此进行更多的认知卷入，促进更加有效的信息加工，发挥出更高的水平，有更出色的表现，其自尊水平也得到相应的提升，并且还伴随着更强烈的主观幸福感体验。

那么，如何来唤起儿童的动机呢？动机是由环境中一些新颖有趣的东西所诱发的。基于这样的考虑，乐学教室打破年级和班级的界限，通过利用具有关联性和丰富性的学习资源来唤起儿童的认知驱动力。学习资源涵盖书籍、视听媒体、实验器材、运动器械、手工材料、学习网站、信息资源库等多种形式。这些资源围绕认知的主题和任务向每个儿童开放，让儿童拥有足够的探索发现空间。儿童可以根据自己的兴趣和需要，自由进入相应的资源区域，其个性化认知需求得到极大的满足。乐学教室中的儿童完全不同于传统教室中的儿童，他们已然成为问题的发现者、探究者、解决者和知识的意义建构者。

无疑，儿童在乐学教室中不会感到痛苦和困难，丰富多样、有趣开放的资源和设施让儿童始终对学习保持强烈的动机，在自主探究、沉浸体验中产生快乐感受。

三 暖认知课堂的时空场域即乐学教室

乐学教室是一种创新的教学环境，其设计理念主要基于学习场理论和暖认知理念。我们把暖认知诉求的环境称为“乐学教室”，乐学教室本质上是一种乐学的环境形态，强调学习环境中学习者之间、学习者与环境之间的相互作用与关系，具体表现为师生关系、教学关系和情智关系的变革。这些变革旨在建立学生与教师的学习共同体，使学习成为认知建构、意义协商、身份建立和情感流动的过程。

在锡师附小，乐学教室主要有班级百变教室、学科挑战教室、主题探险教室、虚拟奇趣教室和校园隐秘教室五种样态，不管哪一类教室，都是儿童学校生活中重要的学习环境。它既是桌椅、黑板、互联网构成的物质空间，又是师生同在的活动空间、生活空间、信息空间和社会空间，①是暖认知课堂在时空场域的延展，其教学实践的立意有四个方面。

（一）打破时空边界：乐学教室是暖认知课堂的泛在学习场景

每一个儿童都有自己的个性特点和学习风格，乐学教室中充足的资源和工具使个性化的泛在学习成为可能。通过互联网络、5G 技术、各类媒体平台，学习随时随地都可以发生。在附小，儿童基于个人意愿，可以提前预约各类教室和设备，自主选择学习内容和资料，还可以运用营火、水源、洞穴、山顶等多种学习场景。学习不受时空限制，变得灵活、有弹性，儿童因此主动、有灵性，不断进行自主探究和自我建构。

（二）打破学科边界：乐学教室是暖认知课堂的融通课程场景

教学的进行是分科的，但儿童的生活是完整的。新课标强调跨学科学习，就是要打破学科壁垒，强化课程的协同育人功能。附小的班级百变教室基于国家课程，学科挑战教室基于校本化的学科课程和跨学科课程，主题探险教室基于超学科课程，为儿童的全面发展提供复杂且真实的情境，使知识的内在价值和回归本质的学习过程真正满足儿童生命发展、认识世界的需要。

① 侯嘉慧．乐学教室支持下的儿童学习生态系统构建 [J]. 江苏教育，2022(66)：65.

（三）打破活动边界：乐学教室是暖认知课堂的真实实践场景

新课标将“变革育人方式，突出实践”作为五大基本原则之一，强调课程与生产劳动、社会实践的结合。附小的乐学教室是一个开放的实践场域，吸引着家长、志愿者以及社区、高校等一大批社会专业力量的加入，形成了一个具有专业素养的育人共同体。儿童在与育人共同体的接触中，受其专业性影响，不仅可以学习专业知识，还更容易形成学科思维。

以乐学教室为抓手，通过打造乐学教室的应用场景，拓展暖认知课堂的时空场域，可以促使儿童由被动地发展转变为主动地发展，由整齐划一地发展转变为富有个性地发展，由片面地发展转变为整体完善地发展，[①]从而培养完整儿童，这是探索育人方式转型的附小方案。

（四）打破文化边界：乐学教室是暖认知课堂的动态生成场景

在全球化的今天，跨文化的理解和接纳尤为重要。这意味着我们需要创设包容性强、文化多元的环境，让学生能够接触到各种观点和文化，从而培养全球视野和跨文化交流能力。

乐学教室就是暖认知教学文化中一个支撑性向度，强调一种积极、愉快、包容的学习氛围，主张打破特定的文化背景或观念的束缚，尊重并接纳各种不同的文化元素。学习“过程注重发现、探究、合作等要素”[②]。这种动态生成的教学方式有助于培养学生的批判性思维、创新能力和解决问题的能力。在这样的环境中，学习不再是枯燥无味的任务，而是一种开放的、充满激情的探索，这对于培养具有全球视野和创新能力的新一代具有重要意义。

---

① 张明霞．儿童学习生态的重构：乐学教室文化建设撬动育人方式转型 [J]. 江苏教育研究，2022(16)：9.

② 倪蓉．乐学与乐教的双向建构——“暖认知教学模式”的实践研究 [J]. 江苏教育研究，2017(35)：25.

乐学教室的理论阐释、实践意义与文化内涵

随着技术对教育世界的持续改造，分离、线性、僵化的传统教育样态正在解构，传统教育的诸多限制被解除，教育场域不断创生新的维度和新的内涵，理论和实践正在推动教育范式从实然现状向应然状态加速演进。乐学教室的发展将教育时空拓展到网络所及之处；现代教育技术参与后，学习空间的改造有了更多可能性；乐学教室对教育范式的赋能，有助于窥见未来的教育样态，为社会各层面在未来教育组织、文化、政策等方面的实践带来有益参考。

一 乐学教室的理论阐释

在生活世界和教育世界加速重合的背景下，在日趋复杂的教育情境中，学习空间理论相对滞后，这导致了学习空间建设滞后于教育理论和教育实践。乐学教室建设的本质是环境重构，其理念是“环境从边缘走向中心，以环境为中心”。乐学教室支持教育在更多维度上综合更多要素，统整丰富的教育情境，带来更充分的教育支撑。

（一）乐学教室建设的本质是环境重构

学习在本质上并非按部就班的线性活动，而是需要学习者跨越熟悉的安全界限，勇敢地探索舒适区之外的事物，创造新想法与实践新行动的过程。锡师附小提出乐学教室，就是关注学习空间的创设能否孕育一种学习文化，即不仅是改变学习者的外部环境，而是创建支持学习者在其中进行有抱负、有创造性与勇于挑战的学习的内在文化。可以说，乐学教室建设的本质就是环境重构，是包含物理环境、人际环境、心智环境、技术环境在内的综合环境的重构。①

其一，理念上突出乐学教室强化创造、实验与行动的导向。为了促成学习者沉浸于学习过程，发现和掌握现有知识，创造新知识并运用于现实世界，乐学教室要融入更多的真实情境，让学生主动地投入学习体验、项目、案例研究、实习以及服务学习中。比如，学校角落教室中的玫瑰花墙，就是借助学校自然生态环境资源，让学生全面参与校园土地管理并养护校园里的植物。学习项目包括寻找适宜的玫瑰品种、学习玫瑰养护知识、进行栽种实践等。整个校园成为学生建构学习的开放框架，学生利用学校空间发展思考与解决问题的能力、基本生活能力，理解个人与学校及自然环境的关系。

其二，空间上突出乐学教室人际交互的便利性。乐学教室以其开放、灵活的空间布局，为学生提供了丰富的人际交互机会。智能教学平台、多媒体展示设备等的应用，使师生间的交流更加便捷高效。小组讨论区、实践操作区等空间划分，鼓励了学生之间的合作与互动。在这样的环境中，学生可以自由地表达观点、分享经验，共同解决问题，从而促进知识的深入理解和应用。乐学教室的人际交互便利性不仅提升了学生的学习效果，也增强了学生的社会交往能力和团队协作能力。

其三，资源上突出乐学教室的技术工具运用优势。乐学教室中的“发现数学”实验室就是技术服务学习的环境重构典型。电子书包、互动白板、智能教学应用等使合作学习成为可能。云端系统对学生的日常学习情况进行记录、处理和分析，及时有效地指导小组和学生个人。我们通过将难以理解的概念可视化、游戏化等方式，使学生参与复杂的认知活动，提高学生将学校情境迁移到非学校情境的可能性。

① 张明霞 . 乐学教室：学科实践场景化的新探索 [J]. 人民教育，2023(Z3)：100.

（二）乐学教室的理念是环境从边缘走向中心

学习理论、认知科学、脑科学与神经科学的进步引领我们将关注点从教师的教转向学生的学，乐学教室的理念正是基于这些理论的发展，认为学习空间创设的重心发生了根本转变，学习环境从边缘走向了中心。

其一，乐学教室关注学生与环境的互动。传统行为主义学习理论认为学习的本质是学习的反应强化，学习是知识的习得过程。与之不同，建构主义的学习理论建立在学习情境观、社会文化观和建构主义观的认识论基础上，认为学习是具有建构本质、协商本质与参与本质的，对应的隐喻就是学习环境设计应促成建构、协商与参与的发生。传统的教室只是“消极”地提供一个分割的空间以把学生“装”进去，相比之下，乐学教室更强调学生的参与性，强调学生与空间及学习媒介的互动，强调学生与同伴及教师之间的互动。

其二，乐学教室强调社会物质境脉对于学习的重要意义。认知活动不仅是有关学习者同学习内容、对象的互动，更是沉浸在一个主体与环境构建的完整系统之中。这意味着乐学教室建设不仅要改变学习空间与情境，更要在导向合作、联通与深度互动的学习路径上做出革命性的转化。

其三，乐学教室的理论基础是脑科学与神经科学。一个灵活、有变化的学习环境，相比一个平淡、一成不变的教室，更不容易让人走神。《灵活学习环境与学习能力发展——对美国〈教育传播与技术研究手册〉（第四版）的学习与思考之二》对灵活学习环境的概念和作用进行了详细的阐述，强调了自主学习能力和自我调节学习能力的重要性。在这个意义上，乐学教室不再只是外设于学习的一种物理存在，它对于学习与理解、认知与发现，乃至儿童的可持续发展都具有生成性与创造性的意义。

（三）乐学教室的理论视野是以环境为中心的教学

乐学教室的核心要素为教材、学生和环境，其中环境为驱动性要素。乐学教室的环境具有邀约性、社会性和深刻性，能在情境中转换教材内容，丰富学与教的过程，促进学习共同体和实践共同体的生成，以此支持多样化学习的展开。

其一，打造具有邀约性的学习环境。认知有效性、社会支持、情感功能和身体机能是积极和具有生产性的学习空间的必备要素。乐学教室应该是能让儿童感到舒适、幸福、有吸引力的，能解放其身体和大脑而令其投身学习的环境。因此，我们越来越多地考虑并遵循健康原则、激励性原则、适应性原则等，让教室变成儿童愿意待的地方。

其二，打造全方位的学习社区。这意味着活化全校的空间功能与价值，将学校的不同领域打造成学习共享空间，真正打通正式学习与非正式学习、个人学习与合作学习的空间，将学校从一个场所变为体验社区和资源网络，让儿童随时随地进行信息沟通、知识创造或团队互动。例如，乐花园、彩虹操场、走廊、楼梯、咖啡馆，都可以被设计为学生开放学习、即兴讨论、独立学习、放松与社交的共享空间。

其三，打造真实世界的场景链接。乐学教室建设强调学生在学校学习的知识和理论同真实世界体验的关联性，如对户外学习、自然学习给予更积极的关注。乐学教室建设还关注学科教学以外的活动场景的创意设计，如社交、饮食、园艺、照顾动物、体育健身、游戏等场景的创设。

二 乐学教室的实践意义

教室是师生重要的生活场所，不仅是师生用来教与学的物化空间，也是师生用以参与互动、表达情感、完善自我的生命存在场域。乐学教室作为一种隐性的文化教育资源，对学校教育的生动性、学生的全面发展程度和师生的生存样态有重要影响。

（一）创新乐学教育的基本理念

乐学教育旨在促进素养导向的新时代教育思想行动化、具体化、系列化、大众化，通过形成系列可操作的教学目标、教学内容和教学方法来推动完整儿童的培养。以乐学教育理念为指导创新教室文化，正是在素养时代背景下，借鉴新教育的学理基础和核心理念进行的。

其一，基于乐学教育的儿童立场，构建教室文化的价值在于从现实的教育空间中找寻人最大的发展可能。凡是能够促进生命个体在学校中舒展、成长的，利于其持久发展的，便是积极正向的教室文化；而压抑生命个体并使整体呈现平庸状态的，就是消极负向的教室文化。

其二，根据乐学教育“爱、美、趣、优，指向创造”的核心理念和引入的“暖认知”理念，构建教室文化旨在根据教室场域内个体当下的生命状态创造一个更加广阔和平衡的环境，成为一种满足学生身心发展需要、符合学生基本特征的教育实践，从根本上改善人在教育场域中的生活状态和生活方式。

其三，传统的学校教育过于注重认知、理性、规范的培养，而置想象力、创造力等思维能力于一边。针对当下教室文化囿于学校的事务操作、规章制约和任务完成而使生命主体逐渐丧失文化自觉的现象，以及教室文化缺乏内在精神、难以一以贯之的问题，教室文化构建需重新进行过程审视。只有摆脱形式主义，立足生命发展，协调和满足人的发展需要，注重内在精神，为教室成员提供适合展示天性、个性、情感及人格的生活空间和生活氛围，才能实现深层次的教室文化建构。

其四，参照乐学教育中“为了培养完整儿童”的发展逻辑和行动要求，凝练精神文化是教室文化构建的第一要义。教室文化的核心体现在精神理念、愿景价值观及集体精神风貌中。精神文化凝练后，将呈现于物质环境、行为活动等一系列显性的文化建设中，并在长久构建中不断修正和完善。隐性文化与显性文化相得益彰、理念建设与行动落实前后一致，是教室文化整体构建的实践逻辑。

（二）重构乐学教育的实践模式

在乐学教室的实践研究中，学校形成了“做”科研的乐学教育实践模式。这是因为，学校教育科研要直面实践中的真实现象，具有复杂性和综合性；学校教育科研旨在解决实践中的具体问题，具有情境性和操作性；学校教育科研旨在发展或改造原有的实践经验，具有经验性和发展性。

1. 规划问题系统

一所学校即一个微型教育生态系统，没有一件事是脱离整体而存在的。我们要在此微型教育系统中思考和分析每一个问题或需求，整体设计，形成“问题或需求图谱”。教育改革始终前行，如龙卷风一般刮过。但具有根源意义的教室和课堂，以及教室和课堂里师生日常的教与学，依然如“平静的海床”。要打通教育教学改革的“最后一公里”，就要研究教育教学发生的微观场所——教室，研究教室文化、学习生态、育人方式的变革。

2. 规划研究组织

学校开展科研，组织与实施同等重要。在乐学教室的项目中，我们形成了实践循环式的研究模式，在行动中运用规则、细化技术、采集证据、探寻答案，用系统的设计、科学的方法解决问题。可以说，乐学教室的研究，落实在学校教育教学的各个环节，全员、全过程、全场域参与。学期初的教学教研计划发挥了纲领性引导作用，从学校层面到学科层面再到级部层面，都把项目研究作为重要工作内容；学期中各个学科的日常性教研活动也围绕项目内容展开；学期末的学科反思会及案例、论文的撰写都是基于项目开展的整体实践。

3. 规划成果应用

乐学教室的研究成果分为以下几类：一是物型环境的打造，二是匹配课程的升级，三是相应评价的改革，四是教研共同体的组建。研究成果的发布和应用主要有以下几种形式：形成并出版《乐学教育丛书》（教育科学出版社出版)，成立江苏乐学教育研究中心，举办全国愉快教育研讨会，举行省内外、国内外共建校、联盟校、友好校活动，接待各级各类团队来校参观、学习、交流或跟岗。

（三）发展乐学教育的校本文化

随着《关于进一步减轻义务教育阶段学生作业负担和校外培训负担的意见》的颁布与实施，教育开始回归国家课程基准线。人们对校园的期待不再停留于“高大全”，而是开始反思学校空间如何优化教育供给，助推教育高质量发展，真正成全每一位儿童的个性化发展。乐学教室在这个意义上进一步发展了乐学教育的校本文化。

1. 文化赋形，让空间拥有“场所精神”

“场所精神”强调每个场所都拥有自己独特的精神和特性。在 1978 年，挪威的建筑理论家诺伯格·舒尔茨首次明确提出了这一概念，他主张场所精神是内在心灵空间与外部物理空间的交融。学校文化作为从一般到特殊的独特哲学表达，其独特之处在于校园物理空间和社会空间所承载的精神和理念，这些共同构成了独特的学校文化氛围。

在校园中，物与物、人与物、人与人之间的相互连接和互动，形成了一种精神镜像。这种镜像反映了生活和学习在这里的师生们的价值观、精神风貌，他们逐渐培养出文化的归属感和认同感，这就是场所精神。因此，在设计和布置乐学教室时，我们需要关注并创新空间场所所代表的人文价值，让空间场所影响并塑造教师的行为，进而重塑校园生活的方式。在校园里，每一个角落、每一处空间都可以成为储存师生精神、情感和记忆的“容器”，让场所精神得以体现和延续。

2. 生命在场，让空间传递“教育温度”

我们必须尊重每一个生命的独特性，为他们创造自然、真实、亲切且和谐的环境。这个环境需要满足儿童的生理需求，同时也要满足他们心灵的需求。只有这样，我们才能真正激发儿童的“具身认知”本能，帮助他们打破与自然和实践之间的隔阂。

乐学教室让儿童通过与颜色、采光、材料的真实互动，产生内心的停留、对话和思考。这样的环境可以唤醒他们的好奇心，激发他们探究的内在动力，让他们真切地感受到教室的温暖和深情。这样的教室，不仅是一个学习的场所，更是一个充满活力和生命力的空间，让每个儿童都能在这里自由成长，实现自我。

3. 价值适切，让空间聚合“学习力量”

我国校园空间的发展经历了显著的演变，从最初的基础功能完善，到追求审美品质的提升，再到如今强调课程与空间环境的紧密结合，呈现出无界限、全学习的空间改造特点。在这一演变过程中，空间的价值逐渐聚焦于满足学生多样化的学习需求、提升学生的学习效能，并注重学习环境的多元化与舒适性、教学资源的丰富性与易得性，以及学习方式的灵活性与合适性。

随着这种价值适切化的转变，传统的学校结构和分区系统被重构，非正式学习空间逐渐成为多元化的学习区域。这种变革不仅激发了学生的学习能力和积极性，更促使“高创意、高频次、多维度”的学习在校园中真实发生。科学而富有挑战性的学习空间，为学生提供了更加丰富而深刻的认知刺激，促进了他们大脑的发展。

三 乐学教室的文化内涵

乐学教室指向的是环境的育人价值，体现的是教与学思维的变革，呈现出学习过程的新样态。

（一）乐学教室赋予教学环境新的教育价值

1. 指向性：幸福而完整的人

教室之“魂”就是教室的价值追求与行为取向，其出发点是“人”：我们要培养什么样的人。从国家的期待来看，中国特色社会主义新时代对人的素质提出了新要求，不仅需要知识与能力，还需要个性与活力，需要培养有精神、有灵魂、有视野、有担当的中国人；从儿童的发展来看，无论其未来走向何方，文化基础、自主发展、社会参与都是必备的素养。这些都指向一个共同的追求：培养完整儿童。教室是教育运行的土壤，从目标出发，学校的价值观、育人观、学生观、课程观都应在这个空间充分融合。教室文化的构建被认为是摆脱教育改革困境的关键。作为教育者，要让教室空间更加适应学生的学习方式，全方位促进学生成长，让教室有“灵魂”。

2. 整体性：结构而系统地学

学生的学习是置身在具体的生活世界中的，他们通过多个感官认识整个世界。小小的教室是学生生命成长的大世界。世界不仅是整体的，而且是现实的。教室需要开启“全学习”的生态系统，从整体性出发，与学生生活实际相关联，真正让学生去体验。在这样的教室里，课程的内容一定是贯通幼儿园、小学、中学的；学科能力一定是以学科知识为中介，有着结构性和系统性的；育人方式一定是五育并举、综合性的。

3. 发展性：独特而有个性地长

在教室内涵逐渐丰富的同时，让教室中的儿童个性化生长的，是在教室里实施的课程。那么，如何才能让课程的单一价值转化为素养导向的多元价值呢？如何才能让教室的顶层设计转变为落地的行动呢？针对不同的乐学教室，需要开发相应的课程，原则有三：一是班级百变教室课程指向学科核心素养，让学生具有学科的关键能力与必备品格；二是学科挑战教室、主题探险教室以及校园隐秘教室课程指向跨学科能力，让学生在主题学习、协作学习、项目化学习等过程中学会解决实际问题；三是各类教室课程需要关照不同学科及不同学段学生成就水平的发展，尤其要关注儿童非智力因素的开发。我们要让立德树人成为教室建设的出发点与落脚点，让教室的场域价值真正指向立心、立魂、立根。

（二）乐学教室赋予教学实践新的思维方式

乐学教室是一个生态学习系统，赋予教学实践新的思维方式，使教学从原先的基本课程发展为多元化的语言、知识、情感、思维与创造课程，使学生在不同的文化背景下获得体验，能在任何时空情境里找到人生的意义，全面、自由地成长。

1. 环境分析思维方式

乐学教室，作为新时代教学实践的前沿阵地，其设计理念和实践方式都深深烙印着环境分析的思维方式。这种思维方式，不同于传统的、仅关注教学内容和方法的教学思维，强调对学习环境的全面、深入理解和优化，以支持教学实践有效、高效地进行。

首先，乐学教室注重环境与学生学习的关联。它强调教学环境应该适应学生的学习需求和习惯，通过优化环境来提高学生的学习效果。因此，教师需要关注教室的物理环境、社交环境以及技术环境等多个方面，分析它们如何影响学生的学习过程，并据此调整教学策略和方法。其次，乐学教室鼓励教师运用环境分析的方法进行教学设计。在设计教学活动时，教师需要综合考虑教室内的各种因素，如空间布局、座位排列、设备配置、社交氛围等，以创造有利于学生学习的条件。最后，乐学教室强调环境与学生发展的互动关系。它认为教学环境不仅应该适应学生的学习需求，还应该激发学生的潜能和创造力。因此，教师需要关注学生在教室环境中的表现和发展，及时调整环境设计以满足学生的成长需求。同时，教师还需要鼓励学生积极参与教室环境的建设和改进，让他们成为学习环境的主人翁。

2. 空间效能思维方式

乐学教室的设计，旨在通过优化学习环境，赋予教学实践指向空间效能的思维方式。这种思维方式强调以学生为中心，注重空间与教学实践的紧密结合，以提高学生的学习效果和教师的教学效率。

首先，乐学教室的空间设计注重多元化和灵活性。教室内部可以根据不同的教学需求灵活调整，如班级百变教室的格局和布置可以依据季节、学生活动主题、班级特色文化等进行阶段性调整。这种设计能够适应多样化的教学内容和方式，为学生提供更加丰富、生动的学习体验。其次，乐学教室的空间布局注重过程化、工具性、创造性和文化性。我们通过打造学科实践的场景，让学生在实践中学习、探索和创新，培养他们的实践能力和创新精神。最后，乐学教室的空间效能思维方式强调教学实践与空间的有机结合。教师需要根据教学内容和学生的特点，合理选择和运用教室内的各种资源和设施，以实现最佳的教学效果。同时，学生也需要充分利用教室内的资源和设施，积极参与到教学过程中，发挥自己的主体性和创造性。

3. 学科融合思维方式

普通教室和乐学教室在学科融合方面的差异，主要体现在教学环境和教学工具的应用上。乐学教室在学科融合方面具有显著优势，这主要得益于其独特的教学环境设计和先进的教学技术。

首先，乐学教室的教学环境设计注重学生的参与和互动，有利于激发学生的创造力和探索精神。在学科融合的教学过程中，学生需要在不同学科之间进行思考和创新，乐学教室的环境设计能够为学生提供更多的灵感和动力。其次，乐学教室采用了先进的教学技术，如虚拟现实、增强现实等技术，这些技术能够为学生创造更加真实、生动的学习环境。在学科融合的教学过程中，这些技术可以帮助学生更好地理解不同学科之间的联系和差异，从而加深对学科融合的理解。最后，乐学教室还注重学生的自主学习和合作学习，有利于培养学生的自主学习能力和团队协作能力。在学科融合的教学过程中，学生需要自主探索和合作学习，这些学习方式能够帮助学生更好地掌握学科融合的知识和技能。

4. 动态情境思维方式

乐学教室作为一种现代科技与传统教学相结合的产物，打破了教学情境的时空限制，使知识内容得以从静态转化为动态，知识情节从片段成为系统性链条，体现了知识链知识优势的形成过程，即“知识获取→知识共享→知识创造”[①]，知识形式从微观、宏观和抽象变得具体、细致和直观。这样的变化得益于乐学教室的四大功能。

一是提供技术支持。乐学教室利用现代教学技术，如交互式电子白板、多媒体设备、在线学习平台等，为教学实践提供丰富的多媒体资源和动态的教学环境，使教学内容以更加生动、直观的方式呈现出来。二是灵活布局。圆桌讨论、小组协作、个别指导等多种布局方式，可以适应不同的教学内容和教学方式。三是情境模拟。我们通过角色扮演、情景剧表演等对真实场景的模拟，让学生更好地理解和应用所学知识。四是实时反馈。乐学教室借助现代教学技术和设备，可以实时获取学生的学习情况和反馈，有助于老师设计适宜的教学情境。

5. 迎接挑战思维方式

乐学教室为学生提供了独特的学习环境。在这里，学生不仅可以深化理解各个学科的知识，提升技能，还可以在挑战中锻炼自己的意志，培养坚韧不拔的精神。

多元化的学习体验让学生主动迎接挑战：乐学教室通过提供多样化的学习活动和资源，激发学生的好奇心和求知欲，促使他们主动迎接挑战。个性化的学习路径促使学生勇于突破自我：在乐学教室中，学生的学习路径是根据他们的兴趣、能力和进度来定制的，这意味着每个学生都需要面对适合自己的挑战，有助于激发他们的潜力和创造力。互动合作的学习氛围有助于团队协作：在乐学教室中，通过小组讨论、项目合作等方式，学生能够相互学习、相互启发，共同面对挑战和解决问题。

---

① 张省，顾新，张江甫．基于动态能力的知识链知识优势形成：理论构建与实证研究 [J]. 情报理论与实践，2012，35(11)：35.

（三）乐学教室赋予学习过程新的行为样态

乐学教室由活动、情境、资源、工具、支架、学习共同体和评价七大要素构成①，赋予学习过程新的行为样态：教室中泛在的多样化情境，激发了学生的好奇心；自组织的学习环境激发了学生的自主探究意识；自在化的物型场景让学生开启学徒式学习；共享化的学习资源助推学生的结构化学习；开放式的物型时空让学生的学习有了无限的可能。

1. 学习资源发现行为

在乐学教室这个学习环境中，学生们表现出积极寻找和利用学习资源的行为。这种行为可能是自发的，也可能是由教师的引导或教学活动激发的。具体来说，学习资源发现行为可能包括以下几个方面。自主探索：学生主动在教室或网络平台上寻找与课程相关的学习资源，如图书、视频、实验器材等。交流互动：学生之间通过讨论、合作等方式，共享发现的学习资源，促进知识的传递和深化理解。利用技术工具：学生利用数字技术工具（如搜索引擎、应用程序等）来寻找和整理学习资源。响应教师引导：在教师的指导下，学生有针对性地寻找和利用特定的学习资源，以支持他们的学习。

2. 学习场景生成行为

乐学教室旨在为学习者提供丰富多样的学习场景，以提升他们的学习效果。首先，乐学教室可以模拟真实的学习场景。例如，它可以模拟博物馆的学习场景，让学习者感受到安静、专注的沉浸式学习氛围；也可以模拟辩论赛场景，让学习者能够参与互动、讨论和提问。其次，乐学教室可以根据学习者的需求和兴趣生成个性化的学习场景。例如，对于喜欢音乐的学习者，它可以生成一个音乐教室的场景，提供与音乐相关的学习资源和活动；对于喜欢科学的学习者，它可以生成一个科学实验室的场景，让学习者能够进行实验和探究。最后，乐学教室可以根据学习者的学习进度和能力水平调整学

① 侯嘉慧 . 乐学教室支持下的儿童学习生态系统构建 [J]. 江苏教育，2022(66)：65.

习场景的难度和复杂度。例如，对于初学者，它可以生成一个基础知识的学习场景，帮助他们打牢基础；对于进阶学习者，它可以生成更具挑战性和内容有深度的学习场景，以满足他们的学习需求。

3. 探究流动行为

在乐学教室中，学生展现出的探究流动行为反映了他们在学习过程中的主动性和自我驱动力。在学习过程中，学生根据自身的兴趣和需求，主动选择不同的学习路径。乐学教室通过构建学习者画像模型，基于大数据分析，可以为每个学生设计出最适合其特点和需求的学习路径。学生可以根据自己的实际情况，灵活调整学习路径，从而更好地满足自己的学习需求。同时，学生通过不断地学习和实践，在探究过程中完成学习进阶，从而实现在不同领域或不同情境之间，将所学知识进行迁移和应用，提升实践能力和解决问题的能力。

4. 自发联结行为

在乐学教室中，学生表现出自发联结行为，这是非常积极和有益的。自发联结行为是指学生在学习过程中，自主地将新知识与已有知识、经验、情感等建立联系，形成自己的知识网络和理解体系。教室里生成的场景越丰富，学生大脑里的思维模块越多，大脑的敏感性越强。在乐学教室的意向场中建构知识结构，让学生获得系统的知识。在乐学教室的问题场中开启情意结构，使学生对问题产生积极情绪，进而产生好奇心与求知欲，享受问题解决的乐趣。此外，学生能在乐学教室的情境场中习得技能结构，不断形成判断问题、思考问题的思维经验，这是学生的技能得以形成、熟练、达到自动化的关键。

5. 规划调控行为

乐学教室中的学生展现出规划调控行为，主要因为以下几个方面。一是乐学教室注重学习环境的设计，以营造更舒适、更具启发性的学习氛围。这样的环境有助于学生集中注意力，激发他们的学习动力和规划能力。二是乐学教室可以利用先进的教育技术，如智能教学系统、互动白板等，为学生提供多样化的学习方式，帮助学生更好地理解和掌握知识，同时也有助于他们进行自我监控和规划。三是教师往往采用灵活多样的教学方法，如小组讨论、角色扮演、项目式学习等，这些方法鼓励学生积极参与，培养他们的团队协作能力和自主学习能力，从而促使他们更好地规划自己的学习进程。四是教师通常注重学生的反馈和评价，以便及时调整教学策略，满足学生的个性化需求。这种反馈机制有助于学生了解自己的学习进度和存在的问题，从而更有针对性地进行规划和调控。

第三节　乐学教室建构的问题指向、功能定位与行动任务

法国社会学家皮埃尔·布迪厄指出，社会世界是由大量具有相对自主性的社会小世界构成的，这些社会小世界就是具有自身逻辑和必然性的客观关系的空间。乐学教室不只是一个由物理边界所限定的空间，它超越了单纯的物理领域概念，成为一个充满活力、潜力且蕴含内在力量的存在。乐学教室为学生的学习提供了有力的支持，通过提供各种学习支架，全面辅助学习过程。更为重要的是，乐学教室具有推动学习方式转型和学校文化生成的巨大潜力。

一　乐学教室建构的问题指向

根据空间的社会学逻辑，学习环境的设计同时存在物理性和社会性。物理空间的区隔与封闭，以及社会空间的等级与规制，在无声地束缚、制约着置身其中的每一个儿童的成长。一个教室就是一个多彩的儿童世界，一个教室就是一个儿童的精神家园。作为学校文化基本单元的乐学教室，其建构有三个鲜明的问题指向。

（一）指向规整、固化的标准化问题

在工业化时期，教育致力于确保更多人享有平等的受教育机会。因此，学校标准化建设被视为规范办学行为、改善办学条件、促进教育资源均衡发展的重要工程。一旦完成设计，学校的空间布局，如教室、办公楼、生活楼和体艺楼等，就相对固定，难以轻易改变。这种规整且固定的空间结构虽然能够形成一定的空间集聚效应，提高使用效率，却忽视了校园本身的人文传统和地方特色，导致“千校一面”的现象。此外，这种设计模式也未能充分考虑学生的动态变化和学习需求，没有真正关注到每个学生的学习能力和方式，从而造成了“目中无人”的困境。

（二）指向区隔、封闭的同一性问题

学校内部存在许多界线清晰、相互独立的空间。以教学空间为例，各教室单元通过走廊相连，呈现出链线型的布局。班级之间有着明确的边界，相互独立且封闭。在这样的环境下，施教者和受教者一旦进入特定的教学空间，往往会自认为是“局内人”，从而在心理上抵触平等对待他人，在行动上拒绝分享教育资源，妨碍交流互动。此外，课桌椅的排列方式，如秧田式，进一步明确了学习者的空间界限，使得教师在讲台上授课，学生在下方听讲，形成了垂直的权力关系。类似的情况也存在于教师办公区，不同楼层、级部和学科的教师办公空间往往相互封闭，阻碍对话与合作。这种空间的区隔与封闭，虽然有助于学校对师生的管理和监控，但极大地限制了学习者的自由，阻碍了他们之间的学习交流和情感沟通。因此，我们需要重新审视和调整学校空间的设计，以创建更加开放、包容和合作的学习环境。

（三）指向强制、受限的权力性问题

学校空间为教育活动和人际交往提供了重要的场所。在这个空间里，每个人都必须遵循一定的规则和逻辑，以确保空间的有效利用和人际关系的和谐。然而，有时空间权力的运作会出现问题，导致空间出现“异化”现象。例如，老师在课堂上占据特定的位置，如讲台和黑板前，这反映了“以教为中心”的思想，师生之间权力与地位的悬殊成为影响教学效果的一个重要因素。为了打破这种空间权力的“围墙”，我们需要重新构建校园内的权力关系。这意味着赋予师生更多的自由权、话语权和控制力，让他们能够参与学校发展的过程。只有这样，我们才能确保学校空间真正成为教育活动和人际交往的理想场所。

 乐学教室建构的功能定位

乐学教室的虚实融合特性可以增强学习内容的呈现效果，从而支持学习者对学习内容的多通道感知；自然交互特性可以解放学习者的双手，支持学习者通过身体感官及运动，与学习环境自由地进行多模态交互；动态生成特性可以灵活、便捷地创设并更新学习情境，从而支持学习者在多种情境中获得深度的学习体验。

（一）激活学生的学习感知

认知科学的研究由“离身”转向了“具身”，这种转型不仅为教室建构提供了新的理论基础，而且对其提出了新的要求。它要求教室能够支持学习者在逼真的情境中通过具身交互与深度体验，进行更“有意义”的学习。

1. 多通道感知

身体有动觉、触觉、视觉、听觉、嗅觉等感知通道。这些通道在认知过程中既参与了对外部世界的感知，也参与了对感知结果的加工、记忆和应用。为此，乐学教室应该以多媒介、多形态的方式呈现学习内容。对于抽象概念，学生可借助可视化技术、多媒体技术甚至触觉仿真技术，让身体的多个感知通道同步感知。

2. 多模态交互

基于具身认知理论的视角，知识的习得不是在大脑中对抽象符号进行加工运算的结果，而是学习者在其“感知—运动”系统与学习环境不断交互的过程中形成的体验及意义。为此，乐学教室应该支持学习者通过身体与学习内容进行自然交互。这种交互既包括基于视觉和听觉的非接触式交互，又包括基于动觉和触觉的接触式交互。

3. 多情境体验

具身认知理论认为，认知依赖于具有各种感知运动能力的身体，而这些能力被嵌入更广泛的生理、心理和文化背景中。可见，情境对具身学习具有特殊的意义，通常包含与该学习内容形成或应用相关的真实场所、实践活动、社会文化等。在情境中，学习者通过观察、探究、合作、交互等方式获得体验并形成认知。

（二）为学生提供学习支架

近年来，人工智能、混合现实、人机交互等新兴技术得到了快速发展与广泛应用。新兴技术赋能乐学教室，可以为学生提供多种学习支架，促进深度学习的发生。

1. 虚实融合的环境支架

在混合现实（Mixed Reality，MR）技术的支持下，我们可以构建出虚实融合的乐学教室，它既包含了现实世界中客观存在的学习场所、学习资源、学习伙伴等真实对象，又融入了以文字、图片、动画、三维模型等形式呈现的虚拟信息。学习者可以在一个逼真的、拟社会化的场景中开展学习活动，这种场景增强了对学习内容的表达与呈现效果，支持学习者的多通道感知和多模态交互。

2. 自然交互的人际支架

作为一种新技术，混合现实可以通过动作捕捉、手势识别、眼球追踪、表情识别、语音识别等，实现人与环境更加自然的多模态交互，从而解放学习者的双手，让其身体在自然、自由的状态下，执行各类身体动作与交互操作。也就是说，在混合现实技术的支持下，乐学教室可以实现人机自然交互，这不仅更加符合学习者的心理与生理规律，而且具有更好的移动性、灵活性和自由度。

3. 动态生成的过程支架

乐学教室围绕具体的学习主题和学习目标，可以方便、快速且低成本地构建丰富多样的数字化学习资源，还可以通过虚实融合来动态生成并实时更新学习环境。换言之，乐学教室的学习环境不是静态的、一成不变的，而是在学习过程中根据学习目标、交互行为以及事物内在规律而动态创生的。这种动态生成性对深度学习具有重要意义。究其原因，深度学习的过程实质上是学习者、学习环境以及学习资源等要素相互影响、交融共生且动态演化的过程。在这个过程中，学习环境不断变化，意义不断生成，经验不断积累。

（三）辅助学生的学习过程

学习过程涉及教材、教师、学生和环境等方面，乐学教室以环境为认知驱动，辅助学生深度学习。

1. 确定知识呈现形式

在乐学教室中表达和呈现学习内容，既可以通过教具、卡片等真实存在的物理媒介，也可以通过三维模型、图表以及视频等数字化的虚拟媒介。为此，需要分析教学内容中的知识点或认知对象，并根据其类型、特点和学习目标选取合理的呈现媒介，不仅要能如实、全面地表征知识，还要能支持学习者对知识的具身感知和体验。

2. 确立具身映射策略

乐学教室里的学习依赖于学习者与学习内容、学习环境之间的具身交互。对于不同的学习主题，可采用不同的方式，来确立学习者与学习内容之间的交互与映射策略。不难发现，通过这种方式获得学习体验是具身的、鲜活的，也是有意义的。

3. 驱动合作学习过程

在乐学教室中，学生是在开放、包容、互动的环境中学习，这有助于培养他们的团队合作精神和协作能力。通过合作学习，学生可以分享知识、技能和经验，从而加深对学习内容的理解。同时，他们还可以从他人的观点和想法中获得启发，拓宽自己的思维和视野。此外，乐学教室通常配有先进的教学工具，如交互式白板、多媒体设备等，这些工具可以为学生提供更多的学习资源和互动机会。通过使用这些工具，学生可以更加方便地进行交流和合作，从而提高学习效率和质量。

4. 引导学生自主探究

乐学教室在引导学生自主探究方面有着独特的理念和方法。一方面，乐学教室的环境资源可以推动“真实思维展开”的探究学习。这种学习方式注重知识生成和发现解法的过程展开，流程包括创设问题情境、建立模型、解释与应用，动作阶段、映象阶段、文字符号阶段，呈现问题、构思思路、发现解法、整理表达。在这样的过程中，学生不再被动接受知识，而是主动探索、发现问题、解决问题。这种方式不仅能够提高学生的思维能力和解决问题的能力，还能够培养学生的创新精神和实践能力。另一方面，乐学教室的空间排布有利于推动“深度对话”的合作学习。这种学习方式强调师生之间的深度互动和合作，让学生在与教师的对话中深入思考、拓展思维。同时，乐学教室也鼓励学生之间的合作学习，让学生通过小组讨论、互惠学习等方式，在相互交流、合作中共同进步。

5. 提供自我评价依据

乐学教室的技术和设备资源可以为学生提供全面的自我评价依据。一是跟踪与记录功能。乐学教室的系统可以跟踪和记录学生的学习过程，包括学习时间、学习内容、完成情况等。学生可以随时查看自己的学习数据，分析自己的学习趋势，从而更加客观地评价自己的学习效果。二是适应性学习。乐学教室采用适应性学习算法，能够根据学生的学习情况和反馈调整教学内容和难度。这种个性化的教学方式能够使学生更加准确地评估自己的学习进度和能力，从而进行更加有效的自我评价。三是激励与奖励机制。为了激发学生的学习动力和积极性，乐学教室通常会设置实时的激励与奖励机制。学生在完成学习任务后可以实时获得认可和奖励。这种正向的反馈可以帮助学生建立自信心，更好地认识自己的价值，从而更加积极地进行自我评价。

三 乐学教室建构的行动任务

乐学教室解构了传统教育中被割裂的时空观，转向了时间和空间相统一的结构。有形时空与无形时空的结合是教学时空教化功能的独有特征，皮埃尔・布迪厄的场域理论可作为教学中时空教化现象的理论支撑。另外，乐学教室统整了物理的空间、经验的空间和意义的空间，将人的学习贯穿感知、信息处理、意义建构、内化等环节，为研究学习空间如何支持和影响教育范式带来了关联性、系统化的行动视角。

（一）彰显乐学教育思想的创新

乐学教室是一个全新概念，从心理学、生态学、组织学和系统论等多个视角对乐学教室进行解读，将其立体图景铺陈于前，是对乐学教育思想的创新。

1. 乐学教室是乐学教育思想基于心理学视角的创新

教育需要通过教室来激发学习者恰当的心理活动。在乐学教室中，对学习者心理活动的支撑更加全面和立体。乐学教室的集成设计，可以给学习者传递微妙的信息和情感，引导、激发并支持学习者复杂的心理过程。比如，教室里秧田式的座椅布局，蕴含着对教授式教学模式的鼓励；食堂中的长条座椅和幽暗灯光，意味着进食和学习的分离；安静和隔离的社交空间，表明小组研讨不被支持。相应地，可移动的桌椅和非中心化的讲台设计，意味着小组讨论式学习被鼓励；遍布校园的无线网络，支持学生在校园内“泛在”学习；等等。教育活动便是在这些空间设计的隐晦支持下进行的。

2. 乐学教室是乐学教育思想基于生态学视角的创新

生态学认为，生态具有基于复杂性的平衡性。和生态系统一样，学习与教育也是动态的、持续的过程，同时也是生物的、文化的过程，是人类族群文化形成、黏合和传承的内在需要。可以认为，乐学教室中的师生、活动共同构成了学习的生态系统。这种生态学观点可以帮助我们理解乐学教室的“生态环境”，即教育共同体。随着乐学教室“物种”（技术、教育共同体、教育内容、教育方法）多样性的出现，简单的传统学习空间必然会进化为复杂的生态环境，而这一生态系统复杂性又将带来滋养更多元的教育共同体和更丰富的教育实践样态的可能。

3. 乐学教室是乐学教育思想基于组织学视角的创新

现有的主流教育组织形式展现出了显著的一体化特征，年级制度的垂直划分、选课制度的线性安排以及管理制度的网格化布局，不仅确保了教育系统的稳定和高效运作，也迎合了工业时代对劳动者标准化和同质化的需求。而现代组织学范式已经转向了非线性的、自适应的复杂系统范式，既强调整体性和层次性，又强调个体利益与差异的合法性和重要性，以及非线性、动态性、非均衡性等不同的组织构建和管理视角。在未来的乐学教室中，学习将不再局限于传统的“线性教学认知”[①]课程，而是向均衡性、综合性、选择性、生活化、活动化、模块化的课程安排转变。这种变革将打破固定的学

① 钱阳辉．为了培养完整的儿童——“乐学”教学体系的实践 [J]. 人民教育，2017(23)：63.

习序列，促进多方协商的个性化教育序列的生成。这将为教育创造既便利又个性化的环境，使学习更加贴近学生的实际需求。在这一进程中，学校将变得更加重要，将成为生动的教育现场，为学生提供丰富的体验和互动机会，使教育更加生动、有趣和有意义。

4. 乐学教室是乐学教育思想基于系统论视角的创新

乐学教室可以被视为乐学教育思想基于系统论视角的一种创新。乐学教育强调学生的快乐学习和全面发展，而乐学教室则是实现这一目标的具体实践场所。从系统论的角度来看，乐学教室可以被视为一个复杂的系统，包括教学内容、教学方法、教学环境、教学资源等多个方面。这些方面相互作用、相互影响。在教学内容上，乐学教室不仅注重知识的传递，更注重知识的应用和实践；在教学方法上，强调学生的主体性和参与性，通过引导学生主动探索、合作学习等，激发学生的学习兴趣和积极性；在教学环境上，注重营造轻松、愉悦的学习氛围，让学生在舒适的环境中学习；在教学资源上，利用各种数字化教学工具、实验器材等，为学生学习提供丰富的素材和路径。通过整合这些方面的优势，乐学教室为学生提供了快乐、高效的学习环境，促进了学生的全面发展。

（二）明晰乐学教室建构的基本理念

乐学教室蕴含着对教育的系统赋能，可以帮助教育共同体成员在复杂的教育系统中探索和理解嘈杂的、极度模糊的混沌现象，从而推动教育的立体化变革。

1. 乐学教室是以人为本、关怀包容的人文性教室

乐学教室每个空间的设计和改造，都应体现以人为本的理念，要基于学习者的需求，丰富学习环境，提升学习舒适度。课桌椅可根据学生的身高体重调节高度、旋转拼接，让每一名学生都找到最舒适的感觉。教室内的光线、温度等都可调控，能让学生产生舒适、安全、积极、愉悦的体验，从而

激发学习的热情。

乐学教室强调平等理念。讲台应该和课桌椅保持同一高度，降低教师的权威性，打破以教师为中心的教学方式。教师从知识的讲授者变为学习的引导者、支持者和组织者，师生之间关系融洽，相互尊重。小组合作学习成为常态，教师上课时可以自由走动到学生中间，走到每一名学生的身边，从而拉近师生的距离，营造轻松活跃的学习交流氛围。

2. 乐学教室是联通世界、空间无限的智慧性教室

随着智能时代的来临，信息技术赋能教育已经是不可阻挡的趋势。教室已经是物理空间与网络空间的融合。教室以数字化技术和互联网为支撑，能打破时间与空间的限制，延伸到无限远的地方。

乐学教室需要配有先进的软件和硬件。交互式电子白板、移动终端、无线网络等，将彻底颠覆以往的教与学的方式。通过网络，师生之间、学生之间可以时时互动；运用便捷的交互功能，学生可以把学习成果投射到电子白板上，教师可以随时开展在线测评，掌握学生思维的过程。学生通过无线网络可以随时获取学习资源，这将成为未来学习的新常态。

3. 乐学教室是崇尚创新、尊重差异的多元性教室

乐学教室空间的重构为不同的学习模式提供支持。教室内划分出不同的学习区域，以适应不同的教学情境，支持不同的学习类型，如个性化学习、探究性学习、协作性学习等。同时，教室也可以打破传统的、一成不变的、长方形的布局结构，采用圆形、多边形等布局结构，给学生带来不同的体验。

创新往往是在高度专注和轻松愉悦的情境下产生的，友好、自由、身心愉悦的互动更容易让人产生灵感与创意。乐学教室里的桌椅不应该是固定的，要有轮子，能够移动，能够根据不同的教学需求，灵活、快速地进行重组。教室里要放置圆桌、地毯、沙发等，供个人或小组进行自主、合作学习和探索。教室墙壁布置要采用比较活泼的格调和形式，突出知识性和教育性。教

师要尊重学生的积极性和创造性，定期在墙面上展示学生的学习成果。

（三）明确乐学教室的类型与样态

乐学教室的最大特色在于打破传统的教室布局，对物理空间进行重组、优化，以技术赋能的方式联通、丰富网络空间，教室成为一个线上线下高度融合的、资源充沛的空间与立体学习场。乐学教室能灵活适应不同的学习活动，支持多种学习形式，为学生提供多种选择，让以前无法实现的学习得以发生。在准确理解和把握学习的选择性、实践性、觉悟性和表达性等本质属性的基础上，我们开始探索乐学教室建构的不同类型与样态，以期让学生在主动建构、亲身体验、深入探究和创新智造中发展核心素养，成为完整儿童。

1. 探索乐学教室的基本类型

探索乐学教室的基本类型，是一项富有挑战性和创新性的任务。我们基于学校文化、教师个人特质、学段、学科领域和技术运用这五个维度建构乐学教室。

基于学校文化建构的乐学教室，强调学校特色与文化的融入。每个学校都有独特的文化底蕴和教育理念，将这些元素融入教室环境布置、教学活动设计等方面，能够使学生在潜移默化中接受学校文化的熏陶，增强归属感和认同感。基于教师个人特质建构的乐学教室，注重教师个人知识与教学智慧的展现。这样的教室不仅能够激发学生的学习兴趣，还能够提升教师的教学水平和专业素养。基于学段建构的乐学教室，需要根据不同学段学生的认知特点和学习需求进行设计。例如，在小学低年段，教室环境应更加生动有趣，以吸引学生的注意力；而在中高年段，教室环境则应更加注重知识的系统性和深度，以满足学生更高层次的学习需求。基于学科领域建构的乐学教室，突出学科特质，环境布置力求激发学科兴趣，教学流程利于培养学科思维，学习目标指向学科素养。基于技术运用建构的乐学教室，充分利用现代科技手段提升教学效果。我们通过使用多媒体教学设备、在线学习平台等，丰富教学手段和资源，提高学生的学习效率和参与度。

2. 丰富乐学教室的具体呈现样态

乐学教室是一种创新的教育环境，它结合了儿童文化、学科融合、集体探险、数字化等要素，旨在通过生动、有趣且富有挑战性的活动，促进儿童的自主学习和全面发展。其具体呈现样态因教室功能定位的不同而丰富多样。

有的教室为学生创造沉浸式的、充满挑战的学科学习环境，促使学生进行理解、探究与创造的综合性实践学习；有的教室突出学科的核心内容和学习方法，确保学生在挑战和探究中不偏离学科的主线；有的教室为学生搭建模拟真实世界的情境，让学生进行情境化、互动性、跨学科的学习活动；有的教室利用先进的技术手段，构建了突破传统限制的学习空间，学生可以获得前所未有的学习体验，自由地探索知识、发挥创造力，与他人交流互动；有的教室将学习空间与自然环境、校园文化紧密结合，搭建一个集学习、探究、体验、互动于一体的多功能平台，旨在为学生提供更加开放、自由、有趣的学习环境，激发他们的学习主动性。

3. 根据学生的现实需求和使用特点寻求乐学教室的自觉变化

乐学教室是一种动态、多元、适应性强的教学环境，它强调环境的灵活变化，以适应不同年龄学生、不同学科的学习需求。

乐学教室的自觉变化具有以下特征。一是多元融合特征：强调不同学科、不同文化、不同学习方式的交叉与融合，通过多样化的学习资源和活动，培养学生的跨学科思维和创新实践能力。二是学生中心特征：以学生为中心，注重学生的参与和体验，让学生通过自主探索和创造，培养创新精神和自主学习能力。三是温馨和谐特征：追求温馨、和谐的学习氛围，通过色彩、布局、装饰等，营造舒适、愉悦的学习环境，促进学生身心健康、和谐发展。

乐学教室的自觉变化可以通过以下路径实现。一是创建班级文化主格调：通过明确班级文化元素、艺体特长项目和学习主张等，营造独特的班级文化氛围。二是研制学科教学环境创设标准：针对不同学科和年级，制定具体的教学环境创设标准，包括基本理念、目标、要素与类型等。三是建立学习环境资源库：通过拓展学习器具类型、丰富学习资源和制定家庭学习资源清单等，为学生提供丰富多样的学习资源和工具。四是建立师生共建机制：通过制定公约、成立小队、民主讨论和评选积极分子等方式，形成师生共同参与、共建共享的良好氛围。五是完善激励与评价机制：通过定期开展巡展、评比活动和分享典型案例等方式，激励师生积极参与教室环境建设，促进教室环境的不断优化和创新发展。

（四）研究乐学教室应用于实践的价值

乐学教室作为学科学习环境，为学科教学提供了理念支撑、学习素材、技术工具以及基本思路。乐学教室的空间布局、真实问题情境、多种工具资源以及温馨氛围都对教学实践产生深远影响。乐学教室还强调技术与工具在学科学习中的关键作用，如模型建构、动力杠杆、学习支架和互动平台等。

同时，乐学教室在德体艺活动环境设计中也起着非常重要的作用。一是为德体艺活动提供价值取向，包括德行价值、审美价值和资源价值。二是为德体艺活动提供行动素材、工具支持和行为方式。三是强调活动主题与乐学教室的合理匹配、活动情境与乐学教室的恰当融合以及活动板块与乐学教室结构的一体化。

将乐学教室应用于学科学习和德体艺教育活动，不仅为学习提供了丰富的素材和工具，还为教学实践提供了有力的理念支撑和行动指导。合理利用乐学教室的环境因素，可以有效促进学生的学习和发展。

（五）推动基于乐学教室的教学文化自觉

通过创建以乐学教室为支撑的增能型教学文化，我们可以实现教材内容向环境要素的转化，达成课程结构与空间结构的融合，体现认知刺激与学习方式的一致性。

同时，环境将从边缘走向学习中心，学生与环境的互动将从自然走向有目标的自觉。教师能量供给方式也将从点式供给转向系统供给，从固定性供给转向开放式供给，从单向计划性供给转向多元组合式供给。探索以乐学教室为支撑的增能型教学标准，将学习环境设计与使用纳入教学评价体系，以及建立环境支撑型教学制度，是一种创新学习管理与评价的行为。

增能型教学文化，是一种以环境为基础、以学生为中心，旨在提高学生学习效率和兴趣的教学和评价文化。在创建增能型教学文化的过程中，我们难免要面对挑战，但这也将促进我们的教学改革与创新，从而培养适应未来社会发展需要的创新人才。

第二章

乐学教室“三四五”建设框架

儿童学习的多维性和复杂性决定了教师需要从不同的境脉来考虑教学，与之相匹配的是一种时空的概念，因为儿童是在不同的时空维度中获得各种学习经验的。我们为儿童设计的乐学教室是暖认知理念下师生共建的时空场域。它回应了信息时代学习科学领域对学习环境中心地位的确认。我们为儿童建设乐学教室，形成了“三四五”建设框架。它包括：乐学教室建设的三大理念——童趣即活力、空间即资源、生态即效能，乐学教室建设的四大目标——班级生命化、集体身份化、场域资源化、学习空间化，乐学教室的五种样态——班级百变教室、学科挑战教室、主题探险教室、虚拟奇趣教室、校园隐秘教室。

第一节 乐学教室建设的三大理念

乐学教室的环境设计真正体现了“以学为中心”的理念。它为儿童学习提供了各种活动场景、物质资源、支撑工具、交互方式等。儿童在充满童趣的乐学教室里，扮演属于自己的文化角色，追求独特的游戏精神。乐学教室环境与教师、儿童的互动呈现出良好的教育生态，达成理想的教育目标。

一 童趣即活力

童趣就是儿童的情趣，是儿童的思想、情感、想象等心理状态及与之相对应的行为、言语在生活中的艺术反映。儿童的情趣是与生俱来的、自发的。童趣是儿童学习的重要活力所在。在乐学教室建构过程中，童趣处于核心地位。童趣将儿童卷入儿童文化的氛围中，儿童文化在乐学教室环境中自然流淌。

（一）童趣彰显生命意蕴

乐学教室环境充分体现儿童所向往的趣味性、游戏性、真实性，彰显对儿童生命意蕴的观照。

1. 遵循儿童生命发展逻辑

儿童生命的特征，是教育行动的依据。在教育过程中，要依据生命的特性，尊重儿童生命发展的内在逻辑和规律，创造适合儿童发展的教育。[①]为此，乐学教育要哺育完整生命，凸显生命的灵动，激发生命的活力，张扬生命的个性。乐学教室环境的营造必须以关照儿童的年龄特征为前提，主动适应儿童的心理特征与审美要求。乐学教室文化始终把儿童看作生命发展的主体，珍视儿童的主动权；把儿童当作有灵性的生命体，让儿童的智慧凸显生命的灵动；把精神发展的主动权还给儿童，让儿童的学习经历自主建构和自我超越的过程。

2. 生发乐学教室环境元素

乐学文化浸润下的乐学教室设计，从最初构想到具体实施，无不倾注着

① 冯建军．论生命化教育的要义 [J]. 教育研究与实验，2006(5)：25.

教师对儿童全面的、和谐的、自主的、自由的生命价值的追求。我们高度尊重儿童，遵循他们身心发展的内在规律，用童眼看世界，用童心造梦想，用童趣创生活。乐学教室环境设计从儿童的视角出发，由色彩、图案、文字等构成静态环境，由植物、动物、玩具、工具等构成动态环境，由家具、灯光、摆设等构成叙事环境，由此组成丰富多元的学习环境。

这种原生态、自然、无拘无束的，充满童心、童趣、童真的儿童生活场域，能充分激发儿童的求知欲、探索欲、想象力和创造力，促进儿童的主动学习。儿童在学习过程中感受到乐趣、愉悦以及精神的满足，是乐学教室的灵魂所在，这也恰恰符合儿童天性的亲社会态度倾向，是追求童真的最佳途径。

3. 创设满足儿童认知发展的情境

我们尊重儿童，从儿童的视角出发，创设丰富的乐学环境，就是为儿童提供最适宜的认知发展情境。儿童在充满童趣的乐学教室里，扮演着属于自己的文化角色，并且尝试新角色。儿童在属于他们自己的境脉中，发展语言能力、思维能力、自我调节能力和自我控制能力。儿童在令他们满怀好奇的乐学教室里动手动脑，乐学乐玩，享受安全的、愉快的、积极的、充满探索性的、有创意的校园生活。由此，学校真正步入和谐的审美境界，即张扬儿童文化的境界。

（二）童趣激发游戏精神

在儿童文化里，游戏精神贯穿儿童的所有活动，儿童因为游戏而彰显出个体独特与鲜明的活力。

1. 儿童活力的展现需要游戏

儿童天真烂漫、活泼可爱、无忧无虑的情态是童趣的外在表现。游戏对儿童来说是生活的自由，是思想的源泉，是创造性的劳动。一般说来，美丽的色彩、亲密的友谊、热闹的场面、有节奏的声音、有趣味的重复以及成功而快乐的结局等，都是童趣在真实生活中的反映。就天性来讲，儿童是富有探求精神的探索者，是世界的发现者。这种探索与发现是生长在儿童思想与行动交织的游戏世界的，正如苏霍姆林斯基所说的：游戏能激起鲜明和激动人心的感情，而使周围世界像一本引人入胜的书一样展现在孩子们面前。

2. 儿童主动探求的欲望始于游戏

游戏是儿童感知世界的一种媒介，是儿童文化的核心。我们经常会发现，孩子特别喜欢钻进草丛或者假山的山洞里，因为在这些地方他们总能发现一些意想不到的事物，或者创造一些属于他们的惊喜与快乐。他们会把自己寻找到的惊喜与快乐，作为进一步探索未知世界的动力。我们建设乐学教室，就是要给儿童创造这样的环境，让儿童的游戏世界在鲜明的色彩中，在嘹亮的歌声中，在童话的想象中，在独特的发现中，在告知伙伴的秘密中，徐徐展现。

3. 游戏让儿童深度参与学习过程

我们为儿童创设富有童趣的环境，是为儿童提供深度参与游戏的机会，因为环境是“游戏的背景，为游戏提供了内容、背景和意义”①。游戏活动激发儿童的创造行为，带给儿童积极、愉快的体验。我们的乐学教室，就是要让儿童在童趣的氛围中，在与外部世界交往的过程中，呈现出独特的游戏精神，充分绽放他们生长的个性、浪漫的色彩、本真的境界。

（三）童趣促进师生归属感的产生

教师在为儿童建构丰富而童趣满溢的学习环境时，也是在为儿童建立一个平等、温暖、积极的情感支持系统。

---

① 布拉德．0—8 岁儿童学习环境创设：第 3 版 [M]. 陈妃燕，苏丹，译．南京：南京师范大学出版社，2020：3.

1. 童趣唤醒教师童心

明代李贽在《童心说》中写道：“夫童心者，真心也：若以童心为不可，是以真心为不可也。夫童心者，绝假纯真，最初一念之本心也。若失却童心，便失却真心；失却真心，便失却真人……童心者，心之初也。”在李贽看来，“童心”即“真心”。“真心”的本质便是“纯真”，是人在生命初始阶段不加任何雕琢、粉饰的自然心性，是人类最原始、最朴素、最诚挚的情感。每个人都经历过充满童心那段最美好、最无私、最坦诚的生命历程。教师给予儿童的教育、教化，便是对童心的呵护与给养。师生在乐学教室中开启学习之旅，也可以被理解为：儿童引领教师以“童眼”看世界，用“童心”创造世界。

2. 童趣引导师生共融

儿童在与环境交互的过程中产生积极的对话，教师参与其中，成为教材、学生、环境之间互动的纽带。在对话中，教师引导儿童思考，使儿童倾听同伴，相互激励；教师透过儿童的言语，洞察儿童的思维过程，对此做出恰当的回应，将对话引向高阶思维。儿童因此进一步把握事物的本质，产生创造性的发现与感悟。可见，乐学教室成为教师与儿童完美对话的场域，能引发儿童产生更强烈的求知欲和好奇心。在显性、隐性环境的叠合中，教师为儿童提供不同形式的学习材料，让儿童主动经历环境的多样性，由陌生走向熟悉，进而沉浸其中；教师观察儿童，回应其言行和需求，师生之间建立起稳定的、共情的、悦纳的关系。由此，充满童趣的乐学教室成为儿童主动发展的、全纳的物质环境，也成为师生和谐共融的人际环境。

二　空间即资源

随着建构主义、情境认知等学习理论的兴起，学习不再被认为是一种反应强化或知识传递的过程，而是学习者在社会互动和参与中主动建构的过程。因此，学习的情境性、建构性日益受到重视，学习场所也就从简单的学习容纳媒介转变为可能影响学生主动建构、社会参与的重要因素。乐学教室高度契合了为学生提供或者与学生共同创造一个适合学习的空间环境的理念，这也是现代学校和教师的重要使命。

（一）空间提供课程资源

从学习空间的视角来看，课程实施的关键在于充分调动学生的主观能动性，为学生提供更有选择性、拓展性、体验性、挑战性的学习资源。

1. 满足课程需求

乐学教室的设计以国家课程为基础，充分满足国家课程的空间需求，灵活的多功能空间为课程实施与创新提供更多可能。比如，当语文课程需要组织一次“遨游汉字王国”的综合学习，我们不能局限于教材和传统的教室，而应当真正地为儿童打造一个沉浸式的“汉字王国”。利用校园里的廊道，在不同区域设计学习场域：让学生亲自制作灯谜，体验元夕猜灯谜的场景；让学生观看汉字中国舞《人从众》，体会汉字形态之美；让学生现场临写篆书、隶书、行书、楷书，感受书法神韵；策划校园听写大会、成语大会、诗词大会三大擂台赛，让学生饶有兴致地参与比赛。可见，我们的乐学教室成为集上课、讨论、自主学习、阅览、实验、制作、社团活动、展示、展览于一体的学习空间。乐学教室的学习空间蕴含着整合了的课程体系，体现了跨学科融合的特点，推动着学生核心素养的发展。

2. 呈现课程形态

让儿童在充满快乐的时空中展开学习，是我们赋予乐学教室的重要使命。这需要教师充分拓展教学资源。从环境建设的角度来说，乐学教室主要是空间概念。空间在“时间流”中产生灵动的规律性变化，应和着儿童生命成长的节律。乐学教室改变了课程资源的供给方式，使各类教学资源以丰富的物化组织形态呈现：单调枯燥的知识通过数字媒体的呈现成为丰富多彩、生动形象的课程资源；核心知识的模型建构改变了知识的呈现方式，它与学生的实际生活紧密联系，使课堂学习环境更具情境性；互动学习平台的创设，为学生提供了自主探究的条件。

3. 满足儿童个性化发展需求

精心创设的环境为儿童提供了丰富的材料和活动，以满足他们不同的发展需求。乐学教室不单单是传统意义上的一间教室、一块黑板、几本教科书、一排排课桌椅……，其本身是丰富的活动资源、可探索的课程内容：儿童轮流观察天气，每天在可移动的黑板上发布天气预报；课桌椅不再按秧田式摆放，而改为U形、O形；儿童没有固定的同桌，可以选择与自己的好朋友坐在一起……。基于儿童需要创生的乐学教室，关注儿童个性发展，从每个儿童的基础、能力以及个性发展等因素出发，实施“供给侧结构性改革”，满足每个儿童自主发展的需求。

（二）空间提供素材资源

乐学教室给予儿童舒适的体验，提供能够激发儿童学习兴趣的素材资源。这些素材资源强调课程与学生实践探究相结合，强调学习环境的开放性、创新性、互动性，形成连续的、结构化的学习境脉。

1. 将儿童已有经验引入素材资源

无论是儿童个体经验发展的多元化，还是发展的阶段性，都高度契合当前深度学习的旨趣——超越简单的经验自然发生，走向经验的综合，走向高阶思维的发展，强调学习过程对儿童经验深度发展的支持。[①]在乐学教室中，学习空间关注儿童原有的经验、兴趣和需要，因而它的建构更具有多样性和灵活性，可以更有效地支持儿童在丰富的体验和社会互动中，生发出个性化的多元经验。与此同时，乐学教室所提供的素材资源，为学习者提供了符合主体认知特点与需求的，具有包容性、适应性和持续性的学习支持，可以满足个体发展的阶段性需求。

---

① 任莉.学习空间重构：引导幼儿经验发展走向多元、深度与融合 [J].学前教育研究，2023(3)：91.

2. 素材资源注重立体性、开放性

指向儿童经验深度发展的乐学教室建构，是基于儿童已有的经验，让儿童的经验与素材资源在融合、重组和再构中，生成新的生长空间。乐学教室的学习空间不再是扁平和静态的，而是立体和开放的，不再局限于某一个封闭的物理空间或内容空间。为构建这一立体的、开放的学习空间，教师根据儿童的学习发展需要对空间进行布局和规划，即通过环境创设、材料投放、资源开发、课程建设、活动组织等进行整体性建构，通过立体化和充满支持性的素材资源为儿童提供深入探索的机会。

3. 素材资源注重连续性、结构性

“以学为中心”的学习空间更注重对话协作、开放连续和学生体验。学习空间的核心关切在于学习者的学习是否发生。因此，在学习空间的建构过程中，学习兴趣的激发、学习资源的支持和学习活动的设计等学习者本位的影响因素得到了更多重视。[①]儿童一想到上学，一来到乐学教室，就会产生很强的仪式感，这种仪式感来自环境中人和物交织而成的文化弥漫。儿童无比向往浸润于这样的乐学教室文化中，开启生命成长之旅。

（三）空间衍生生命资源

1. 关系建构是生命资源的本源

在以环境为中心的学习中，儿童与各种学习要素互动，为其经验的深度发展奠定了基础。良好的互动是提高学习质量的关键性因素，也自然促成儿童与环境、教师、同伴、自我的关系建构，更好地帮助儿童实现对世界本质的认知、对自我价值的发掘。乐学教室所提供的丰富环境以及内在良好的结构，充分显示出人际互动对儿童学习的积极意义。例如，将不同经验水平的儿童组成学习小组，通过同伴间的过程指导或者学习成果的发布、展示、分享，引发儿童对学习的深层思考。

---

① 常晟，欧阳广敏．从教到学：学习空间的教育意涵及其建构路径 [J]. 教育科学，2022，38(3)：60.

2. 共同体是生命资源的利用方式

在乐学教室的环境之中，儿童更多是通过学习共同体的方式来参与知识的建构。在学习共同体中，儿童分工合作、亲手操作、亲身体验、个性互补，在解决问题的过程中，将零散的经验进行关联和融合。因此，乐学教室的空间建构具有探究性、情境性、包容性、交际性，让儿童认识到与伙伴共同完成某项任务的分工与步骤，以及倾听与交流、验证与改进、互助与协同等知识以外的关系联结。

3. 课程是生命资源的运营载体

当我们把一间间教室、一条条廊道、一面面墙壁、一个个角落设计好并布置出来时，它们便自然地成为课程，在潜移默化中实现育人价值。教师和儿童共同生活在乐学教室中，生成课程，驱动学习。乐学教室便成为儿童的教室、学习的中心、师生的家园。在这里，师生共同建构方法的世界、知识的世界、生命表达的世界。事实上，只有将对环境资源的体验转换为精神的成长、意义的生成、关系的确立，儿童在课程跑道上才能长足发展，生命成长的蓬勃张力由此彰显。

三 生态即效能

乐学教室的空间布置能让环境、资源发挥更好的作用，以服务儿童，这是通过组合方式的变化、时间轴的合理设计等达成的。实践告诉我们，当我们在课堂教学中能有机整合各种教学资源，呈现丰富多彩的物化组织形态，以此促进教与学的有效互动，对儿童学习发挥保护、唤醒、滋养、引领的作用时，我们期望的教育生态便产生了效能——成就儿童的完整发展。

（一）乐学教室生态激活生命发展的自主性

锡师附小的乐学教育倡导的是“轻负担、高质量”的学习生活，营造的是“校园即花园，校园即乐园”的环境氛围。近四十年的实践证明，这样的教育理念尊重生命这一教育的原点，让儿童获得全面、完整、持续的发展。

1. 生命性是乐学教室根本的生态特征

过去受机械论和工具主义思维的影响，我们只看到了学生对教师和教学环境的依存性，而忽视了学生作为生命个体的自主性，抹杀了学生在自我发展中的主体地位，强制灌输，强求一律，企图把学生铸造为某种机器的标准零件，训练为具有某种特殊人格的工具，这必将扭曲学生的个性，压抑学生的能动性、创造性。乐学教室建设就是要创造条件，让学生在活动与实践中自主发展和成长。从这个意义上说，促进儿童生命的自主性发展是乐学教室追求的最佳生态。教育是人的教育，必须关注生命成长的历程，从生命出发。师生作为教学过程中的核心生态主体，既是生命性存在，也是社会性存在。通过教学实现生态主体的社会价值，实现个体完整的内在精神成长，教学活动是用师生的生命存在来维系的。由此可见，乐学教室激活了生态理念下的教育生命观，是促进儿童可持续发展的创新空间。

2. 生长性是乐学教室潜在的生态追求

教育应充分发掘和调动人作为生命个体应有的灵性，不断开发儿童的多元智能。我们为儿童设计乐学教室，目的是建立一种自然、和谐、开放、鲜活的教育教学模式，师生在教育空间所过的真实教育生活，体现出生命体与其周围生态环境之间相互作用的内在规律和机制。在乐学教室的建设中，我们将整体性、开放性、协同合作、相互依存、动态平衡等生态意识与观念贯彻其中，摒弃单一化、程式化和教条化的模式，强调创设有利于生态主体建构生成的课堂生态情境，以理解、交往和生成等为教学路径，使师生平等对话、合作探究，让学生合作、自主学习。乐学教育基于这种和谐的“相依”关系，促进儿童生态个体的全面发展，也促进教师生态个体的专业成长，充分挖掘学生和教师的生命发展潜能。

（二）乐学教室生态优化育人结构的整体性

乐学教室的创生是我们以整体的方式对儿童学习环境的重构。

1. 优化乐学教室内部结构

我们建设乐学教室，就是把儿童、教师、课程、关系、资源等要素完全融入乐学教室这个生态系统中，“合理确定各要素的位置、行为与时空顺序”，“优化这些要素之间的相互关系与整体结构”，[①]由此构成一个系统的育人整体，来实现教育效能。从内部来看，我们改变传统的教室环境：改变课桌椅的位置，改变教师上课的站位，改变墙壁的功用，改变学习资源的来源，改变师生关系，改变学习方式等。我们朝向符合儿童生长的教学生态结构和我们确立的四大目标去经营乐学教室：班级生命化、集体身份化、场域资源化、学习空间化。构成乐学教室的各个要素是相互关联的，乐学教室就是一个有机联系的生态之网。

2. 优化乐学教室外部结构

从外部来看，乐学教室与社会生活紧密联系，社会与时代的发展变化影响着乐学教室的内涵，乐学教室在某种程度上也是对外部社会生活的折射与投影。比如，现代社会处于信息化、高科技时代，我们的任何一个维度的教室样态都彰显着数字媒体、智能化设备带来的便利：在校园中，儿童可以定制专属自己的植物管家名片，用二维码提供植物的相关信息以及养护经历；儿童可以邀请自己的伙伴、老师或者其他工作人员，在乐花园的秘境中搭建鸟雀的巢窠，安放红外探测仪，探测小鸟的作息规律。

3. 关照儿童的整体发展

我们在乐学课堂的建构中，逐渐清晰地认识到，乐学教室是一个旨在培养儿童学习能力和创造能力，提升其生存力和发展力的学习场域，而不只是知识仓库和人才教育的空间。对于儿童来说，学习不仅是一种紧密联系过

---

① 温恒福，温宏宇 . 教育效能的本质、特征与改进方法论 [J]. 教育学报，2020，16(2)：70.

去、现在和未来的连续发展过程，也是一种与自身的主体性发展密不可分的有意义的实践形式。乐学，让儿童创造自我，体验从未做到的事情，重新认识这个世界以及自己与它的关系，增强创造未来的能力。我们通过建构乐学教室，悦纳儿童生命体的自主性和完整性，整体地打造结构优化的育人空间，让儿童在主动学习中获得解放。

（三）乐学教室生态追求开放的生成性

乐学教室的动态生成性既源于教育主体的能动性和创造性，也源于知识客体的发展性和建构性。

1. 尊重儿童的能动性和创造性

教师和儿童是乐学教室的主体，他们都是具有思想和情感的生命体。由于知识、年龄和生活经验的差异，他们对同一个事物的理解是不同的，因而在教学对话中会出现许多“意外”，也就是课堂生成。在乐学教室里，儿童不再被认为是“装知识的容器”，而是被看作关系性存在。乐学教室不再像传统课堂那样强调秩序和确定性，追求的是丰富多彩、变动不居的复杂课堂，注重课堂与真实生活相联系，对儿童产生新奇的刺激，激发他们的想象力和创造力。

2. 遵循知识的发展性和建构性

知识不仅是对现实世界的准确表征，还是对世界的解释和假说，是处于不断发展变化中的。因此，乐学教室的教学不是知识的机械灌输，而是儿童以学习者的方式进行主动建构。知识本身的发展性和建构性也会使乐学教室的课堂活动呈现生态意蕴。对智慧没有挑战的课堂教学是不具有生成性的，没有生命气息的课堂教学也不具有生成性。每一节课都是不可重复的激情与智慧综合生成的过程。在乐学教室文化的弥漫下，乐学课堂尊重生命、尊重个性、尊重发展的特征才得以彰显，完整儿童的培养与发展才得以实现。

3. 促进儿童高效能学习

在乐学教室的生态课堂中，教师与学生之间以及学生与学生之间都会发生多元、多级、多向、多层次和多维度的互动。师生作为课程资源，能够在互动中生成新的课程资源，每一个参与者都会从中受益。由于教育主体的能动性、差异性，以及知识本身的不确定性、建构性，我们构筑的乐学教室里的乐学课堂必然会呈现出一幅复杂多变的动态生成景象，促进儿童高效能学习。

第二节 乐学教室建设的四大目标

乐学教室是一个特定的儿童学习空间。因为有了儿童，有了文化的浸润，它呈现出一个微观的儿童学习生态。这个学习生态以儿童为中心，以儿童的完整发展为目标，以挑战性的问题为指引，以教与学的方式变革为主导，以自主性的探究为手段，以周围世界丰富的资源为源泉，为课程教学提供最佳的载体，成为课程教学与儿童发展之间最重要的桥梁。我们把班级生命化、集体身份化、场域资源化、学习空间化作为乐学教室建设的四大目标，让课程教学运行在乐学教室文化的生态之中，通过保护、唤醒、滋养、引领，推动育人方式的有效转型。

一 班级生命化

教室应当成为儿童温润的精神家园，满足他们的安全需求。乐学教室环境中的情境，将学生带到熟悉的生活场景，唤起他们已有的经验。先前概念点燃思维的火花，激发认知动机。教师通过评价的导向作用使学生准确认识自己，对自己有恰当的预期，对待问题和困难有更多耐心和勇气。乐学教室为学生构筑起积极的心理环境，使教学围绕“班级生命化”目标展开。

（一）共同生活

1. 共同生活是乐学教室遵循的原则

生活是生命的载体。儿童的本能生长总是在生活中发生。儿童在乐学教室学习遵循共同生活的原则，它强调儿童在学习环境中的亲身体验、具身认知、自我建构、交互共识。随着学习过程的展开，儿童的生命始终在场，这就改变了以往由教师单向灌输知识的模式，让儿童置身学习情境，产生真实体验，引发深刻的思考。这样，儿童获得了知识交流、体验、感悟和获得的主动权。

2. 倡导教学内容的生活化

乐学教室里的教学活动强调内容的生活化，从生活中来，到生活中去，为学生今后更好地生活服务。乐学教室是学生使用最多的学习空间，学生在校的大部分时间都在教学班度过，所以班级环境要特别体现出“家”的味道，给学生以亲切感、亲近感和舒适感，使班级呈现出“生命化”特征，学生可以自由、愉快地在其中展开学习生活。

3. 倡导班级共同体的建立

班级共同体是拥有共同愿景、制度公约、文化氛围、人格属性的班集体组织。作为乐学教室中重要的组织形式，班级共同体能使学生从游离在课堂边缘的状态回归到核心参与者的状态，带着独特的心智模式、思维模式、学习习惯等，参与到讨论中。学生在深度思考、人际互动等活动中，确认知识的意义，建构自己的身份，从而产生归属感，满足归属需求。

（二）个性存在

1. 尊重个体独特性

教育面对人的生命，就是要承认和尊重生命的独特性，为生命独特性的实现创造条件。乐学教育致力于促进每个儿童的成长、发展和完善。乐学教室所体现的个性存在就是尊重个体的独特性，为个体创造发展空间。

2. 尊重个体差异性

乐学教室尊重学生的个体差异性，将学生的多样性看作有效建构知识的优势取向，把学生的差异视作教学的资源。教师努力为每个学生定制专门的、参与性的、非统一要求的、支架式的课程和教学，同时给予他们不同的评价指标；关注每个生命体，为他们提供适合的教育，让不同学习水平、不同学习风格的学生在乐学教室中各尽其能，各展其才。

3. 体现自主选择性

乐学教室的设计及其课程开发、资源利用，充分遵循多元智能理论。原本整齐统一的教室变得“百花齐放”，各具特色：让儿童在感兴趣的主题世界里找到自己，丰富儿童的个体经验，成就儿童的独特经历；让在各学科领域有独特智能的儿童攀登高峰、挑战自我；让每个儿童在无限联结的网络空间里，成为兴趣的选择者、创生者、享受者。我们相信，乐学教室能尊重每个学生的优势智能，为他们创设多种多样展示才能的情境，提供适切的教育方法，激发他们的巨大潜能，使他们成为独特的自我。

（三）向上氛围

乐学教室所营造的向上氛围，是在乐学环境主导下，被班级大多数儿童认可的文化观念、价值观念、生活信念等意识形态，具体表现为健康积极的班风、学风、班集体舆论、人际关系等。这样的氛围是由班级成员共同创建的，继而又以整体的面貌影响着每个成员，无形地激励学生寻求自我实现。

1. 向上氛围促进儿童经验的主动获得

在班级中营造积极向上的氛围，能够促进儿童经验的获得与积累。儿童在乐学教室共同参加集体活动所创造出来的文化，最能激发儿童内在的优秀品质和积极力量，由此成为班级正向的行为文化。例如，鼓励学生在活动中找到兴趣；在班级成立学习小组，就某个问题展开调查；根据学生的不同特点分派不同的任务，或让他们承担不同的角色。

2. 向上氛围影响着儿童的人际交往

班级是儿童学习和活动的基本场所，是促进儿童个性化发展的重要环境。儿童个体正向的利己特征，能带动与他人积极关系的建立。积极向上的班级氛围蕴含着儿童文化，影响着儿童的人际交往。比如，在活动中鼓励合作，并让小组成员互相评价，使他们从同伴交往中获得自我认识等。

3. 向上氛围反哺乐学教室文化的创生

向上氛围的营造除了需要潜在的观念、信念等精神文化的引领，还需要制度文化的有效保障。乐学教室制度文化的建设目的不在于奖励或者惩罚成员，而在于维护班级成员的共同利益，使每个成员既有发展的权利，也有接受约束或惩戒的责任。

二 集体身份化

乐学教室营造的班级生命化环境，为儿童提供了向上的氛围、个性存在的价值感，激发他们共同生活的需要与能力。儿童在乐学教室获得身份确认，更能产生个体归属感。这种归属感让儿童在集体生活中勇于展现自我，激励他们以出色的表现为集体赢得更多荣誉。乐学教室应成为师生共建的情感高地，满足儿童的归属需求，使他们在活动中相互依存、全面发展。

（一）个体归属感

归属感是指个体认同所在共同体，愿意融入集体生活与同伴成为一个整体，并且承担相应义务与责任的一种情感。

1. 乐学教室倡导在班级事务中增强儿童责任感

充满活力的班级应是每个学生都有事做。在乐学教室，人人都有当班干部的机会，这样能够激发学生的主人翁意识。班级除设常规班队干部、课代表、小组长外，还根据需要增设课间文明监督员、公物保管员、花草护理使者、班报主编及编委、板报主理人、图书管理员、值日班长等岗位，让学生通过自荐、推荐、竞选等多种形式上岗。这样，每个学生都参与到班级管理中来，担负起责任，把自己的成长与班级联系在一起，自然会处处维护班级荣誉。班级事务需要每个学生都参与管理，班集体依靠大家的努力来建设，学生的责任感也会因此而增强。

2. 让儿童在班级事务评价中获得认同感

在班级事务管理中，学生进行自评和相互评价，获得认同感。每周或每月，教师可结合乐学四星好学生评价标准，引导学生从文明、自主、乐学、健康四个方面进行自我评价，阶段性地认识自己、评价自己。学生既找出自己的优点，也找出自己的不足，同时提出今后的努力方向。学生在评价自己的同时，还可以评价他人，在赏识别人的过程中发现、弥补自己的不足，完善自我。而别人对自己的评价，有助于提高自我认识。学生相互评价、欣赏，扬长避短，相互理解、认同、勉励，共同进步。

（二）集体荣誉感

1. 集体荣誉激发儿童对班级的热爱之情

集体荣誉感可以说是班级发展过程中的核心力量。在乐学教室建设中，集体荣誉对儿童成长发挥着积极引导作用。儿童参加各种集体活动，为班集体取得成绩与进步而高兴、自豪，由集体荣誉带来快乐感。乐学教室充分地将班级荣誉感的作用发挥出来，激励学生更加积极主动地参与到班级活动中，这样既能促进学生个人的健康发展，也能促进班级整体管理水平的有效提升。

2. 儿童在集体活动中增强自我价值感

要增强学生的集体荣誉感，就要让每个学生都融入班级的各项集体活动中，在活动中体现自我价值，感受奉献的快乐。例如，学校举办运动会，不能只让几个运动员充当主角，要把所有学生都发动起来，不上场比赛的学生也要各负其责，成为集体项目救护员、运动员到位情况汇报员、信息传递员、物品保管员、成绩记录员、好人好事宣传员、环境保洁员等，这样学生能够感受到集体荣誉的获得有自己的一份功劳。只有每个学生都参与到班级建设的过程中，班级所获得的荣誉才会对每个学生都产生相应的激励作用，学生的个人价值才会在活动中充分地发挥出来。

（三）成就共享感

1. “成就墙”放大集体力量

班级荣誉是班级成员共同努力的结果，也是激励学生奋发向上的精神力量。我们在乐学教室设立“成就墙”，将班集体、学生个体获得的各种奖状、荣誉证书以及获得荣誉过程的图文资料张贴在墙壁上，让学生时时感受到自己的班级是一个优秀的集体，为身处这样的集体而自豪，从而更加热爱集体，珍惜集体的荣誉，生发向上的动力。“成就墙”还会对学生起到正向的激励作用，使学生见贤思齐，努力向优秀的学生靠拢。学生会更积极地在自己所擅长的领域做出努力，争取让自己的证书也出现在“成就墙”上，从而促进个人素质的提升。

2. 纪念日活动增强个体的归属感

为了增强儿童对班级的情感，我们设立了“特别日子纪念会”。在一些特别的日子里，全班学生共同做一件有意义的事情，如相识“几”周年纪念、“我们十岁了”、乐学教室成立日、班报纪念日等。活动当天，由学生担任节目主持人，学生分组开展纪念日活动，同时还可以穿插一些趣味游戏、小比赛等来增强学生参与的热情。通过充满仪式感的纪念日活动，全体学生分享成长的喜悦，增进感情，增强归属感。

乐学教室建构起了集体身份化的场域，儿童浸润于温暖、融洽、团结、向上的班级氛围中，在正向激励下，获得个体归属感；在自主经营的班级活动中获得集体荣誉感、共享成就感，提高自我效能，体验生命被尊重的美好。

 场域资源化

法国学者皮埃尔·布迪厄将“场域”定义为，在各种位置之间存在的客观关系的网络或构型。“场域”可视为按照一定逻辑建设的相对独立的社会空间，是个体参与社会实践的场所。乐学教室作为儿童成长的空间，是师生共同构造的，用以体验生活情境、学习解决问题、提升个体核心素养的场域。乐学教室体现出资源集聚性、探究生成性、区域开放性的特征。

（一）资源集聚性

1. 充分聚集各种学习资源

乐学教室充分聚集各种学习资源，让儿童的学习获得更丰富的支持。乐学教室里设有阅读吧、思维坊、自然角、作品陈列区、多媒体区、工具箱、板报区等多个区域，充分发挥资源要素和工具要素的作用，打造出灵活的场域空间，方便儿童使用各类资源。学习的资源和工具涵盖多媒体素材、文献资料、学习网站、信息资源库、搜索引擎、检索工具、社交工具等，可以满足学生学习的多样性需求。

2. 倡导对资源的跨学科统整

对资源的统整也是乐学教室资源集聚性的体现，这让学习环境的教育意义最大化。乐学教室的空间创设要与儿童的生活世界、现实世界紧密联系，让儿童在这样的空间中想学习、乐学习。因此，在乐学教室，我们倡导的是跨学科、整合性学习。学科整合强调科学、技术、工程、艺术和数学等学科内容的融合，打破传统学科教育的封闭性和局限性。

3. 重视将儿童经验作为资源

资源整合不仅是学科知识的交织，还包括儿童经验整合和社会生活整合。经验整合是指从学生生活的角度选择典型活动进行结构化设计，然后以活动设计与实施为载体，让学生在体验和完成活动任务的过程中，将学术性学科知识转化为可解决实际问题的生活性知识，习得蕴含于任务中的多学科知识与技能。乐学教室就是突破学科、空间和经验的限制，根据育人目标，围绕教育者和儿童共同认可的探究主题，创设的生动学习空间。

（二）探究生成性

1. 根据学习需要选择探究内容与对象

学习空间承载着学生学习和交往等多项内容。学生在这样的学习空间中，自主选择游戏、交往、探究等活动，满足多样化需求，实现发展和成长的目的。学习空间的各要素能够激发学生的探索体验。具有探索性的空间造型、内容和氛围能激发学生的求知欲。有研究表明，儿童通过自身探索与体验方式习得知识技能的效果明显优于其他学习方式。

2. 乐学场域因探究方式而恰切变化

乐学教室的场域有利于学生探索、体验。学生打破原有的“坐”着听的静态学习模式，形成一种以问题和探究为基础的学习方式，这种变化意味着学生要进行更多的小组合作。跟随这种学习方式的变化，教室的座位不再根据学生的性别、身高来布置，而是学生根据学习需求自主组建学习小组，探索不同的学习项目。

3. 项目学习指向探究成果获得

项目学习是乐学教室中常见的一种学习方式。在项目学习过程中，教师根据素材设计具有开放性、操作性的项目任务，指导学生发现问题、提出问题、分析问题，进而综合运用多学科知识解决问题。因此，在项目学习中，学生的主动参与是关键。学生是学习的主体，需要自觉、自主地思考和探索，教师只是学生探索过程中的指导者。根据项目学习理念创设的乐学教室空间，为学生学习搭建了一个开放平台，提供探索资源，引导学生积极主动地开展探究学习。

（三）区域开放性

1. 全面打通儿童学习空间

乐学教室空间改变了传统教室空间的封闭状态，实现了学习区域的开放性。我们让室内与室外、教室与廊道、花园与草坪、物理与虚拟、校内与校外等不同空间高度融通，形成适合儿童学习的结构空间。乐学教室全面打通各个学习场域，把校园里的每个角落都转变成学习场所。

2. 空间布局体现以学生为中心的教学观

乐学教室的布局体现以学生为中心的教学观和开放、民主、平等的教学理念。教室为半开放式布局，只有前后两面墙，教室前面有多媒体投影设备和白板，没有讲台。两侧有整理箱、组合柜，一侧供学生放置自己的书包、学习用品，方便学生根据不同课程的需要移动、组合；另一侧放置各种教学辅助资料、工具书、儿童读物等，方便师生查阅、使用。在教室的一个角落有小沙发、落地灯，儿童在那里自己搭建小型帐篷或者树屋，摆放绿植，感觉在学校就像在家一样，既能学习，又能玩耍，身心健康发展。

3. 开放式空间营造自由活跃的课堂气氛

儿童基于先前经验，在交谈、讨论中，在老师的辅助下构建知识，共同完成教学目标。师生、生生的自由讨论与有效沟通，能培养儿童的独立思考能力，体现合作精神，增强儿童的语言表达和交际能力。儿童在沟通、交流、对话中发现自我、学会合作、学会共同生活，形成积极的心理品质。

四 学习空间化

乐学教室设计在物理空间层面的探索主要集中在增强空间的灵活性与建立新型学习空间上。“以学为中心”的乐学教室对原有物理学习环境重新规划和布局，不断提高学习空间的灵活性、开放性和多种设备的兼容性，使不同教学策略和教学模式得以更好地实施。

（一）空间有结构

1. 从封闭性到开放性、连续性

传统教学空间的设计注重的是对单一空间的设计，而“以学为中心”的空间将所有学习活动的场所视作一个空间连续体，考虑的是如何通过设计为学习者提供连续的学习体验，即从课内延伸到课外，线下与线上贯通，正式学习与非正式学习连接。乐学教室为儿童构建了连续开放的多种学习功能区，包括创造区、探究区、展示区、交互区、合作区和发展区。每个学习区都有所侧重，支持不同的教与学的方式，提供配套的学习资源和技术工具。同时，乐学教室还设有各种新型的学科探究空间，给学生提供全新的沉浸式体验，满足学生多样化的学习需求，帮助他们开展个性化的深层次学习。

2. 从个体学习到协作对话

在传统的教学空间中，学习是由教师向学生传递知识的过程，学生是被动接受的“听众”，而非教师的对话者和协作者。学生与学生之间则形成一种

潜在的竞争关系，各自独立学习。在乐学教室的学习空间里，学习是协作对话中的主动建构过程，师生之间、生生之间的互动都是学习的重要环节，因此乐学教室更强调对协作对话的支持。

3. 从单一学习到丰富体验

乐学教室的学习空间是在“以学为中心”的教育理念下产生并兴起的。特别是在“互联网+”时代，合作学习、探究学习等方式不断涌现，差异化、体验式的学习方式和互动式的教学方式日益受到青睐。信息技术作为强有力的技术条件，强力推进学习空间的拓展和创新，促进其成为教与学发生的载体与支撑，这有利于儿童丰富学习体验，从而生成内在的素养结构。

（二）行为有规约

乐学教室是公共的学习空间，它为儿童提供公共服务场景和个性化学习环境。

1. 助力儿童组建学习共同体

在乐学教室，教师可以改变以往的班级授课模式，为学生组建多元集体，如教学班、PBL（Project-Based Learning）项目组、成长团队等，帮助儿童形成学习共同体。这些共同体有统一的目标、规则以及共同的学习任务或活动，不仅培养了学生的集体责任感和荣誉感以及守约、奉献等品质，还促进学生学会交往、合作、协商、妥协，在一定程度上发挥着个体社会化的功能。

2. 制定公共学习空间的制度

乐学教室是公共的学习空间，它为儿童提供个性化的学习环境。想要满足学生多样化的学习需求，就需要多样化的教学组织及行为规约作为制度支撑。我们利用大数据技术形成集成的学习管理系统、学习资源平台，并实现跨平台整合，规范儿童在各个系统和平台的学习行为，让学习更加有效和高效。

3. 生成服务儿童的智慧数据

乐学教室具备记录学生的学习过程、识别学生的学习情境、感知学习的物理环境和联结学习社群等公共服务功能，既能根据学习者的个性特征而提供智慧学习环境，还可以为教师、学校、家长提供评估参考、对照样本等，学校也可以据此更好地调整乐学教室环境设计。

（三）形式有载体

课程体系是乐学教室的重要载体。学生在学校的学习主要围绕课程展开，课程对学生的空间位置具有重要的牵引作用。因此，要建构“以学为中心”的学习空间就必须从课程入手，为学生提供更丰富的课程选择。

1. 形成多样的乐学教室课程体系

乐学教室的课程体系充分调动学生的主观能动性，为学生提供更具选择性、拓展性、体验性、挑战性的学习资源。创新式的多功能空间则为课程体系调整与创新预留更多可能。乐学教室注重跨学科融合，完善、整合课程体系，能够助力学生核心素养发展，培养学生的综合能力。

2. 匹配多功能的学习场景

乐学教室建设以课程为基础，打造与之相适应的具有学科专业特色的空间与平台。师生共同设计个性化的多功能区域，打造集上课、讨论、自主学习、阅览、实验、制作、表演、展示于一体的学习空间。

3. 现实与虚拟融合的学习空间

乐学教室空间的建设充分利用新兴技术，最大限度满足学生的个性化学习需求。增强现实技术、富媒体技术、传感器技术、学习分析技术等，为构建现实和虚拟融合的学习空间提供了可能。增强现实技术是虚拟和现实混合的一种技术，用户能够通过虚拟化技术来观察现实世界，从而增强现实观感体验；富媒体技术把文本、声音、视频、动画等媒体形式和自然的交互设计整合起来，拓展了交互的概念，提高了用户的参与度，从而极大增强了用户的体验感；传感器技术的发展为学习情境识别和学习环境监测提供了重要支撑；利用学习分析技术可以对儿童以及学习情境的数据进行测量、收集、分析和报告，为更好地理解和优化学习以及学习发生的情境提供重要参考。[①]

第三节　乐学教室的五种样态

人类学习的本质是建构，是社会协商，是参与，由此形成的学习科学，为我们解答了学习环境设计的意义。[②]乐学教室是暖认知理念下儿童学习环境的模型建构与样态呈现。在设计乐学教室的过程中，我们深入剖析学习环境设计与儿童学习之间的内在关联，为儿童建构开放的、融合的、适切的学习空间，让儿童的学习更科学，让儿童的潜能获得开发、个性得以彰显，这更加契合时代新人的培育目标。乐学教室的建设从共性多样、个性独特、学科逻辑、生活逻辑、数字取向方面出发形成了五种样态：班级百变教室、学科挑战教室、主题探险教室、虚拟奇趣教室、校园隐秘教室。

一　班级百变教室

班级百变教室是学生最经常使用的学习空间，学生在校的大部分时间都在班级度过，所以班级百变教室的环境要特别体现出“家”的味道，给学生

① 杨俊锋，黄荣怀，刘斌．国外学习空间研究述评 [J]. 中国电化教育，2013(6)：15.

② 乔纳森，兰德．学习环境的理论基础：第二版 [M]. 徐世猛，李洁，周小勇，译．上海：华东师范大学出版社，2015.

以亲切感、生活感，学生可以在其中自由、愉快地和小伙伴展开丰富多彩的学习生活。

（一）班级百变教室的问题指向

现代教学理念不断革新，但大多数学校教室空间并未发生大的变革，仍延续着传统空间模式，这种教室空间无法适应现代教学理念的需求，由此，教学空间和教学需求产生了矛盾：一方面，在传统班级授课制的制约下，以教师为中心的讲授式课堂已经不能满足社会对创新型综合素养人才的需求；另一方面，传统封闭的、标准化的教室空间布局已无法满足儿童个性化成长的需要，也无法满足儿童对游戏、探索、对话、交流、展示等多样化学习体验的需求。人们心目中“学校 = 教室 + 教室”及“教室 = 桌子 + 椅子”的传统建构法必须被颠覆。

班级百变教室是对传统教室的革新。它改变了以教师和教材为中心的课堂，让儿童走向学习的中心。儿童在灵活多变的教室中，在与环境、资源、工具、同伴的交互中，体验生活，建构知识，发展素养，成长为全面发展的人。

（二）班级百变教室建设的可行性分析

从宏观层面来说，当今世界各国都展开了对未来学校的探索，主张建立多样化、可变化的学习空间，给学生带来沉浸式与个性化的学习体验；提供故事丰富、科技感强的探索空间，培养孩子的好奇心，带孩子走出课堂，把世界带进教室。2017 年 10 月，教育部学校规划建设发展中心发布了《未来学校研究与实验计划》，旨在根据《中国教育现代化 2030》确定的核心任务，聚焦基础教育和 0 ～ 18 岁儿童的发展，推动未来学校形态变革和全方位改革创新。

从微观层面来说，锡师附小依托江苏省教育科学“十三五”规划课题“暖认知理念下的儿童学习环境设计”，以江苏省中小学课程基地与学校文化建设项目“乐学教室文化：儿童学习生态的重构”为抓手，在儿童学习环境领域深耕多年，研究并设计了乐学教室，获得了对学习环境设计更为具体的新认识。在乐学教室的设计与实施过程中，教师的儿童观、学习观得以更新，学生在生动的学习场景中，培养了学习兴趣，饱含着对未知的探索热情，全身心地投入学习。班级百变教室的设计与实施是乐学教室的研究由实验阶段走向全面推广的重要一步。班级百变教室“因变而优，因优而新”，把我们对未来学习空间的憧憬化为现实，师生在乐学的时空中以学为乐，收获盈盈。

（三）班级百变教室的实践定位

班级百变教室贵在“变”字，不仅是单间教室内部求变，还要做到每间教室各不相同，因班而异，因师而异，形成百花齐放、百家争鸣的局面。“变”中也要有合乎法度的“不变”，即无论怎样变化，育人是唯一宗旨。班级百变教室的实践定位主要是“三建一研”：每个百变教室都要创建班级文化主格调，创建学科学习环境资源库，创建师生学习环境建设共同体，研制年级学科教学环境标准。每间百变教室能依标而建，服务儿童，赋能教师，又能呈现出和而不同、美美与共的景象。

（四）班级百变教室的功能阐释

班级百变教室的建构强调“志学为本”，通过环境的营造与变化，资源的丰富配置，激发儿童的学习兴趣，让儿童对学习产生积极的情感，饱含着“暖”的情绪，开启快乐的学习之旅。

班级百变教室以“变化为要”，师生根据教学的时序进度、自然时令、教育主题、班级文化建设等改变教室空间，因地制宜、因势利导，让整个教学空间充满浓浓的“暖”意，彰显出童趣，营造出和谐的氛围，从而消除学科学习的边界，让学习浸润于儿童生活，把生活引入学习。

儿童在班级百变教室内的学习生活充盈着求知的乐趣，因为丰富的资源拓展了学习的内涵，适切的空间形态让每个儿童都能在教室里找到自己的归属。教师与学生、学生与学生交流、分享、辩论，形成学习共同体。

 学科挑战教室

学科挑战教室是强化学科探究与挑战的新型学科教学场所。它通过有趣、有难度、有挑战的学科问题，吸引师生在课内外高度投入和协作，形成良好的师生互动和生生互动氛围，激发学生的潜能和学科探究志趣，以此培养学生思维创新、克服困难、探究知识的能力，培养学生综合运用学科知识解决实际问题的能力，使学生享受成功的喜悦，提升团队协作力和终身学习力。①

（一）学科挑战教室的问题指向

创新是教育发展的高水平指向。习近平总书记在中央政治局第五次集体学习时强调，基础教育既要夯实学生的知识基础，也要激发学生崇尚科学、探索未知的兴趣，培养其探索性、创新性思维品质。他指出，要加强拔尖创新人才自主培养，为解决我国关键核心技术攻关提供人才支撑。学科挑战教室重在对学生创新意识与能力的培养，以发现、探究、体验的学习方式，对在某些学科领域具有特殊才能的学生进行个性化培养。

（二）学科挑战教室建设的可行性分析

学科挑战教室的建设，需要教师熟悉课程开发。学科挑战教室是基于国家课程的校本化、童本化开发，重在生成新的观念，帮助儿童找到典型的学科学习方式，这就需要教师熟悉课程开发的整套流程，包括搭建课程框架、

① 孙宏斌，冯婉玲，马璟．挑战性学习课程的提出与实践 [J]. 中国大学教学，2016(7)：26.

整合内容与资源、设计评价标准、梳理教学实施要领等。在近几年的学科环境建设中，一批学科骨干教师成长起来，他们既有前瞻的理念，又有扎实的课程研发功底，教学在一线，亲近于儿童，能够创造出具有附小风格的课程改革乐章。

（三）学科挑战教室的实践定位

学科挑战教室重在把学习变成一个实践和创新的过程，以此培养学生的实践能力、动手能力、质疑能力、创新能力。学科挑战教室的定位就是“做中学”，把学科实践作为儿童学习最基本的方式。教师要建构系统化的学习目标，开发多样化的教学内容与形式：一方面对国家课程进行校本化开发，在学科挑战教室中突出学习内容的“挑战”意味；另一方面，依据个性化学习需求和拓宽儿童视野的需要，提供选择性学习内容，鼓励儿童向自己的未知领域发起挑战，勇攀学习高峰。

（四）学科挑战教室的功能阐释

学科挑战教室一般包括教学区、体验区、展示区、研讨区等，以浓郁的学科氛围向儿童发起深入学习的邀约，儿童一进入教室就会被深深吸引，这是其专业的学科情境发挥的功能。在这里，师生共同面对学科挑战，推动课程的实施，儿童被深深吸引到学习情境中，他们充分利用教室陈设、工具资源、虚拟空间、数字媒体等进行学习、讨论、实验、记录、展示等。他们在充满互动性、丰富多彩的学科世界中，找到独特的视角、发现的方法、思维的策略、特有的运算符号和逻辑。这便是学科挑战教室给予儿童的独特学习经历，他们在这里发现学科之美，并学会以学科特有的方式去欣赏与表达。

三 主题探险教室

主题探险教室是儿童围绕某个主题进行深度探究的教学活动场所的统称。我们所说的“探险”既是儿童对自然的探索，也是儿童对自身的挑战，它代表儿童将对未知领域的好奇转化为探索行动，经历未曾有过的学习过程。主题探险教室关注儿童因个体倾向产生的内在需求，启发教育者选取有价值的主题，聚焦于时代问题、儿童成长问题和地方文化的传承等来营造教室环境，呈现出儿童文化课程的新思路。

（一）主题探险教室的问题指向

传统教育将儿童束缚在规定的教室内，教师讲授固定的、去情境化的、无复杂生活关联的教材内容，把知识教给儿童，就像叶澜教授所描述的：“学生在学校里的生活大多是被动的，程序化的，尤其在课堂上。孩子们不仅要按课程表的规定和手中的教科书上课，而且一切行动要依照老师的指令，一切思考要依照老师的问题。”①

众所周知，教学活动是一种教育性的生活，它不仅是认知性的知识传授过程，也是完整生命的发展过程。教学活动的主体性强调通过主体与客体、主体与主体以及主体与自我之间的相互作用，促进学生的成长与发展。主题探险教室就是要改变传统的灌输式、机械式的教育模式，让教学活动遵循动态生成性，让儿童在自主建构中探索、发现未知，去超越现有生存状态和生活方式，走上充满自我价值感、意义感的学习之旅。

（二）主题探险教室建设的可行性分析

从理论层面来说，主题探险教室呈现了跨学科知识模态。我们运用多模

① 舒扬．走进“新基础教育”——华东师大叶澜教授访谈录 [J]. 基础教育，2004(5)：6.

态理论，将语言、图像、声音、动作等符号产品或事件融合到主题情境中，形成协同的教学系统，指导儿童借助多模态手段建构认知结构和价值观念。

从实践层面来说，教师运用多模态课程资源，满足儿童的好奇心与真实需求，为他们提供多模态交互学习环境，促进其对所要“探险”的学习内容的持续探究与深入理解，成就儿童的自我、本我、真我。主题探险教室所生成的主题课程，体现了主题生活化、知识模型化、学习剧本化特征，从而激发儿童探究的兴趣，增强儿童探究的欲望，并引导他们合作探究。

（三）主题探险教室的实践定位

主题探险教室是儿童主动探索之地。它通过主题可视化让隐性知识显性化、复杂技能直观化、抽象思维具体化、丰富情感形象化，来降低学习者的认知成本与学习负担。儿童在主题探险教室中借助知识模型，从知识的源头出发，迅速抓住复杂问题的核心，深入探究，逐步构建认知结构和应用思维结构，不断提升对知识的迁移水平和解决复杂问题的能力。主题探险教室为儿童提供了师生和谐互动的探究型学习样态，他们沉浸于学习对象，在动手实验、操作记录、交流合作中建构多学科知识，形成综合素养。

（四）主题探险教室的功能阐释

我们通过聚焦儿童对时代问题的关切来确定探究主题，通过聚焦儿童的成长问题来选择教学内容，通过聚焦儿童的学习问题来营造教室环境。主题探险教室呈现出儿童文化课程的新思路，要求课程目标具有引领性，课程内容具有探险性，课程学习方式融合智能环境、网络环境，具有挑战性。主题探险教室为儿童开发出跨学科综合课程的新样态，把儿童对学习的欢乐情绪转化为学习环境中的兴趣元素，把儿童本真的求知欲望转化为学习环境中的思维挑战，把儿童文化转化为学习环境中的生态因子，把乐学教育的思想转化为学习环境中的结构样态。主题探险教室建构了环境本位的暖认知教学文化，创新了多元互动的共同体教学文化，发挥了最佳空间效能。

四 虚拟奇趣教室

随着互联网、人工智能、大数据、云计算、物联网等技术的应用逐渐走向纵深，学习环境发生了深刻的变革。锡师附小通过分析学习情境的基本特征，提出虚拟奇趣教室的建设框架。它是基于互联网、人工智能、大数据分析存储技术等，为儿童构筑的多空间融合的虚拟学习环境，实现知识传播与知识共享，并可以实时进行学习分析、导航、评估、反馈、调节等。①

（一）虚拟奇趣教室的问题指向

学习的建构本质启发我们，儿童的学习过程需要经历和体验，只有这样，他们才能深深沉浸其中，展开探索、思考、交流。传统的教育无法给学生提供丰富的、亲历的、富有想象的、充满奇特趣味的、陌生化的学习情境与空间，因而无法培养儿童的创新素养和能力，潜藏在儿童心灵深处的大胆的、独特的奇思妙想就不容易被激发。虚拟奇趣教室就是要为儿童创设不受时空限制的、充满奇趣魅力的学习环境，让他们沉浸其中，完全自主选择学习方式、路径，形成独特的学习体验，创造个性化的学习成果。

（二）虚拟奇趣教室建设的可行性分析

从宏观层面来看，国家推出了多项有关教育信息化的政策、规划和措施，为教育信息化指明了发展方向。《国家中长期教育改革和发展规划纲要(2010—2020 年)》明确指出“信息技术对教育发展具有革命性影响，必须予以高度重视”。《教育信息化十年发展规划 (2011—2020 年)》的发展目标之一为：“信息技术与教育融合发展的水平显著提升。充分发挥现代信息技术独

---

① 田阳，万青青，陈鹏，等. 多空间融合视域下学习环境及学习情境探究 [J]. 中国电化教育，2020(3)：123.

特优势，信息化环境下学生自主学习能力明显增强，教学方式与教育模式创新不断深入，信息化对教育变革的促进作用充分显现。”《教育信息化2.0行动计划》指出“大力推进智能教育，开展以学习者为中心的智能化教学支持环境建设”，“利用智能技术加快推动人才培养模式、教学方法改革，探索泛在、灵活、智能的教育教学新环境建设与应用模式”。如何有效地将现代信息技术融入学校教育，推动教育信息化新型教学模式发展，成为重要的研究课题。

从微观层面来看，锡师附小始终以教育信息化引领教育现代化发展，学校拥有互联网、大数据、人工智能等先进的技术基础，助推教师专业发展，服务乐学教室环境建设，优化教与学的关系。学校作为江苏省唯一的小学代表，受邀在江苏省中小学教师信息技术应用能力提升工程2.0启动仪式上做主旨发言。近年来，学校着眼于现代小学建设，升级智慧学校、乐学教室，为儿童提供虚拟的学习场景，激发儿童的学习兴趣和好奇心，让儿童在虚拟环境中实验、试错，提高科学思维和创新能力。

（三）虚拟奇趣教室的实践定位

虚拟奇趣教室是集多种自然交互功能于一体的沉浸式虚拟环境，其优势在于能够展示逼真的情境和三维场景，使学习者通过多感官以沉浸的状态参与学习，生动的画面效果更易促进体验生成。通过分析、调控虚拟环境对儿童心理的刺激，创设适切的情境，吸引儿童专注于其中，在操作导航的指引下，提高学习认知的水平。虚拟奇趣教室能够拓展学习时空，集合全域化的学习资源，给全体儿童提供最优的学习选择，为儿童提供积极的学习体验，极大地增强学习世界的奇趣魅力。

（四）虚拟奇趣教室的功能阐释

虚拟奇趣教室扩展了物理学习环境，为学生提供更为丰富的学习体验和学习资源。它具有突出的特征：沉浸性、交互性、想象性。沉浸性是指用户感受到作为主角存在于虚拟环境中；交互性是指通过硬件和软件实现高效而自然的人机交互，运用眼球识别、语音、手势乃至脑电波等技术，交互的自然性得到很大提高；想象性是指在虚拟环境中，儿童可以根据所获取的多种信息和在系统中的自身行为，进行想象、联想、推理和逻辑判断等思维过程，以获取更多的知识，认识复杂系统深层次的运作机理和规律性。

虚拟奇趣教室最适合开展情境化教学，为儿童提供了情境化体验的新渠道和新工具。沉浸体验强化了情境的功能，有利于学习者的感悟和顿悟。虚拟角色扮演、真实的视听环境氛围、自然的交互方式等可以给学习者带来强烈的沉浸感受。在虚拟奇趣教室，学习者通过多感官交互设备，能够与虚拟学习环境互动，沉浸性和临场感会更强烈，有利于实现深度体验。

儿童在虚拟奇趣教室的学习是多感官协同参与的过程。学习者需要依靠视觉、听觉和触觉等感知觉，获取学习环境的信息，再经过信息加工制定行为策略，并通过交互功能作用于学习环境，形成一个学习的闭环。多感官融合交互可以促使学习者在虚拟学习环境中高效、舒适地完成学习任务。

五 校园隐秘教室

校园隐秘教室是一种有创新意义的乐学教室，它不像传统意义的普通教室那样有墙壁围挡，有桌椅矩阵。隐秘教室散布于校园各个角落，往往是司空见惯的假山流水、花园一隅、连廊转角，极具“隐秘性”。儿童在这样隐秘的环境里进行各种自主的、独立的游戏活动。校园隐秘教室虽然是隐秘的角落存在，却是开放的学习空间。它淡化了目标控制，让儿童在自主探索中获得精神的给养、感受诗意的浪漫、觉察自由的本真。校园隐秘教室在看似“无为”中实现“有为”。

（一）校园隐秘教室的问题指向

传统的学校教室，其开发主体是成人，承载着成人的意志，忽视儿童主体的存在，更强调以教师为中心。在这样的教室环境中，智慧在某种程度上被遮蔽、取代，因为传统教育更多地教人知识，较少教人思考；更多地教人记忆和复制，较少教人质疑和批判；更多地面向知识，而忽略情感、情绪和动机。然而，在智能结构中，情感不仅存在，而且具有促进、调节认知的价值。正如朱小蔓教授所言：智能不仅用于科学的目的，更用于人生的把握；从潜能到现实的智能必须有情感的参与和支持。校园隐秘教室从根本上落实了儿童的主体性，它强调从儿童的经验和经历中生长出课程，建构孩子心目中的学习空间。

（二）校园隐秘教室建设的可行性分析

从理论视角来看，学习的本质是建构，是社会协商，是参与。校园隐秘教室不再强调知识的获取，它更关注学习主体带着情感参与到环境的建构中，由此产生观察、联想、想象、推测、印证等学习过程。儿童不必与人交流，而是以自己独特的眼、独特的心灵、独特的方式发现隐秘事物的独特之处，发现专属于自己的独特课程价值。

从实践层面来看，校园隐秘教室因其场域的新鲜度、特殊性，吸引儿童卷入其中，这样的学习不再是被动的，而是主动的、好奇的。每一个隐秘教室，都是一本深邃的书籍，都能叙写儿童驰骋想象、幻想的故事。

（三）校园隐秘教室的实践定位

校园隐秘教室既是开放的学习空间，又是隐秘的角落存在。它可能是自然界的动植物园地，可能是全屋式的闭合空间，还可能是满足猎奇需要的空旷地带。它尊重儿童的个体发现，吸引儿童结伴前往，鼓励儿童在玩耍、嬉戏中思考、寻觅、发现、探索。校园隐秘教室既要淡化目标控制，又要推动儿童自主发展。它关注儿童在探究中积累知识，在应用中生成能力，在融合中迸发情感，在平常中发现趣味，在杂乱中提领秩序，在普通中找到意义。

（四）校园隐秘教室的功能阐释

校园隐秘教室利于儿童玩乐，是儿童心中的最爱，是儿童专属的乐园。校园隐秘教室不仅吸引儿童来玩耍，更有利于儿童探究。儿童在自由的玩耍探究中展开学习过程，学习成果悄然产生。校园隐秘教室课程是国家课程的补充，是校本课程的创新之举，它让儿童乐在其中，是儿童精神栖息的家园。校园的环境设计师应该为儿童积极创造这类具有隐秘性的空间。校园隐秘教室建设的意义非常重大，有利于儿童探索、合作、观察、想象等良好习惯的培养，隐秘教室是孩子们真正向往的、符合他们游乐天性的快乐天地。

第三章 班级百变教室建设

素养时代，社会对人才的需求发生了深刻的变化。随着知识经济的发展和全球化竞争的加剧，单纯的知识传授已难以满足未来社会对人才的需求。素养时代更强调学生的创新能力、批判性思维、团队协作能力等综合素养的培养，而传统的固定教室模式限制了学习方式的多样性，难以激发学生的潜能和兴趣。因此，构建灵活多变的教室环境，以适应不同学习主题和满足学生的个性化需求，成为素养时代的重要趋势。在此背景下，学校建构了班级百变教室。

第一节 班级百变教室建设的理念、目标与设计思路

班级百变教室以灵活多变的布局、丰富多样的资源、智能化技术融合为核心，旨在激发学生的学习兴趣，促进学生综合能力的发展，并适应未来教育趋势。我们通过模块化设计、智能环境调控及多元化资源体系构建，打造

了既温馨又充满挑战的学习环境。同时，我们构建多维度、多元化的评价体系，关注学生综合素质的培养，利用大数据分析提供个性化反馈，助力学生全面成长。

 班级百变教室的价值意蕴

（一）激发儿童学习兴趣

班级百变教室通过多变的布局和丰富的资源，极大地激发了学生的学习兴趣。传统教室的单一布局往往让学生感到乏味，班级百变教室则能根据教学内容和目标灵活调整，创造出与主题相符的学习环境。这种新颖的教学场域设计方式让学生感到新奇和兴奋，从而主动参与到学习活动中。学生在探索、发现和创造的过程中，不仅掌握了知识，还培养了自主学习和终身学习的能力。

（二）促进综合能力发展

班级百变教室为学生提供了多样化的学习体验，促进他们综合能力的发展。在小组讨论区，学生学会了如何有效沟通、协作解决问题；在多媒体展示区，他们锻炼了信息技术能力和表达能力；在独立学习区，他们培养了自我管理和自主学习的能力。这些能力的培养不仅有助于学生在学业上取得优异成绩，更为他们未来的职业生涯和社会生活奠定了坚实的基础。

（三）适应未来教育趋势

随着科技的飞速发展和社会的不断进步，未来教育将更加注重培养学生的创新能力、批判性思维和解决复杂问题的能力。班级百变教室正是适应这一教育趋势的产物。它打破了传统教育的束缚，鼓励学生跳出舒适区，勇于

尝试新事物和新方法。在这样的环境中，学生将学会如何独立思考、如何批判性地分析问题、如何创造性地解决问题，从而成为未来社会的栋梁之材。

 班级百变教室建设的理念

班级百变教室建设秉持“志学为本、变化为要、温暖为魂”的理念。它不仅是知识传授的殿堂，更是兴趣激发、能力培养与品格塑造的摇篮。我们通过多维空间布局与丰富学习资源，激发学生的学习兴趣；灵活调整教室环境与教育主题，适应多样化的教学需求；营造温馨和谐的氛围，消除时空边界，运用智能技术促进知识共享。班级百变教室成为学生成长的乐园，学生在其中培养自主学习能力，提升综合素养，共同构建充满爱与智慧的精神家园。

（一）志学为本：构建以学习为中心的多维空间

班级百变教室建设坚持“志学为本”的理念，这是教室设计的核心与灵魂。学习不仅是知识的习得，更是兴趣的培养、能力的锻炼和品格的塑造。因此，在班级百变教室建设中，我们注重将学习内容巧妙地融入教室的每一个角落，通过丰富的图文展示、实物模型和互动装置，让知识触手可及，激发学生的学习兴趣和好奇心。同时，班级百变教室为学生提供多样化的情境，模拟真实世界或创造想象空间，让学生在情境中学习、在体验中成长。此外，班级百变教室还充实了各类学习支架，如设置学习导航、提供思维工具、搭建合作平台等，帮助学生构建知识体系，提升自主学习能力，确保每位学生都能以自己的节奏不断进步。

（二）变化为要：打造灵活多变的学习环境

“变化为要”是班级百变教室建设的另一个重要理念。我们认识到，教室

不应是静态的、一成不变的，而应随着教学需求、自然时令、教育主题乃至班级文化建设的步伐灵活调整。具体而言，教室的布局和装饰会根据具体教学主题而变化，以适应不同科目的教学特点；在季节更迭和庆祝节日时，师生会为教室换上新装，营造应景的氛围，让儿童在感受自然与人文之美中增长见识。随着教育主题的转换，班级百变教室将成为学生展示研究成果、分享学习心得的舞台。同时，班级文化建设的计划也将引领教室风格的演变，使教室成为学生共同的精神家园。

（三）温暖为魂：营造温馨和谐的学习氛围

“温暖为魂”是班级百变教室建设的又一重要理念。温馨和谐的学习环境能够极大地提升学生的学习积极性和幸福感。因此，在教室设计中，我们注重彰显儿童趣味，通过色彩搭配、图案装饰和家具布局，营造出充满童趣和活力的空间，让学生感受到如家般的温暖。同时，我们精心设计每一个细节，如设置舒适的阅读角、摆放绿植和装饰品，让教室充满生机与美感，为学生提供可以放松身心的避风港。更重要的是，我们努力消除教室边界，打破传统的时空壁垒，利用智能技术，实现线上、线下融合，让知识突破场域限制，自由流动。在这样一个温暖和谐的大家庭中，学生将学会尊重、理解和包容，共同成长、共同进步。

三 班级百变教室建设的目标

班级百变教室以和谐人际关系为基，以充盈求知乐趣为核，以建立学习链接为翼。营造温馨氛围，促进师生平等交流、同伴合作学习；融合数字技术，拓展学生的认知边界，激发学生的探究兴趣；设计文化符号，打造功能区，整合流动生成区，激发学生的学习热情，培养学生的创新思维，让学习充满乐趣与成效。

（一）和谐人际关系

班级百变教室建设致力于为学生营造温馨如家、轻松愉悦的学习环境，鼓励学生自主学习、思维活跃，促进学生间目标一致、合作学习、相互理解，以及师生间平等交流、责任共担，共同构建和谐的教室生态，提升学习成效与幸福感。

（二）充盈求知乐趣

构建班级百变教室，以数字化、多学科知识模型为基石，借助互动式科技设备与多功能数字平台，丰富启思之物，拓展认知之境，激发学生探究的热情，培养学生的求异思维，增强学生的创新能力与持续学习兴趣，让教室成为沉浸式学习乐园。

（三）建立学习链接

建设班级百变教室，要融入年级成长元素，体现学生心理偏好，设计年级文化符号，呈现教材中的代表性文本，演绎人物形象，创设典型情境，打造学习功能区，经营趣味角落，整合流动生成区，激发学生的学习热情，培养学生的创新思维。

四　班级百变教室建设的要素

班级百变教室建设需要关注以下七大要素：主题展示、功能区域、墙面布局、学习摆件、情绪氛围、光线调控、多媒体系统。这些要素的合理设计和灵活布置可以有效促进学生的学习和发展。

（一）主题展示

教室中心区域应围绕教育主题精心设计，作为视觉焦点吸引学生注意，促进学生对主题思想的深入探索。主题展示区可定期更换，确保内容与课程同步，激发学生的好奇心与探索欲。

（二）功能区域

我们合理规划小组讨论区、阅读角、实验台等功能区域，满足学生的不同学习需求；借助灵活隔断或可移动家具，实现空间快速转换，让教室适应多样化教学活动。

（三）墙面布局

墙面不仅可以用来装饰，更是学习资源的延伸。我们利用墙面上的白板、挂图、展示板等工具，将知识点直观呈现，便于学生回顾与互动。同时，鼓励学生在留白区域创作，展现个性风采。

（四）学习摆件

我们精选各类学习摆件，如地球仪、模型等，激发学生探索的兴趣，增加学习趣味性。摆件的选择应紧扣课程内容，使其成为学习过程中的辅助工具。

（五）情绪氛围

营造积极向上的情绪氛围是班级百变教室的关键。温馨的色彩搭配、舒适的照明以及鼓励性的标语，能让学生感受到学习的乐趣与成就感，提升学习动力。

（六）光线调控

光线直接影响学生的视力和学习效率。我们采用可调节灯光系统，根据不同教学场景调整光线强度与色温，确保教室光线柔和、均匀，保护学生视力，营造良好的学习环境。

（七）多媒体系统

班级百变教室配有先进的多媒体设备，如智能黑板、投影仪、音响系统等，实现教学资源的数字化展示，增强学习的互动性。多媒体系统的应用不仅丰富了教学手段，还提高了教学效率，让学习更加生动有趣。

五 班级百变教室的设计思路

构建班级百变教室，需从空间布局、技术融合、资源配置、环境营造及评价体系等多维度出发。班级百变教室以灵活物理结构适应多变教学需求，以智能技术促进教学互动与远程协作，以丰富的资源体系满足个性化学习需求。同时，营造温馨舒适的学习环境，激发学生潜能，促进交流互动。多元化评价体系则关注学生的综合素养，通过多样化评价方法与个性化反馈，助力学生全面成长。这一系列创新举措共同塑造了智慧、开放、包容的学习生态，为培养未来人才奠定坚实基础。

（一）空间布局灵活化：动态空间，随需而变

1. 物理结构的灵活性

模块化设计，自由组合。我们对教室的物理结构进行模块化设计，如利用可移动的隔断、折叠式桌椅等，实现空间布局的快速变化。无论是开阔的讲座区域，还是紧密的小组讨论空间，我们都能通过简单的调整迅速达成，以满足不同教学活动的需求，极大地提高了教室的利用率和适应性。

2. 功能区域的多样性

多功能区，一室多用。我们在教室中设计多样化的功能区域，如静谧的阅读角、活跃的讨论区以及实验操作台等。我们通过灵活的隔断或标识对

这些区域进行划分，既保持了空间的开放性，又确保了不同活动间的互不干扰。学生可以根据学习需求自由穿梭于各个区域之间，享受多样化的学习体验。

3. 智能环境的适应性

智能调控，环境随心。借助智能管理系统，班级百变教室的照明、音响、温度等均可根据教学活动需求进行自动调节。例如，在小组讨论时降低照明亮度，营造温馨氛围；在讲座时增强音响效果，确保每名学生都能清晰听到。智能环境的适应性不仅提升了教学活动的质量，还体现了对学生个性化学习需求的尊重与满足。通过智能技术的运用，教室成了一个能够随需而变、灵活适应各种教学场景的智慧空间。

（二）技术融合智能化：百变教室，科技赋能

1. 教学工具的智能化

智能教具，互动升级。在班级百变教室中，互动白板、智能投影等教学工具成为标配，它们不仅支持高清显示与触控操作，还能与各类教学资源无缝对接，实现教学内容的即时更新与丰富呈现。AR/VR 教学设备的引入，更是为学生带来了沉浸式的学习体验，使抽象概念具体化，复杂过程可视化，极大地提升了学生的学习兴趣和参与度。

2. 远程协作的便捷性

远程协作，无缝对接。班级百变教室借助在线协作平台，打破物理空间的限制，使学生无论身处何地都能参与课堂讨论，实现远程学习与协作。这种便捷的协作方式不仅促进了师生、生生之间的即时互动，还培养了学生的团队协作能力和跨文化交流能力。同时，平台的丰富功能，如文件共享、在线编辑等，也为学习任务的完成提供了有力支持。

3. 数据驱动的决策支持

智能分析，精准教学。班级百变教室配备的智能管理系统，能够自动记录并分析教学过程中的各项数据，如学生参与度、学习成效、资源使用情况等。这些数据为教师提供了宝贵的反馈，帮助他们更准确地了解学生的学习状态和需求，从而制定更加精准的教学策略。在数据驱动的决策支持下，教师能够不断优化教学方法，提升教学质量，实现个性化教学的目标。

（三）资源配置丰富化：资源宝库，触手可及

1. 多元化资源体系

多元融合，全面覆盖。班级百变教室包含纸质图书、电子图书、在线课程、教学视频、虚拟实验等多种资源。这些资源覆盖了各个学科领域，从基础理论到前沿科技，从经典文献到最新研究成果，全面满足学生的学习需求。借助多元化的资源体系，学生可以根据自己的兴趣和目标，自主选择学习材料，拓宽视野，深化学习理解。

2. 便捷访问与个性化推荐

一键触达，个性推送。利用校园网络和专用学习终端，学生可以随时随地访问学习平台上的各类资源。平台具备智能搜索和个性化推荐功能，能够根据学生的学习历史和兴趣偏好，精准推送相关资源，帮助学生快速找到所需内容。这种便捷访问和个性化推荐的方式，不仅提高了资源利用效率，还增强了学生的学习动力和兴趣。

3. 共建共享的资源生态

师生共创，持续更新。学校鼓励教师和学生共同参与资源的建设和更新工作，形成共建共享的资源生态。教师可以上传自己的教学资料、研究成果和心得体会，与学生分享宝贵的知识和经验；学生也可以分享自己的学习笔记、项目作品和创意想法，为平台增添活力。师生之间的紧密合作和互动交

流，使资源得以持续更新和完善，为学生的学习和成长提供源源不断的动力和支持。

（四）环境营造人性化：温馨环境，激发潜能

1. 物理环境的舒适度

温馨舒适，专注学习。在教室的物理环境营造上，我们注重光线、色彩、温湿度等细节，以创造温馨舒适的学习空间。柔和的照明能够减缓学生的视觉疲劳，舒适的色彩搭配能够营造宁静的学习氛围，适宜的温湿度能够确保学生在最佳状态下学习。这样的物理环境不仅有助于提高学生的专注力，还能激发他们的学习潜能，让学习成为一种享受。

2. 心理氛围的激励性

营造氛围，激发潜能。教室的心理氛围对激发学生的学习动力至关重要。我们通过融入鼓励创造与合作的装饰元素，如创意墙、合作小组展示区等，营造积极向上、充满活力的学习环境。这些元素不仅美化了教室空间，更激发了学生的创造力和合作精神，让他们在学习过程中感受到成就感和归属感，从而更加积极地投入学习中。

3. 功能区域的多样性

多样区域，满足需求。为了满足学生多样化的学习需求，我们在教室中设置不同的功能区域，如休息区、讨论区、阅读角等。休息区配有舒适的座椅和柔和的灯光，让学生在学习之余得到放松；讨论区配备圆桌和白板，方便学生进行小组讨论和合作学习；阅读角则收藏各类书籍和杂志，供学生拓展知识面。这些功能区域的设计不仅提高了教室的利用率，还促进了学生之间的交流与互动，使他们的学习成长有更多的可能性。

（五）评价体系多元化：全面评价，促进成长

1. 多维度评价标准

多维视角，多元评价。多元化评价体系的核心在于打破以学业成绩为单一标准的评价模式，引入创新能力、团队合作能力、实践能力等评价指标。这些指标能够全面反映学生的综合素质和成长过程，鼓励学生展现个人特色，发展多方面能力。通过多维度评价，教师能够更全面地了解学生，为他们提供更加个性化的指导和支持。

2. 多样化评价方法

多元方式，科学评估。我们采用项目式学习、同伴评价、自我评价、教师评价等多种评价方法。在项目式学习中，可以根据真实情境下的任务挑战表现，评估学生的问题解决能力和创新能力。同伴评价能促进学生之间的相互学习，培养学生的团队合作和沟通能力；自我评价则鼓励学生反思自己的学习过程和成果，增强自我认知和自我管理能力；教师评价则是教师结合专业知识和经验，为学生提供权威和专业的反馈。

3. 个性化反馈与指导

数据驱动，个性成长。在多元化评价体系中，大数据分析技术发挥着重要作用。通过收集和分析学生学习过程中的各种数据，如参与度、表现趋势、兴趣偏好等，系统能够为学生提供个性化的学习反馈和建议。这些反馈和建议不仅能帮助学生发现自身优势，明确改进方向，还能为他们量身定制学习计划，促进个性化成长。同时，教师也能根据数据分析结果，调整教学策略，提高教学效果。

第二节 班级百变教室之阅创教室

作为一个综合性的学习平台，阅创教室深度融合了创意启智、互动合作与成果展示三大功能，其核心目标在于激发并培养学生的读写兴趣，同时强化想象力和创造力的培养。我们通过精心规划阅读环境，提供广泛而多样的图书资源，营造充满活力的交流氛围，为学生创设了一个沉浸式的阅读、体验、写作和创想空间。

一 阅创教室定位

（一）创意启智：阅读与写作的美妙融合

我们将阅创教室定位为创意启智的空间。在这里，阅读与写作不再是单调的输入输出过程，而是充满了无限创意和灵感的思维碰撞。童趣墙绘与舒适座椅为学生打造了梦幻般的阅读环境，激发了他们对书籍的好奇心和探索欲。同时，图书中心汇聚的丰富图书资源，为学生提供了多样化的阅读选择，拓宽了他们的知识视野。在这样的环境中，学生通过阅读汲取养分，再通过写作将内心的感悟与思考外化，实现了知识与情感的双重滋养。创意启智的阅创教室，不仅培养了学生的阅读兴趣和写作能力，更激发了他们的想象力和创造力，为他们的全面发展奠定了坚实的基础。

（二）互动合作：团队协作与交流的舞台

阅创教室还是强调互动合作的育人空间。在这里，学生被鼓励积极参与小组讨论，与同伴分享观点、探讨问题。通过巧妙摆放桌椅和灵活分组，学生在轻松愉快的氛围中展开交流与合作。这种互动合作的学习方式，不仅提高了学生的沟通表达能力和团队协作能力，还让他们在相互学习中不断进步。此外，民主制定的讨论规则，更是确保了讨论的和谐有序，让学生能够在尊重与理解中共同成长。互动合作的定位，让阅创教室成了一个充满活力与创意的学习舞台，为学生的未来发展提供了强有力的支持。

（三）成果展示：激励与自我实现的平台

成果展示区是阅创教室的重要组成部分。在这里，学生的读写成果得到了充分展示与认可。通过多样化、创意化的展示形式，如读写卡片、纸板作品和荣誉证书等，学生的学习成果被生动直观地呈现出来。这样的展示方式，不仅让学生在成就感中获得了持续学习的动力，更激发了他们的学习热情与创造力。同时，成果展示区还成为学生相互学习、共同进步的平台。在欣赏他人作品的过程中，学生能够获得灵感，拓展思维，从而不断提升自己的读写能力。成果展示的定位，让阅创教室成了一个激励学生成长并实现自我价值的舞台。

二 阅创教室设计与开发

在阅创教室的奇妙世界里，学生踏上了一场探索知识与分享智慧的旅程。从“绘梦之境”的沉浸式阅读，到“智慧之海”的多元化图书探索，再到“灵感之泉”的交流合作，每一步都充满了无限可能与惊喜。在这里，教室不仅是学习的场所，更是学生心灵的港湾、知识的宝库和创意的舞台。精心设计的阅读环境、丰富多样的图书资源和充满活力的交流氛围，激励着学生探索未知、分享智慧、展现才华。这段旅程，不仅滋养了他们的心灵，更激发了他们探索世界、追求梦想的勇气与决心。

（一）绘梦之境：沉浸式阅读的奇幻之旅

设计与开发阅创教室，犹如绘制一幅梦幻的画卷，引领学生步入一个沉浸式的阅读世界。在这里，童趣墙绘化作梦幻的岛屿，为教室增添一抹奇幻色彩。舒适的座椅如同温暖的港湾，让学生在畅游知识的海洋时，拥有属于自己的休憩之地。而“阅读医院”的设立，则体现了对书籍的温柔呵护，让每一次翻阅都带有责任感。这不仅是对阅读环境的精心设计，更是对学生心灵的细腻关怀，让他们在梦幻的情境中，感受阅读的魅力，提升探索未知的勇气。

（二）智慧之海：多元化图书的璀璨宝藏

阅创教室的图书中心，犹如一片深邃的智慧之海，蕴藏着无尽的知识与宝藏。在这里，图书资源汇聚成一道道璀璨的光束，照亮学生前行的道路。多途径积累的图书，如同海洋中的珊瑚礁，形态各异，色彩斑斓，为学生提供了丰富的阅读选择。科学分类与编号系统，则像航海图一般，指引着学生在知识的海洋中找到适合自己的航向。而鼓励学生与家长参与，分享个人珍藏，更是让这片智慧之海充满了生机与活力，让每个学生都能在这片海洋中找到属于自己的珍珠。

（三）灵感之泉：互动式合作的创意舞台

阅创教室的交流讨论区，是一个充满灵感的创意舞台，学生在这里碰撞思想，启发智慧。巧妙摆放的桌椅，如同灵感的催化剂，让学生在轻松愉快的氛围中畅所欲言，共同探索知识的奥秘。灵活分组策略，则像一把钥匙，打开了学生的心灵之锁，让他们在小组合作中学会倾听、学会分享。而民主制定的讨论规则，则确保了讨论的和谐与有序，让每个学生都能在这片舞台上展示自己的风采。同时，成果展示区更是学生展示才华的舞台，他们的读写成果在这里熠熠生辉，成为他们前行的动力源泉。

 阅创教室应用

（一）独立阅读区的巧妙设计

1. 童趣墙绘，营造阅读氛围

阅创教室中童趣盎然的墙绘，成为一道亮丽的风景线。教室后墙原本只是一片单调的瓷砖白墙，如今摇身一变，化作“书之岛”的奇幻世界。蓝色地球、可爱的龙猫、优雅的火烈鸟等丰富元素交织在一起，不仅赋予了墙面鲜活的生命力，更寓意着书籍的世界广阔无垠，等待着学生去探索与遨游。这面墙不仅为教室增添了无限的色彩与活力，更在无形中点燃了学生的阅读热情，让他们在这充满创意与童趣的环境中，更愿意驻足阅读，享受知识的滋养。

2. 舒适座椅，提升学生的阅读体验

在独立阅读区，座椅的设计注重细节，体现了人性化的理念。为了支持阅读这一多样化且个性化的活动，学校精心准备了多种座椅，旨在满足每名学生的独特需求。除了传统的书桌椅外，学校增设了地毯和柔软的靠枕，以及慵懒舒适的懒人沙发。这些座椅不仅触感柔软，而且灵活多变，学生可以根据自己的阅读习惯和舒适度自由调整坐姿。这种设计不仅提升了学生的阅读体验，更让他们在享受阅读乐趣的同时，感受到学校对每位学生的关怀和尊重。

3. 巧手工具箱，培养学生爱护书籍的习惯

为了更好地培养学生爱护书籍的习惯，我们在阅创教室里特别设置了一个名为“阅读医院”的角落。这里配备了一个工具箱，里面装满了修补书籍所需的各种工具，如剪刀、胶带、标签纸等。当书籍出现破损或磨损时，学

生就可以来到这里，亲自动手进行修补。在教师的指导和示范下，学生不仅学会了如何正确地使用这些工具，还掌握了保护书籍的方法和技巧。这样的活动不仅延长了书籍的使用寿命，更让学生在实践中深刻体会到珍惜和爱护书籍的重要性。

（二）图书中心的丰富资源

1. 多途径积累图书资源

图书中心是一个丰富多彩的知识殿堂。它不仅收纳了学校图书馆的一些藏书，还鼓励学生与家长分享个人珍藏的书籍，共同构建一个多元的阅读资源库。此外，图书中心定期添置新书，确保每个学生都能接触到最新的知识动态。尤为值得一提的是，师生们还携手创作了一系列绘本及叙事类微书作品，这些原创作品不仅展现了学生的才华与创造力，更为图书中心增添了独特的魅力。图书中心的书籍题材广泛，风格多样，从文学经典到科普百科，从历史传记到现代小说，应有尽有，满足了学生多样化的阅读需求，为他们的成长之路点亮了知识的灯塔。

2. 科学分类，便于借阅

图书中心对书籍进行了全面而细致的分类与编号，旨在使学生的借阅高效、便捷。图书中心依据书籍的主题、风格以及读者对象进行了科学分类，有绘本、诗歌、散文、章回体小说等多种类型，满足不同读者的阅读需求。同时，为了帮助学生更好地选择适合自己的书籍，图书中心还对书籍进行了阅读水平划分，根据文字量和内容深度，将书籍分为适宜书、轻松书和挑战书三个等级，使学生能够根据自己的阅读能力和兴趣进行有针对性的选择。这样的分类方式不仅提高了图书管理的效率，也为学生提供了更加个性化的阅读体验。

3. 完善借阅制度，促进阅读

为了全面发挥书籍在学生学习与成长中的积极作用，阅创教室实施了一套细致入微的图书管理与借阅制度。每本书都被精心贴上独特的标签，并赋予唯一的编号，随后被录入系统中，以确保每本书的来源与去向都清晰可查。学生借阅书籍时，必须按照既定的流程进行登记，并严格遵守借阅规则，如按时归还等。这样的制度设计，不仅极大地简化了书籍的管理与追踪工作，还培养了学生对公共资源的珍惜与爱护之心，以及强烈的责任感和自律精神，为他们未来的学习与生活奠定坚实的基础。

（三）交流讨论区的互动与碰撞

1. 巧妙摆放桌椅，促进合作

阅创教室内桌椅的摆放方式，是对传统秧田式布局的一次大胆革新。我们摒弃整齐划一的排列方式，而是以小组为单位进行摆放。这样的布局设计，极大地促进了学生之间的交流与互动，使他们能够更加自由地表达自己的观点和想法，从而形成浓厚的合作学习氛围。教师还会根据课堂讨论的实际需要，灵活调整桌椅的摆放形式，以确保教学活动的顺利进行，满足不同学生的学习需求。这种灵活多变的桌椅摆放方式，为阅创教室注入了新的活力，让学习变得更加生动有趣。

2. 灵活分组，提升讨论效果

在现代化的教育环境中，为了提升学生的读写能力和团队协作能力，教师通常会鼓励学生参与读写小组活动。在组建这些小组时，学生被赋予选择权，他们可以基于自己的兴趣和需求自由组合。随后，教师会进行必要的调整，以确保每个小组都包含具有不同读写水平和特长的学生。这样的分组策略不仅促进了学生之间的交流和合作，还实现了优势互补，使每个成员都能在小组中发挥自己的长处，提高读写能力。此外，这种分组方式还有助于培养学生的团队协作精神和相互支持的意识，为他们未来的学习和生活奠定坚实的基础。

3. 民主制定讨论规则，营造和谐氛围

在阅创教室这一充满活力与创意的学习空间中，营造和谐、民主的讨论氛围是激发学生思维火花的关键。为此，我们鼓励学生与教师携手，制定一系列详尽而实用的讨论规则。这些规则不仅包含讨论时的音量控制，还明确了发言的顺序，旨在营造有序且高效的交流氛围。尤为重要的是，学生亲自参与制定规则，不仅加深了对规则的理解和认同，更极大地提升了责任感和执行力。在这样的环境下，每一个观点都能得到尊重，每一次交流都能碰撞出智慧的火花。

（四）成果展示区的激励与展示

1. 多样化展示内容，激发学生的积极性

成果展示区是阅创教室中一个极其重要的区域，它如同一面镜子，映射出学生在读写领域的辛勤耕耘与取得的成就。在这里，每一份学习成果都被赋予了生命，它们或是精心制作的读写卡片，或是细致入微的读写记录，或是充满创意的纸板绘制作品，都被精心地贴在展墙上或摆放在显眼的位置，供全班学生阅读、欣赏和学习。此外，展示区还汇集了丰富的学习资源，如读写方法、素材、图书介绍等，为学生提供了源源不断的灵感与知识。而学生荣誉，则通过个人照片、荣誉证书等形式展示出来，激励他们更加积极地参与读写活动，不断追求卓越，实现自我价值。

2. 创意展示形式，增强互动与体验

成果展示区，作为智慧学习的核心地带，不仅展示了学生的丰富成果，更以多样化、创意化的形式增强了观者的互动与体验。其中，文件袋式展示以独特的方式吸引了人们的目光。透明文件袋内封装着学生的读写精华，它

们被精心地陈列在文件柜中，让人一目了然，更添一份探寻的乐趣。此外，张贴式展示也是一道亮丽的风景线。色彩斑斓的海报、逻辑严密的图表、形象生动的地图等创意作品铺满了整个展示墙，让每个驻足的人都能感受到学生思维的火花与创新的力量。这样的展示方式，不仅展现了学生的学习成果，更激发了他们的学习热情与创造力。

教室，作为学生学习生活的核心舞台，不仅是知识传授的场所，更是意义构建的殿堂。阅创教室建设强调，教师应巧妙运用现有资源，为教室环境注入个性化灵魂，使之成为学生读写实践的生动舞台。在这里，每面墙都化身为知识的画卷，每扇窗都仿佛能吟咏出诗篇，邀请学生用笔墨书写梦想，用阅读点亮智慧。通过这样的设计，教室成为激发学生读写兴趣、展现个性风采的璀璨舞台。

第三节　班级百变教室之"花园"教室

教室不仅是传授知识的场所，更是学生心灵成长的园地。将教室打造为"花园"，旨在创建一个充满爱与关怀的成长环境，实现对学生情感、态度、价值观的全方位培养。在空间布局上，"花园"教室追求和谐、多元，设置功能区域以满足学生多样化需求。在文化氛围上，"花园"教室追求诗意与哲思交融，激发学生的思考与感悟。通过建立班级服务岗制度，培养学生的责任感与担当精神。这样的"花园"教室，是学生栖居的诗意学习空间。在这里，每个学生都能找到属于自己的位置与价值，在爱与关怀中茁壮成长。

一　"花园"教室定位：心灵的园地，成长的摇篮

在教育的广阔天地里，教室不仅是传授知识的殿堂，更是学生心灵成长

的园地。打造一间“花园”教室，意味着将教育的目标从单一的知识传授拓展为对学生情感、态度、价值观的全方位培养。这样的教室，如同被精心呵护的花园，每个学生都是其中的一株幼苗，教师则是满怀忧思与关爱的园丁，在这片土地上耕耘、收获。

（一）教育的本质：园艺与成长的共鸣

1. 园艺：生命教育的隐喻

园艺不仅是对植物的培育，更是对生命的深刻理解。它教我们潜入自然，感受生命的坚韧与不易，从而培养出对生命的敬畏与关怀之情。在教育过程中，教师需要用同理心去理解学生的艰辛与努力，园艺成为这一过程的隐喻，提醒教师应如园丁般细心呵护每一个生命。

2. 教室：打造爱的花园

将教室比作花园，寓意着创造一个充满爱与关怀的成长环境。在这个环境中，教师用心培育每株“植物”，即每位学生。这种定位强调了教育的情感投入与关怀，让教室成为滋养学生心灵的沃土。

3. 园丁：用心呵护的心态

园丁心态要求教师以同理心去理解学生，与学生共同成长。这种心态促使教师深入研究学生，懂学生所需，从而提供更加精准的教育支持。在“花园”教室中，教师与学生共同经历成长的喜悦与挑战，形成共鸣，共同迈向更加美好的未来。

（二）教室的功能：从学习到生活

1. 学习与生活乐园

传统教室主要承担知识传授的功能，而“花园”教室则转变为学生学习与生活的乐园。学生在这里不仅学习知识，还能自由表达个性，享受成长的乐趣。教室成为学生探索自我、建立社交关系的重要空间，促进了学生的全面发展。

2. 自我认知与社会认同

“花园”教室鼓励学生展示个性，通过同伴交往与合作，逐渐构建起自我认知与社会认同。在这样的环境中，学生学会尊重差异、理解他人，培养了团队合作与社交能力，为他们未来融入社会打下坚实基础。

3. 教师观察与引导学生

在“花园”教室，教师能更直观地了解学生的实际需求与成长规律，从而调整教学策略，提供更加个性化的教育支持。这种以学生为中心的教学方式，使教育更加贴近学生实际，促进学生健康成长。

二　教室设计与开发：营造诗意的栖居空间

在探讨如何构建一间“花园”教室的过程中，我们不得不提到一本影响深远的著作——《花园：谈人之为人》，由美国斯坦福大学教授罗伯特·波格·哈里森所著。这本书引领我们穿梭于历史的长廊，从夏娃的伊甸园到柏拉图的学园，再到伊壁鸠鲁的花园学校，深刻地探讨人与花园、园丁与自然之间的微妙关系。哈里森强调，园艺不仅是一种劳作，更是一个教育过程，它要求人们潜入自然演化的深处，领悟生命如何在不懈努力中得到一方立足之地。这一理念，为我们打造“花园”教室提供了宝贵的启示。

（一）理念引领与空间营造

在“花园”教室的设计与开发中，我们引入先进理念，借鉴《花园：谈人之为人》中的深刻思想，将教室视为生命成长的乐园。通过布置墙面、设计主题标语以及营造环境氛围，我们创造了一个既温馨又充满希望的成长空间。这里不仅是知识传授的场所，更是学生探索自我、建立社交关系的乐园。每一处细节都旨在增强学生的归属感和责任感，使他们身心愉悦。

（二）实践课程与责任意识

“一花一世界”课程理念的引入，是“花园”教室开发的又一重要方面。我们让学生亲手种植和养护一盆花，不仅美化了教室环境，更在潜移默化中培养了学生的责任意识和观察力。这一实践课程培养了学生的耐心与细心，使他们学会了对生命的敬畏与尊重。同时，班级服务岗制度的推行，让学生成为班级的小主人，从被动接受转变为主动参与，进一步增强了自信心和归属感。

（三）成果展示与成长氛围

“每月足迹”展示区的设立，是“花园”教室设计中的一个亮点。这里是学生学习成果的展示平台，能够促进学生的互动交流，激发学生的学习热情与创新精神。我们通过展示学生的习作、阅读批注、书法作品等，营造一种积极向上的成长氛围。这种氛围让学生更加自信地面对学习中的挑战，勇敢地展现自己的才华与潜力。同时也促进了学生综合素质的提升，为他们的未来发展奠定坚实基础。

三 教室应用：实践中的成长与收获

（一）空间的转化：营造花园氛围

1. 墙面布置：笑脸与希望的交织

教师精心挑选全班孩子的靓照并将其张贴在后墙上，不仅美化了教室空间，更赋予每个孩子“主人翁”的身份。驻足于此，我们能感受到孩子们的纯真与活力，仿佛整个教室都充满了生命力和希望。这种墙面布置方式，不仅让教室变得更加温馨和谐，还激发了孩子们对班级的归属感和责任感。

2. 主题标语：诗意与理想的引领

在教室前方的白板上，“诚勇”校训表达了孩子们对成长和未来的勇敢无畏，又寄托了教师对孩子们的殷切期望。它如同一种无形的力量，引领着孩子们在知识的海洋中遨游，追求自己的梦想。

3. 环境氛围：温馨与成长的融合

除了墙面布置和主题标语外，“花园”教室还注重营造一种温馨的氛围。教室内摆放着整齐的桌椅和书架，每一个角落都充满了生机和活力。墙壁上挂着一些与学科知识相关的图片和海报，既拓宽了孩子们的视野，又激发了他们的学习兴趣。此外，教室内还放置了一些绿色植物，让整个教室更加清新自然、生机盎然。这种环境氛围的营造有利于孩子们的身心健康和学习效率的提高。

（二）责任意识的觉醒：一盆花的启示

为了培养孩子们的责任意识，我们引入了“一花一世界”的课程理念。我们鼓励孩子在自己的课桌上养一盆花，无论是多肉还是绿萝，都成为他们桌面的一道亮丽风景线。孩子们在照顾花的过程中培养了耐心与细心，逐渐懂得了敬畏生命。同时，这一实践也促进了孩子们桌面整洁习惯的培养，提升了他们的责任感。他们开始关注教室环境，关心他人。

1.“一花一世界”课程理念与实践

“一花一世界”课程理念的引入，旨在让孩子通过亲手种植和养护一盆花，来培养责任意识和观察力。这一实践，不仅让教室的每个角落都充满了生机与活力，更让孩子在养护花的过程中培养了耐心与细心。他们开始关注花的生长情况，了解不同植物的生长习性，在照顾花的过程中逐渐产生对生命的敬畏之心。这种实践，不仅丰富了孩子的课余生活，更让他们获得了宝贵的成长经验。

2. 桌面整洁习惯的培养

鼓励孩子在课桌上养一盆花，不仅美化了学习环境，更在无形中培养了他们保持桌面整洁的习惯。他们开始意识到，干净、整洁的桌面对于花的生长至关重要。因此，他们不再像以前那样随意丢弃书本和文具，而是学会了将物品归位，保持桌面的整洁有序。

3. 责任意识的觉醒

随着“一花一世界”课程的深入实践，孩子们的责任意识逐渐觉醒。他们开始关注教室的每个角落，关心身边的同学和事物。他们学会了在照顾自己的花的同时，关心他人的成长和进步。他们开始懂得珍惜和感恩，学会了承担责任和付出努力。这种成长的变化，让他们在未来的道路上更加自信和坚定。

（三）角色的转换：从被动到主动

1. 班级服务岗制度：每个孩子都是班级的小主人

在“花园”教室，我们取消了传统的班干部制度，推行班级服务岗制度。这一制度的核心在于，每个孩子都能根据自己的兴趣和特长选择适合自己的服务岗位，成为班级不可或缺的一员。无论是绿植守护天使、展板策划人，还是桌面整洁“小怪兽”，每个岗位都承载着孩子对班级的热爱和责任感。他们通过自己的努力和服务，不仅创造了更加美好的班级环境，更在实践中学会了如何与他人合作、如何为集体贡献自己的力量。这种制度让孩子真正成为班级的小主人，感受到自己的价值和重要性。

2. 从被动到主动：孩子们角色的微妙变化

在班级服务岗制度的推动下，孩子们的角色发生了微妙的变化。他们不再是被动的接受者，而是主动的参与者。他们开始意识到，自己的行为对班级有着直接的影响，因此更加珍惜每一次为班级服务的机会。在担任服务岗位的过程中，孩子们学会了如何观察、思考和解决问题，他们的自信心和归属感极大地增强。同时，他们也学会了如何承担责任，明白了“一分耕耘，一分收获”的道理。孩子们从被动转变为主动，在成长道路上迈出了坚实的一步，为他们未来的学习和生活奠定了坚实的基础。

3. 责任与担当：孩子们在服务中成长

班级服务岗制度的实施，让孩子们在服务中学会了担当。他们开始明白，每一个细微的举动都可能对班级产生深远的影响。因此，在担任服务岗位的过程中，他们始终保持着高度的责任心和使命感。无论是绿植的养护、展板的策划，还是保持桌面的整洁，孩子们都尽心尽力地完成。他们的努力和付出，赢得了老师和同学的认可与赞扬，让他们在服务中体会到了成就感和满足感。

（四）成长的足迹：晒出每月荣耀

1. 月度成果展示：见证孩子的点滴进步

在“每月足迹”展示区，孩子们的学习成果被公开展示。这是他们努力和进步的见证。从每篇习作的字里行间，我们可以看到孩子们思维的活跃与表达的日益流畅；阅读批注上的深刻见解，显示出他们独立思考与批判性思维能力的提升；书法作品中的一笔一画，透露出他们对美的追求与不懈努力。这些成果展示，不仅让孩子们收获了成就感，更激励他们持续努力，不断超越自我。

2. 互动交流平台：激发学习热情与创新精神

“每月足迹”展示区也是一个促进互动交流的平台。每当有新作品加入，都会引来同学们的驻足欣赏与热烈讨论。孩子们在这里分享自己的学习心得，探讨解决问题的方法，相互学习，共同进步。这种积极的互动不仅加深了孩子间的友谊，更激发了他们的学习热情与创新精神。他们更加主动地探索未知领域，勇于尝试新方法，不断提升自己的综合素质。

3. 成长氛围营造：助力孩子全面发展

“每月足迹”展示区的设立，为“花园”教室营造了一种积极向上的成长氛围。在这种氛围中，每个孩子都能感受到被重视与被鼓励的力量。他们更加自信地面对学习中的挑战，勇敢地展现自己的才华与潜力。同时，这种氛围也促进了孩子们综合素质的提升。在参与展示的过程中，孩子们不仅锻炼了自己的表达能力与组织协调能力，还培养了良好的审美观念与团队协作精神。这些宝贵的能力与品质将伴随他们一生，成为他们未来人生道路上的坚实基石。

第四章

学科挑战教室建设

学科挑战教室是具有浓郁学科氛围的新型学习环境。它通过配置与创设典型的学科资源，为学生提供充满挑战的学习任务，让学生在学科活动中操作、质疑、循证、体验、感悟等，从中发现问题、研究问题，并尝试解决问题，培养实践能力，增强创新意识。学科挑战教室的学习与学生生活经验、学科知识相结合，着力于学生学习方式的转变，具有思维跳跃性、方法创新性和体验独特性，有利于培育学生的核心素养。

第一节 学科挑战教室建设的理念、目标和设计思路

一 学科挑战教室建设的理念

学科挑战教室是儿童深入学科实践的特定场域。它让儿童在环境、资源的支持下，经历学科知识发现的过程，体会像专家一样思考，把认知与行

动、学科知识与日常生活有机融为一体。彰显工具效能、践履“做中学”、强化学科性是学科挑战教室建设的理念。

（一）彰显工具效能

学科挑战教室的空间布局、环境设计、资源供给等最大限度地体现学科专业性和情境性，促进学生在学科情境和氛围中自主探究学科知识，发展核心素养。

1. 赋予学生沉浸体验

学科挑战教室的每个细节都是经过精心设计的，以最大限度地提高学生的参与度和学习效果。比如，“三味书屋”是儿童的一站式沉浸阅读空间，九章玩吧是儿童探索数字与几何的游戏空间，言语实践厅让每个孩子都拥有登上舞台成为主角的机会。

2. 拓宽资源渠道

学科挑战教室充分利用现代信息技术，将线上与线下的资源有效整合。例如，发现学堂设置了视听功能区、阅读功能区和触摸屏交互区，将云计算、大数据等信息技术与教室进行了深度整合，呈现出互动实时化、演示生动化、过程记录化、评价在线化等数字化学习特点。

3. 提供任务指引

学科挑战教室配备了丰富的互动教学工具，学生通过互动式的实验操作、模拟游戏等在实践中学习，经历知识发现的过程。例如，九章玩吧中每个游戏都有明确的任务指引，不仅帮助学生了解任务的目标和步骤，还为他们提供解决问题的思路和方法。这种结构化的指引方式能够使学生高效地完成任务，还能培养他们的计划能力和逻辑思维能力。

4. 实时影像记录

学科挑战教室拥有实时影像记录功能。摄像头可以捕捉教室内的每一个细节，包括学生的表情、动作以及教师的讲解过程。图像处理技术则可以对这些视频数据进行实时分析，提取关键信息，并生成详细的影像记录。例如，言语实践厅就像一个言语成果发布中心，可实现一键自动录像，还有节目导播、直播功能。我们可利用软件即时生成影像并一键发布，实现多平台转发、多媒介反馈。

（二）践履“做中学”

杜威提出了“做中学”的概念。他认为，教育应该是一种主动的经验建构过程，而不是被动地接受知识。学生不是知识的被动接受者，而是知识的主动探索者和建构者。这种思想对培养学生的高阶思维能力和核心素养至关重要。《义务教育课程方案（2022年版）》确立了实践育人的基本原则，倡导“做中学”“用中学”“创中学”。

1. 确立以“做”为中心的学习模式

在学科挑战教室，“做中学”理念得到充分体现。教室环境的布置、硬件设备的配置和教学方式的选择都聚焦于学生的实践活动，让学生在亲身实践中体验知识的生成和应用。这种实践性的学习方式，不仅培养了学生的动手能力和解决问题的能力，还激发了他们的学习兴趣和创造力。

2. 开发多样化的教学内容与形式

在学科挑战教室中，教学内容与形式也呈现出多样化的特点。教师结合学科特点和学生的实际需求，设计一系列富有创意和实践性的教学活动。这些活动不仅涉及学科知识的各个方面，还注重培养学生的创新思维和实践能力。学科挑战教室为学生提供了更加广阔的学习平台，让他们能够在实践中不断探索、学习和成长。

3. 设计操作性强的学习任务

在学科挑战教室，我们针对特定单元主题和相应的核心素养目标，设计操作性强的学习任务。例如，情境模拟任务，有超市购物、餐饮点单、计算水费等；项目挑战任务，有创意积木搭钟楼、揭秘汉诺塔、多米诺骨牌、倍力桥科学实验等；言语实践任务，有辩论赛、主题演讲、诗歌朗诵、课本剧表演等。

（三）强化学科性

学科活动的组织与开展必须遵循学科本质及内在逻辑。学科挑战教室为学生提供了探索学科本质的路径和视角，提供了思维方法和策略。学科挑战教室以典型的学科学习方式满足儿童个性化学习的需求。

1. 善用学科符号

学科符号是学科知识体系的重要组成部分，它们具有简洁、高效、易记等特点。我们在不同的学科挑战教室运用具有鲜明学科特色的符号，增强学科性和情境性。例如，语文学科，汉字和成语是重要的学科符号，我们通过打造“汉字演化墙”，帮助学生理解汉字文化；数学学科，我们悬挂各种几何图形和数学公式，让学生在思考和解决问题的过程中，感受数与形的魅力。

2. 整合学科资源

我们深入挖掘和整合学科资源，包括教材、教辅、实验器材、多媒体设备等，为学生提供全方位、立体化的学习体验，激发学生的学习兴趣，促进他们自主学习和深度学习。同时，我们利用数字化资源更新迅速、交互性强的特点，建立学科网站、在线学习平台等，让学生随时随地学习。此外，我们利用外部资源，如图书馆、博物馆、科研机构等，拓宽学生的学习视野，增加学生的学习机会，为他们提供更全面的学习体验。

3. 嵌入学科游戏

学科挑战教室是充满创新和乐趣的学习环境。在这里，学生进行有趣的学科游戏，在玩乐中学习，加深对学科知识的理解。在九章玩吧，我们设计了数字接龙、拼图和猜谜等游戏，锻炼学生的数学思维和解决问题能力。在发现学堂，我们开展了实验挑战赛，让学生亲手实验，观察现象，深入理解科学原理。在“三味书屋”，我们设计了故事接龙、角色扮演和真心话大冒险等游戏，激发学生的想象力和创造力，提高他们的语言表达能力、情感共鸣能力。

4. 融合学科历史

融合学科历史，能够增强学科挑战教室的文化底蕴，帮助学生更深入地理解学科知识的发展和演化过程。例如，在教室的墙壁上以图片、文字、表格等形式展示各学科的发展历程和重要事件，让学生在进入教室的那一刻就能感受到学科的深厚历史底蕴。又如，通过虚拟现实技术，让学生穿越时空，亲自体验古代数学家发现圆周率的过程。这种沉浸式的学习体验让学生更加深入地了解学科历史，提高学习兴趣和参与度。

二 学科挑战教室建设的目标

学科挑战教室是具有学科特征的新型学习环境，让学生在学科活动中操作、体验、感悟、探究，全面提高学习效能，提升核心素养并发掘潜能特长。

（一）彰显学科本质

学科挑战教室彰显学科本质，体现在学科结构可视化、学习方式行为化、抽象知识模型化三个方面。

学科结构可视化，是指将学科的主要学习目标、内容框架、学习方法、学习基本流程等以图形、表格等形式呈现出来，帮助学生更好地理解和掌握学科知识。学习方式行为化，是指将学习过程中的抽象概念或知识转化为具体的行动和行为路径，帮助学生更好地理解和应用知识。抽象知识模型化，是指将抽象的概念或知识演绎成具象的知识实体，或再现知识产生的历史情境，或关联知识整合的内在逻辑等，帮助学生把抽象的知识转化为大概念、大观念，便于更高层次的学习迁移。

（二）突出工具迭代

随着科技的飞速发展，教育工具的迭代升级成为推动教育变革的重要力量。它帮助教师更好地进行课堂教学，提高教学效果，有利于培养学生的创新能力。建设学科挑战教室，我们要着力突出工具的进化性、创新性及智能性。

工具的进化性体现在为学生展示工具更新迭代的过程，帮助学生更好地理解学习工具的发展历程，体验多场景运用工具的创造性。工具的创新性体现在赋予日常用具学具价值，引导集约学具的创新运用，发挥不同学具的组合功能，以此激发学生的创新思维和创造能力，提高他们解决问题的能力。工具的智能性体现在充分发挥信息工具的智能化、数字化和生成性优势，利用虚拟现实、增强现实、人工智能等技术，为学生提供沉浸式的学习体验，帮助学生更好地理解和应用知识。

（三）指向学科兴趣

我们要采取有效的教学策略，培养学生的学科兴趣，引导学生参与学科游戏，挑战学科思维，激发学科情感，引领他们进行高效学习。

参与学科游戏：让学生在不同游戏区域完成相应的游戏任务，从自助式的游戏设备中获得表现性评价，激发学习的积极性。挑战学科思维：通过设置非常规的情境，提供思维固化致误案例，分析思维与行动疏离事件等，引导学生形成求新求异思维。激发学科情感：主要是通过挖掘学科的人文内涵、建立良好的师生关系、发挥榜样的示范作用、揭示探究过程理趣等，促使学生对学科产生持久而痴迷的情感，不断超越自我。

三 学科挑战教室的设计思路

学科挑战教室的设计既要充分体现学科特性，又要契合学生发展需求，营造适合教与学的环境。我们遵循浸润学科文化、设计挑战任务、策动高峰体验的设计思路，让学习环境真正服务于学生的学习过程，助力学生核心素养的提升。

（一）浸润学科文化

学科文化是学科的灵魂所在，是学科核心竞争力的文化体现。它能够鲜明地突出学科特色，帮助学生加强对学科的理解。学科挑战教室在空间分布、环境构思、硬件设备等方面，最大限度地体现学科专业性，让学生置身于专业的学科情境和氛围中，浸润于独特的学科文化中，自觉主动地探究学科知识，理顺学科逻辑，内化学科素养。

1. 物化呈现学科基本原理

学科挑战教室充分利用物质载体，将学科基本原理以生动、形象的方式呈现出来。通过配置实物模型、实验装置、创意艺术品等，使学生在视觉、触觉等感觉层面上体验学科原理，激发学习兴趣和探索欲望。

以“三味书屋”为例，在空间布局上，我们采用了开放式设计，将阅读区与休闲区巧妙融合。阅读区摆放着宽敞的书架，上面整齐地陈列着各类书籍，从文学经典到科技前沿，应有尽有。书架旁的软垫和舒适的懒人沙发，为小读者提供了安静舒适的阅读环境。学生可以站着读、坐着读、趴着读、躺着读……，不必拘泥于读书的姿态，让心灵跟随书本去旅行。我们还为这个空间增添了智能化设备，如墙壁上的智能触控屏可以显示推荐的书籍、阅读进度等信息，方便学生随时了解阅读情况。“三味书屋”还配备了智能音响系统，播放轻音乐或大自然中的各种声音，营造出轻松的阅读氛围。

在数学挑战教室，我们利用几何模型、数学工具和游戏将抽象概念转化为生动实体，让学生在操作和玩乐中感受数学的美。墙面和展板上展示数学历史、成果和前沿动态，帮助学生对数学学科建立整体认识。

对于自然科学类学科，我们提供实物模型或实验装置，让学生亲自操作和观察。例如，通过模拟地球自转和公转的实验，学生直观地理解天文学中的概念。

在不同的学科挑战教室，我们呈现了具有代表性的学科名言，展示了著名文学家、数学家、科学家的照片和简介，张贴了数学公式墙、语文识字表、生物进化树等，让学生在潜移默化中了解学科的发展历程和杰出人物的贡献，加深对学科的理解和热爱。

2. 利用电子媒体终端促进学科深度探究

学科挑战教室配有多功能电子屏幕，展示相关的视频、图片、数据等多媒体内容。这些屏幕终端连接互联网，方便学生随时获取学科资源，进行在线学习和研究。我们为学生配备个人电子设备，如平板电脑、云平台等，同时为他们推荐优质的学科应用、在线课程等学习资源，引领他们深入学习、广泛拓展。

我们利用电子媒体终端开展虚拟实验等探究活动，让学生亲自体验实验过程、观察实验现象、分析实验结果，从而加深对学科知识的理解和掌握。这种基于电子媒体终端的探究方式不仅可以提高学生的实验技能和实践能力，还可以培养他们的创新思维和解决问题的能力。

3. 创设学科学习的典型情境

在学科挑战教室，我们通过创设学科学习的典型情境，让学生身临其境地参与学习和实践，激发他们的学习兴趣和动力，提高学习效果。

对于语文学科，我们创设了“乐花园”这一古代书院情境，让学生穿着传统服饰，模仿古代学子的学习生活。在这样的情境中，学生可以更加深入地了解传统文化，培养文学素养和审美能力。同时，我们通过诗词吟诵、课本剧表演等活动提升学生的语言表达和沟通能力。语文学科还注重言语实践任务的安排与落实，我们在言语实践厅举办辩论赛、主题演讲、诗歌朗诵、课本剧表演、诗词擂台赛等典型学科挑战活动。

对于数学学科，我们创设体验情境，利用数学工具和软件，提供操作器材和资源，让学生动手操作和探究，如超市购物、餐饮点单、创意积木搭钟楼、揭秘汉诺塔等。在这些典型的学科情境中，学生可以更加深入地了解学科原理，培养发现、探究、解决问题的能力。通过对实际操作结果的分析和讨论，学生还可以提高数据分析和逻辑推演能力。

（二）设计挑战任务

要提升学生的学业成就，就要激发学生的学习兴趣，让他们产生对自己的挑战性期望。对有的学生来说，由不会到会是挑战；对有的学生来说，会了之后要追求卓越是挑战。因此，教师要在学科挑战教室的任务设计上下功夫，给学生创造挑战高水平学习的机会。

1. 鼓励思维发展的多元性

学生完成挑战性任务的路径是多样的，甚至得到的答案也是多元的，因为挑战性学习任务具有兼容性、开放性，能给学生的思维活动创造更为宽广的空间，让不同思维水平的学生都能获得探索的机会和体验成功的愉悦。

在学科挑战教室中，我们设计多样态的学科情境，引导学生运用、掌握多种思维方式，如归纳思维、演绎思维、批判思维、集中思维、侧向思维、逆向思维、对比思维等，不断提升学生的逻辑思维能力、形象思维能力以及灵感思维能力。同时，我们通过不同学科培养学生的创造性思维能力，在语文中激发学生的创造力和想象力，在数学中培养学生的创新思维和求异思维，在科学实验中培养学生的实证思维，让学生在数据分析中探究学习。

2. 追求学习探究的层级性

我们设计的挑战性任务具有难易梯度：基础型任务，意在让学生理解概念，巩固知识；迁移型任务，要求学生在具体情境中运用概念，达成目标；复杂型任务，学生也许不能立即解决，需要想一想、做一做，甚至需要小组合作，运用高级概念和复杂思维解决。不同层次的任务设计满足不同学生的挑战性学习需求。

当然，挑战性学习任务的达成，是需要思考、讨论、操作、验证的，在这样的过程中才会产生更多解决问题的方法。为了强化这种实践的学习行为，教师需要关注学生的个体差异，因材施教，激发他们的潜能，鼓励学生勇于表达自己的想法，与同学分享学习心得。

在学科挑战教室，我们还引导学生反思自己的学习过程，发现自己的学习短板和改进方向。通过回顾自己的学习行为和成果，学生可以找到适合自己的学习方法和策略，并逐步形成良好的学习习惯。这种自我反思和调整的过程对于强化记忆和提高学习效果具有积极的作用。

3. 凸显高分作品的激励性

在学科挑战教室中，我们主张展示学习成果，以高分作品激励学生深入而持续地思考与探索。高分作品体现了学习个体的创造力、表现力和表达力，是学生创新思维的结晶，是他们深入思考和探索的结果。

我们定期展示学生的高分作品。这些作品可以是作文、绘画、模型、实验报告等。只要是学生在学科挑战过程中创作的优秀作品，就应该得到展示和认可。我们通过展示这些作品，激发学生的创作热情，增强他们的自信心和成就感。

我们还针对高分作品组织交流和分享活动。课堂讨论、线上论坛或社交平台，都可以让学生充分交流、分享。学生相互欣赏，评价彼此的作品，从而发现自己的不足和需要改进的地方，不断提升自己的创作能力和审美水平。

此外，我们还将高分作品整理和归档，帮助学生回顾自己的学习历程，让他们更好地总结和反思自己的创作经验。通过整理和归档作品，学生更加清晰地看到自己在学科挑战过程中的进步，从而更加坚定成长的目标。

（三）策动高峰体验

高峰体验是心理学家马斯洛在需要层次理论中创造的一个名词。我们希望学科挑战教室能为学生提供自我实现的高价值学习经历，让学生感受到学习中自我实现时那种趋于顶峰、超越时空、超越自我的满足感。为了实现这一目标，我们从以下几个方面着手创设环境。

1. 程序支持探究

学科挑战教室为学生提供了学习探究的程序，引导学生深度学习。具体指引程序如下。设定挑战主题：结合学科特点，设定具有挑战性和吸引力的主题，激发学生的求知欲和参与热情；确定挑战任务：根据挑战主题，确定若干具体的挑战任务，引导学生逐步深入探究；规划挑战流程：明确挑战的阶段性目标、时间节点和评价标准，确保挑战过程的连贯性和有效性；提供支持资源：为学生提供必要的学术资源、工具和指导，助力学生克服挑战过程中的困难。

2. 奖励激发挑战

为了鼓励学生积极参与和持续投入，学科挑战教室设立了奖励机制。设置奖励等级：根据挑战任务的完成情况和学生的表现，给予不同等级的奖励，如荣誉证书、实物奖品、学习机会等；定期公布进度：定期公布挑战进度和获奖名单，激发学生的竞争意识和团队协作精神；举办颁奖仪式：举行隆重的颁奖仪式，提升学生的成就感和荣誉感；鼓励内部分享：鼓励获奖学生在团队内部分享经验，促进团队整体水平的提升。

3. 成果展示赋能

教师充分利用各种途径，展示学生的作品与成果，让高峰体验延续。搭建展示平台：创建线上、线下展示平台，展示学生的优秀成果，提升学生的自信心和自豪感；拓宽展示渠道：通过校内外媒体、学术会议、社会实践等途径，让学生的优秀成果获得更多关注；建立人才库：收集学生的优秀作品和个人信息，建立人才库，为学生的未来发展提供支持；促进成果转化：推动学生成果的实质性转化，如申请专利、发表小论文、参与项目等，提升学生的实践能力和创新精神。

第二节 语文"三味书屋"建设

"三味书屋"是语文学科的挑战教室，取名于鲁迅先生童年的读书处，寓意着对知识的热爱和追求。它是一个"诗书滋味长"的学习环境，不仅能激发学生的学习兴趣，还能培养他们的阅读能力，给予他们文化素养的熏陶。

一 "三味书屋"建设的要素

我们把"三味书屋"建设成一个多功能阅读空间，学生可以在这里阅读、演讲、诵读等，体现了我校"广阅读，深思辨，乐表达"的语文学科宣言。在"三味书屋"，每个学生都能找到属于自己的舞台，激发出无限的潜能和创造力。

（一）学科领域与学段分层

走进"三味书屋"，仿佛置身于一个古典文学的世界。墙壁上挂着诗词墨宝，书架上摆满了文学经典。学生在这里不仅可以沉浸于书海，还能参与各种语文挑战活动，如诗词大会、文学作品创作、演讲比赛、辩论赛等。大量阅读成为学生语文学习的内在需求，通过开阔阅读视野，增进情感交流，真切表达期待，学生的语文素养不断提升。

"三味书屋"就像智慧的阶梯，引领着学生一步步攀登知识的高峰。我们根据不同学段的课程内容，赋予"三味书屋"学科属性。《义务教育语文课程标准（2022 年版）》在第一学段"阅读与鉴赏"中提出"喜欢阅读，感受阅读的乐趣"，为此"三味书屋"为低年段的学生提供了大量绘本，师生共读绘本，学生在阅读中识字、明理。中年段的学生开始探索更广阔的知识领域，“三味书屋”为这个年龄段的学生提供富有想象力的童话故事、探索自然奥秘的科学小品等类别的图书。高年段的学生需要提高思辨能力与文学鉴赏能力，“三味书屋”则为他们提供了中外经典作品，同时还提供言语实践和思想碰撞的空间。

（二）空间布局与典型教具

“三味书屋”是一个多功能阅读空间，其核心教具为丰富的书籍。书屋藏书涵盖文学、历史、哲学、艺术等多个领域，满足学生多样化的阅读需求。一进门你就会被整整一面墙的书柜吸引，书柜前是自主阅读区，便于学生进行自由阅读和同伴交流。此外，书屋的门厅作为展示区域，陈列学生的书评、书画作品等，延展了书屋的空间，拓展了书屋的功能。

书屋还配备柔和灯光、环绕式音响、可移动电子屏、懒人沙发及绿植等，打造舒适怡人的阅读环境，满足学生的阅读需求。

书屋配置了电子阅读器，建有在线图书馆，让学生便捷获取和阅读电子书籍，并享受多样化的阅读体验。学生可添加书签、笔记，分享阅读心得。书屋利用大数据和人工智能等技术，分析学生的阅读行为和需求，并进行数据展示，以实现个性化阅读推荐和服务。同时，我们借助虚拟现实和增强现实技术，让学生进行沉浸式阅读体验，感受文学魅力。

二 提炼语文学科宣言

学科宣言反映着我们对学科价值的认识和追求。语文学科宣言是“三味书屋”建设的灵魂，我们致力于将语文学科的深厚底蕴与现代教育理念结合，引导学生深入探索，发现语文的趣味、韵味和深意。

我们倡导全民阅读，注重培养学生的思辨能力和创新精神，强调语文学科的人文性和实践性，注重培养学生的文化素养和审美能力。我们在“三味书屋”开展丰富的阅读活动，让儿童舒展身心，浸润于美好的书香世界。在这自由的空间中，儿童获得三个层次的阅读价值：一是有关现实世界的，二是有关内心成长的，三是有关艺术审美的。

“为创新儿童画像：广阅读，深思辨，乐表达。”

“让我们携手，以语文为纽带，连接历史与现实，沟通中国与世界。”

“让我们在语文的海洋中遨游，感受文字的力量，领略文化的魅力。”

“‘三味书屋’在文字中传承文化，是孩子们最爱的精神家园。”

“让我们走进‘三味书屋’，品味语文的趣味、韵味和深意，共同开启精彩的学习之旅！”

我们将上述宣言制作成精美的展板，放置在书屋的入口处和走廊；或将宣言的内容以书法作品的形式呈现，装裱后悬挂在墙壁上，营造出浓厚的文化氛围；或将宣言制作成小册子，让学生带回家，置于自己的书桌上，让宣言真正融入学生的课内外学习生活。

三 “三味书屋”教学案例：“大话端午”

“大话端午”是基于《语文》教材三年级下册第三单元的综合性学习开展的，在“三味书屋”这一特殊的教学环境中，这一教学活动更强调学生的参与性、体验性和挑战性。

（一）教学内容与环境需求分析

端午节作为中国传统节日，蕴含了丰富的历史、文化和民俗。本课程的目标不仅是让学生了解端午节的由来、习俗和意义，更希望学生在主动参与和体验中，深入感受这一传统节日的魅力。本课程对“三味书屋”的环境需求分析如下。

（1）对端午节历史背景的探究。学生需要通过阅读、讨论和实地考察等方式，全面了解端午节的起源、发展和演变过程，以及与之相关的历史人物和事件。“三味书屋”为课程的开展提供了适宜的阅读环境与丰富的阅读资源。

（2）对端午节风俗的具身体验。学生需要亲自体验制作香囊等端午节传统习俗。我们对“三味书屋”进行空间划分，设置民俗体验区，为学生的体验和探究活动创设空间。

（3）对端午节价值意义的思考。学生可以设计、制作与端午节相关的手工艺品，创作与端午节相关的诗歌或童话故事，开展关于端午节的文化交流活动。“三味书屋”的自由空间和多样化资源为学生的实践活动提供了有力的支持。

（二）“三味书屋”的应用描述

我们将整面墙书柜里关于端午节的书挑选出来，放置在书架上最易取阅的位置，在屋顶上悬挂五彩斑斓的粽子挂饰，在木制窗户上贴上精美的龙舟剪纸。我们将书屋一隅设计成端午民俗体验区，摆放新鲜的艾叶、粽子和五彩缤纷的香囊制作材料。整个教室弥漫着淡淡的艾叶香，让人仿佛置身于端午节的热闹场景中。书屋的立体声音响循环播放与端午节或屈原有关的诗词。学生们在这样的环境中学习，身临其境地感受端午节的传统文化和习俗。“三味书屋”空间布局见图 4–1。

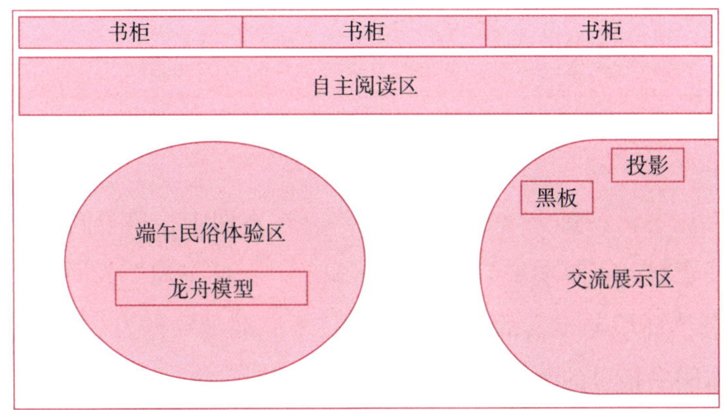

图 4–1 “三味书屋”空间布局

（三）基于“三味书屋”的教学活动设计

本课程是基于“三味书屋”学习环境的阅读体验活动课，旨在让学生了解端午节的由来、习俗和意义，通过主动参与和体验，深入感受这一传统节日的内涵与文化价值。

1. 教学活动流程

“大话端午”教学活动流程具体见表 4-1。

表 4-1 “大话端午”教学活动流程

活动环节	活动过程
热身活动	1. 以拍手儿歌《端午歌》开场。 2. 绘本封面导读。
阅读端午立体书	1. 屈原立体图：介绍屈原，师生共读，观看视频，诵读屈原的经典诗句。 2. 家人活动图：学生看图说话，自由表达；出示香囊、菖蒲、艾叶等实物。 3. 粽子立体图：背诵课文《端午粽》，学习包粽子的步骤，玩玩包粽子游戏，尝尝粽子的味道。 4. 龙舟图：介绍赛龙舟，摸龙头说感受，模拟赛龙舟游戏。 5. 射五毒，跳钟馗。 6. 了解“五黄三白”。
动手制作香囊	1. 出示材料。 2. 讲解步骤。 3. 动手体验。
学习小组汇报	A 同学准备彩色图片等资料，绘声绘色地介绍五毒。 B 同学拿出菖蒲、艾叶等，介绍五毒害怕的原因。 C 同学拿出香囊，介绍古人佩戴香囊的原因和制作方法。

2. 教室环境支持的教学活动描述与分析

（1）挑选书籍，提供丰富的学习资源。在本课中，孩子们需要通过阅读书籍、查找资料，了解端午节的来历和习俗。“三味书屋”为课程的开展提供了适宜的阅读环境与丰富的阅读资源。孩子们散坐在沙发、台阶、地毯上，随时可以取阅书柜里的图书，交流讨论。

（2）划分区域，创设民俗体验情境。阅读了有关赛龙舟的篇目后，孩子们通过游戏体验了一下赛龙舟的速度与激情。他们挥动着手中的船桨，呐喊着口号，体验着团结协作的力量与竞技的激情。

在民俗体验区，做香囊体验活动受到孩子们的喜爱。他们认真地挑选香料，小心翼翼地缝制香囊。有的孩子选择了鲜艳的红色布料，寓意着热情和活力；有的孩子则选择了清新的绿色布料，象征着生命和希望。在孩子们的巧手之下，一个个精致的香囊逐渐成形。

（3）成果展示，打造“一站式”学习社区。“三味书屋”始终以学生为中心，关注每个学生的发展。课程最后的学习小组汇报活动，充分尊重个体差异，强调过程体验，促进合作共享。学生有的介绍龙舟赛，有的介绍五毒，有的介绍并展示自己亲手制作的香囊。每个学生都是独一无二的个体，他们在兴趣、能力、学习方式等方面存在差异。我们提供多样化的学习资源和活动形式，让每个学生都能找到适合自己的学习路径和方式，发挥潜能和特长。

（四）挑战性学习效果与教室应用总结

在“三味书屋”开展“大话端午”学习活动，我们深感学习环境设计对学生的学习行为、学习情感、学习效果起到了重要的作用。

1. 将学生带入真实任务情境中

我们在教室布置上尽可能呈现端午节的各种元素，如墙面的书籍摆放，屋顶的粽子挂饰，窗户的龙舟剪纸，民俗体验区和背景音乐的设定等，都凸显端午特色，让学生仿佛置身于端午节的浓厚氛围中，增强对传统文化的感知和理解。

2. 以有趣、复杂、综合的任务驱动学习

“大话端午”学习活动属于语文综合性学习，它唤醒了学生的参与动机，使学生在明确的任务目标指引下，进行绘本阅读、诗词吟诵、手工制作、游戏体验等。它让学生全面了解端午节的习俗和传说，也让学生感受到，从古至今中国人对爱国诗人屈原深沉的爱都凝结在端午这一传统节日中。

3. 合作、探索、分享的学习过程彰显学习效能

根据“学习即评价，评价即学习”的理念，儿童在学习探索、交流分享的过程中不断提高观察能力、语言表达力、动手能力、交往能力等。我们可以看到，孩子在制作香囊的环节中，表现出了极高的热情和创造力。当他们将亲手制作的香囊佩戴在胸前时，自信心、自豪感溢于言表。这也恰恰是学科挑战教室呈现的最佳学习样貌。

（案例提供：陆薇琳）

第三节 数学九章玩吧建设

“九章玩吧”这一名字取自中国古代数学名著《九章算术》，寓意着这是一个充满数学趣味和探索精神的乐园。我们借鉴《九章算术》中的数学思想和问题解决方法，结合现代教育理念和技术手段，打造一个富有创意和挑战性的数学学习环境。

一 数学九章玩吧建设的要素

九章玩吧是一个充满创意和乐趣的数学游戏室，孩子们可以通过游戏来探索数学的奥秘。他们在操作积木、参与游戏的过程中，不仅提高了数学能力，还培养了创新思维和解决问题的能力。这样的教学环境让孩子们充分感受到数学学习的乐趣，更为他们的未来发展奠定了坚实的基础。数学九章玩吧的建设要素主要包括以下几个方面。

（一）学科领域

九章玩吧是儿童可以进行游戏互动、自由体验、充分对话的数学学习环境，这里有为儿童量身定制的数学玩具、操作平台、游戏空间和资源查找区域。置身于这样的教室空间，儿童可以扔掉纸笔，进行操作和思考，由被动的接受者转变为主动的探索者，在多元化的数学游戏中提出问题、发现问题、验证猜想、得出结论、解决问题，从而获得愉悦的情绪体验，产生成就感。

（二）学段分层

九章玩吧中的数学游戏有明确的学段分层。

数学游戏作为一种教学手段，其设计和实施应当基于学生的认知发展规律。这意味着对于不同年龄段的学生，数学游戏的难度、内容和目标应当有所区别，以适应他们的认知能力和学习需求。

低年段学生抽象思维能力不足，数学游戏设计需注重对知识的应用。我们提供图文资料，开展有趣的游戏活动，吸引学生的注意力，提高学生的学习效果。例如，我们为一年级学生设计了“玩转七巧板”，为二年级学生设计了“趣味四子棋”。

中年段学生具备了初步的逻辑思维和抽象思维能力，会利用数学工具自主探索。我们提供相应的学习资料，启发他们思考。例如，我们为三年级学生设计了“思维火柴”游戏，学生用思维火柴棒将抽象变具象，为图形学习打基础；我们为四年级学生设计了“揭秘汉诺塔”游戏。

我们为高年段学生提供学科知识库和研究工具，培养他们的思维和实践能力。学生通过挑战性项目和竞赛激发学习动力，培养数学学科素养。例如，五年级学生玩创意积木，六年级学生用阿基米德积木实现数形融合，发现割圆术的奥秘。

（三）环境布置和典型教具

九章玩吧的环境布置应充分体现数学的魅力，我们设置了数学历史长廊、数学名人墙、数学问题墙等区域，展示数学的发展历程、杰出数学家的事迹以及有趣的数学问题。此外，我们还配备丰富的数学教具和玩具，设计丰富的游戏课程，有古老数学经典游戏，如七巧板、立体锁、魔方、汉诺塔、华容道；有现代数学智力游戏，如数独、立体迷宫、思维火柴；有同伴竞争策略桌游，如财商训练大富翁。

（四）前沿技术

在九章玩吧中，我们利用各种前沿技术来增强学习体验和教学效果。

我们开发电脑益智游戏来促进学生计算思维的发展。这些游戏通过特定的游戏机制和设计特征，培养学生的计算思维能力。我们为学生提供 STEM 数学挑战平台，让学生通过不同类型的拼图游戏巩固数学基础知识。学生在游戏中遇到的任何问题或发现，都可以在网络平台得到解答，丰富了数学认知。

教师通过智能教学系统，实时监测学生的学习数据，包括学习时长、学习进度、答题情况等，从而了解学生的学习情况。同时，学习平台可以为学生提供个性化的学习反馈，包括学习成果、错题解析、学习建议等，帮助学生及时发现自己的不足并制订相应的学习计划。

（五）空间布局

当孩子们踏入九章玩吧的那一刻，便会被这个充满奇幻和创意的空间吸引。这里被科学合理地划分为六大学习场域：置物架、自主游戏区、游戏地毯、挑战区、领奖台、阶梯桌。具体见图 4–2。

置物架上整齐地摆放着各种数学器材及玩具，学生根据游戏任务，取出相应的数学器材或玩具，在自主游戏区进行各种试验，然后来到游戏地毯进

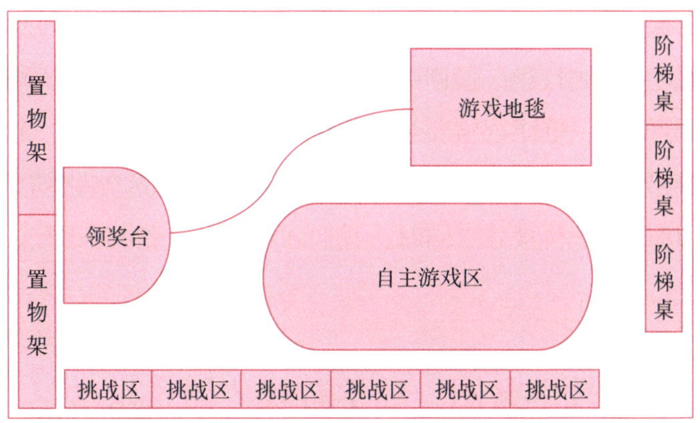

图 4-2　九章玩吧空间布局

行游戏互动或者到挑战区进行比赛。比如，学生拿到思维火柴棒，先各自在自主游戏区进行试验，准备充分后，可以来到挑战区进行挑战赛，也可以来到游戏地毯和同学互动交流。游戏地毯和领奖台相连。我们设置奖励机制，为学生颁发奖状，激励学生不断攀登数学的高峰。我们在阶梯桌为学生提供了答疑解惑的在线数字平台，方便学生查阅资料。在游戏过程中，学生遇到不了解的数学原理或数学问题，可以在阶梯桌进行查阅，培养自主探究、自主学习的能力。

二　提炼数学学科宣言

数学教会我们用逻辑和推理去探索世界，用数字和图形去描述万物。在九章玩吧，我们引导孩子通过观察、思考、实践，感受数学魅力，掌握数学知识，培养数学能力。

“数学，是探索未知、发现规律的智慧之源，是人类文明进步的阶梯。”

“数学之美，启智润心；发现之旅，乐学同行。”

“在数学的世界里，展开思维之翼，创造无限可能。”

在学科宣言的引领下，我们重视培养学生的逻辑思维与创新能力。我们设计数学游戏、竞赛，让学生在轻松的氛围中学习数学，提升素养；鼓励学生勇于尝试，挑战自我；强调数学知识的应用与实践。在九章玩吧，教师不仅教授数学知识，更注重培养学生的应用能力，引导学生将知识应用于生活，解决实际问题，提升综合素质。我们打破学科壁垒，鼓励学生跨学科学习与思考，培养跨学科素养。同时，我们强调团队合作与互助，让学生在合作中共同成长。

三 九章玩吧教学案例：数学游戏“创意积木”

数学游戏，体现了从关注“学科”到关注“全人”教育理念的转变。儿童生来就是好玩的，是以游戏为生命的。数学游戏“创意积木”是一种较高层次的、开发智力的、生动活泼的教学活动，适合五年级开展。

（一）教学内容与环境需求分析

创意积木将抽象数学概念转化为具体游戏元素。学生通过操作积木，探索数学规律，深入理解数学概念。这种直观的学习方式降低了学习难度，激发了学生的学习兴趣。

游戏鼓励学生主动思考和解决问题。学生面临数学挑战时，需思考并尝试找到解决方法，能够锻炼思维能力，培养创新精神和问题解决能力。

创意积木游戏需要开放包容的学习环境。学生可自由探索和挑战自我，教师则提供个性化指导，满足学生的多样化学习需求。

（二）九章玩吧的应用描述

在自主游戏区，五颜六色的积木摆放得整整齐齐，等待着孩子们去探索和发现。这些积木不仅是玩具，更是教育的工具，学生通过对它们进行不同的组合和排列，能更直观地理解数学概念，提高解决问题的能力。

游戏地毯上的图案和符号构成了引人入胜的数学世界，学生在上面进行各种数学游戏，不仅巩固了所学知识，还增强了对数学的兴趣和热爱。

领奖台上的奖杯和证书更是对学生努力的肯定和激励，让他们明白只要付出努力，就能获得应有的回报。这种正向的反馈机制有助于培养他们的自信心，使他们获得成就感，激励他们在数学学习中不断追求卓越。

置物架上整齐地摆放着各种数学器材和玩具，为学生的数学游戏和探索提供了充足的资源。丰富多样的教学材料不仅满足了学生多样化的学习需求，还激发了他们的好奇心和探索欲望。

（三）基于九章玩吧的教学活动设计

1. 教学活动流程

积木游戏能提高儿童逻辑思维、社会认知等方面的能力，同时对儿童大小肌肉锻炼以及手眼协调能力和空间视觉感受能力的发展起着举足轻重的作用。教师设计了详细的活动流程（见图 4–3），层层递进，环环相扣，通过有趣的积木游戏，逐步渗透数学思想和方法，强化学生有序、严密地思考问题的意识，激发学生主动探索数学问题的兴趣与欲望。

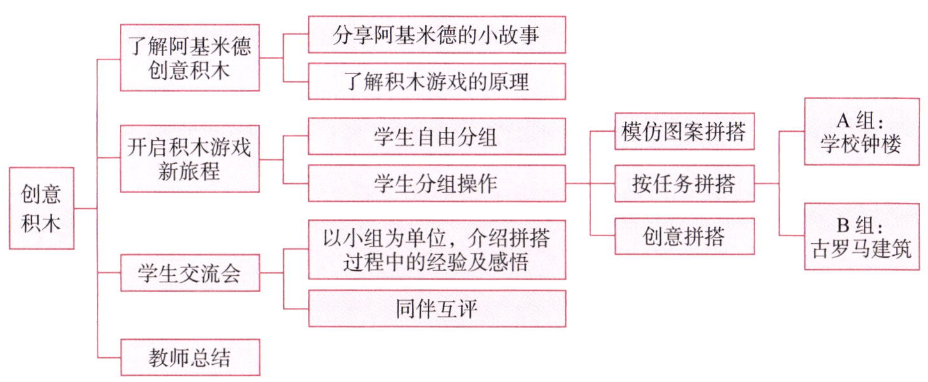

图 4–3　创意积木教学活动流程

2. 教室环境支持的教学活动描述与分析

（1）游戏地毯对学生游戏行为有重要影响。积木游戏能提升学生的空间感知能力。学生需有足够的活动空间进行模仿拼搭、任务拼搭及创意拼搭，以探索与认识形状。

（2）阶梯桌有助于学生拓宽数学视野。学生在拼搭过程中发现数学规律或产生疑问，可以在资源区查找资料印证或解答。在游戏活动中，学生能根据学习需求自由转换学习场域和模式。

（3）领奖台是学生展示作品、分享拼搭经验及感悟的平台。学生在此分享交流，获得成就感。例如，A 组分享稳固搭建方法，B 组分享割圆术知识，促进交流与成长。

（四）挑战性学习效果与教室应用反思

自九章玩吧创设以来，我们不断探索和实践，力求为学生创造一个既有趣又有挑战性的数学学习环境。九章玩吧的数学游戏活动确实能够激发学生对数学的兴趣和好奇心。在游戏中，学生能够通过亲身实践，发现数学规律，从而更深入地理解数学概念。这种直观的学习方式不仅降低了数学学习的难度，更让学生感受到了数学的魅力。

当然，经过一段时间的教学实践，我们也发现了一些需要改进的地方：我们需要设计更多层次的游戏和任务，以满足不同水平学生的需求；我们要给学生设计更多能够促进合作和沟通的游戏任务；我们要根据学生的需求和兴趣，不断更新学习工具，进一步丰富和完善教学资源。

（案例提供：孙文翰）

第四节 英语言语实践厅建设

语言教学的终极目标指向“说”与“写”的生命表达，实现“言语立人”。言语实践厅成为儿童英语学习的重要舞台。这里有前沿的设施设备，随时记录儿童的言语能力提升情况，鼓励儿童，期待儿童，赏识儿童。

一 英语言语实践厅建设的要素

言语实践厅就像一个言语成果发布中心，学生在经历了体验式学习、共同体探究、沉浸式感悟后，将所看、所学、所思、所受到的启发凝聚成言语作品发布出来。

（一）学科领域和学段分层

言语实践厅是英语学科的挑战教室。在建设过程中，我们首先突出英语学科的意蕴。我们始终坚持以培养学生的语言运用能力（包括阅读与表达能力、英语思维力、自主学习能力）和跨文化交流能力（包括未来领导力、跨学科学习能力）为核心目标。

首先，我们根据学生的年龄和认知水平，将言语实践厅的学习内容划分为不同的层次。对于低年级学生，我们通过游戏、儿歌等生动有趣的方式，激发他们的学习兴趣；而对于高年级学生，则通过讨论、演讲等形式，提升他们的语言运用能力。

其次，在教学过程中，教师根据学生的实际表现动态调整教学策略。对于表现出色的学生，教师给予更高层次的学习任务，鼓励他们挑战自我；对于学习有困难的学生，教师给予更多的指导和帮助，确保他们能够跟上教学进度。

我们利用言语实践厅的丰富资源，为不同学段的学生提供多样化的学习体验：组织低年级学生进行角色扮演、情景对话等活动，培养他们的语言交流能力；而对于高年级学生，则开设阅读、写作等专题课程，拓宽他们的语言视野。

（二）典型教具和前沿技术

通过配备多媒体展示系统、录音设备以及电脑等，言语实践厅为学生提供了全面、丰富的学习体验，有助于提升他们的语言表达和应用能力。

1. 舞台、灯光、音响

教室中有活动舞台和多角度灯光系统，并配备了六个无线话筒、两个头戴式耳麦、两个立式话筒架以及高品质音响设备，能够满足舞台表演需求。

2. 数字化朗读亭

该朗读亭支持个性化朗读并实时分享。智慧朗读主控机与 LED 大屏连接，支持多人同时体验。手机版朗读亭解决了朗读位不足问题，促进亲子共读。

3. 高清提词器及录播设备

言语实践厅装有提词器，提词器上的信息同步显示在 LED 大屏上。言语实践厅还装有高端录像设备，实现一键自动录像和节目导播、直播功能。录像文件存储在移动固态硬盘中，便于存取和分享。

4. 多媒体教学软件

多媒体教学软件集成音视频、图片、文字等资源，为学生提供生动、形象的学习材料。教师可用其制作课件、展示案例、播放视频，激发学生的学习兴趣。多样化的学习方式，包括在线测试、答题、讨论等，提高了学生的参与度和积极性，实时互动功能帮助教师调整教学策略。

5. 学习资源管理软件

学习资源管理软件支持学生随时随地学习，实时互动，分享心得。学生可以管理学习资源和成果，上传、下载、整理资料，制作个人档案。该管理软件还具备学习路径推荐、进度跟踪等功能，帮助学生提高学习效率。

6. 数据分析与评估系统

该系统能够全面、客观地分析、评估学生的学习情况，生成学习报告，提供个性化学习建议和改进方案。

（三）空间布局

言语实践厅主要由 LED 大屏、小舞台、观众区等构成（见图 4–4）。

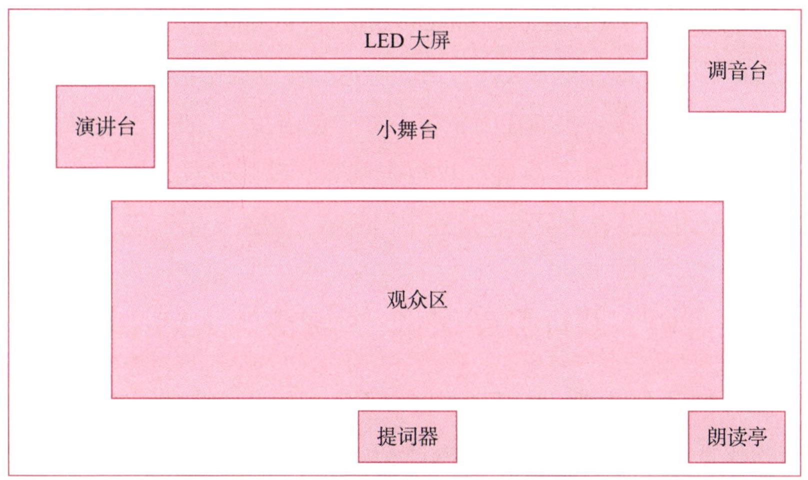

图 4–4　言语实践厅空间布局

LED 大屏是英语言语实践厅的核心部分，它可以展示学生的作品、节目以及教学内容等，为学生的言语实践提供实时、全面的支持和反馈。LED 大屏还可以连接互联网。在小舞台上，学生可以模拟实际生活场景，进行角色扮演、情景对话等活动。这样的实践方式不仅可以提高学生的口语表达能力，还能培养他们的自信心和团队合作精神。观众区是学生观摩他人表演、学习交流技巧的场所。学生也可以在观众区进行课堂讨论和互动，促进交流与合作。

提炼英语学科宣言

英语学科宣言凸显英语在跨文化交流、提升学生综合素养、培养学生全球视野等方面的独特作用。英语学习不仅是掌握一门语言，更是开启一扇通往世界的大门，让学生在语言实践中欣赏到人生的美好风景。

“学生活英语，知世界文化，讲中国故事。”

“Construction of language abilities in real communication.”

“Pursuit of global understanding in multiple culture.”

“Enhancement of Chinese heritage in brilliant legends.”

这些宣言强调英语的工具性，强调英语学习过程中的跨文化素养，强调传播中国文化的使命。我们在为学生举办“英语角”“世界文化知识竞赛”，指导学生进行英语写作、演讲、戏剧表演等活动的时候，引入英语学科宣言，鼓励学生用英语表达观点，讲述中国故事，增强文化自信。

三 英语言语实践厅教学案例：“诚勇娃大话中国新年”

本课为六年级上册 Unit8 Chinese New Year 复习课。教师以“中国新年”为主题，组织英语综合实践活动。课前学生自主研究“年时”“年说”“年俗”“年味”，课上小组合作，交流讨论。活动包括演绎年的传说、讲解福字意义、剪窗花、写对联等，学生在活动中体验节日习俗，品味年味，探讨传统美食的寓意。这些活动融合了中华优秀传统文化，有助于学生了解传统文化并实现英语教学目标。

（一）教学目标与环境需求分析

言语实践厅作为语言学习场域，被定位为学生深度参与、实践探索、创新思考的环境。它不仅是物理空间，更是充满活力和创造力的学习场所，有丰富的学科资源和先进设备，学生在其中亲身实践、合作交流和反思探究，提升学科素养和综合能力。

“诚勇娃大话中国新年”课程环境需求分析见表 4–2。

表 4–2 “诚勇娃大话中国新年”课程环境需求分析

教学目标	环境需求
注重实践与体验	借助朗读亭、小舞台等，让学生展示语言才华，体验语言魅力，提升口语表达和舞台表演能力。学生可通过朗读、演讲、表演等形式感受学习乐趣。
强调审美和创造	借助实时反馈设备，学生在表演结束后可以观看录像回放，增强对自我表现的审美观照，同时培养想象力和创造力，创作个性作品。
关注学生多元发展	借助多渠道展示平台，让学生参与不同活动，提升团队合作能力、领导力和社交技能，助力学生全面发展和适应未来社会。

（二）言语实践厅的应用描述

基于“中国新年”这一教学主题，我们在言语实践厅环境布置上，充分利用了春节的传统元素和文化内涵，营造了一个富有中国特色和充满节日氛围的学习环境。在言语实践厅的各个角落，我们都可以看到与春节有关的装饰和道具，如红色的灯笼、对联、窗花以及中国结等。这些装饰不仅增添了节日气氛，也让学生在实践中更加深入地了解和体验中国的传统文化。

教师还利用言语实践厅的设施设备，组织学生进行一系列有趣的实践活动。学生在朗读亭进行春节诗歌朗诵，在小舞台上表演与春节有关的戏剧和舞蹈，通过大屏展示自己创作的春节主题海报等。这些实践活动不仅让学生充分展示了自己的才华和创造力，也让他们更加深入地体验和感受了春节文化的魅力。

（三）基于言语实践厅的教学活动设计

1. 教学活动流程

在本课的教学中，教师首先引导学生进行课前的自主研究，让他们通过查阅资料、采访家人等方式，了解春节的起源、习俗和意义。然后，在课堂上，教师组织学生进行小组合作，围绕“年时”“年说”“年俗”“年味”等进行深度交流和讨论。学生通过分享自己的研究成果、交流观点，不仅加深了对春节文化的理解，也提高了自己的口语表达能力和批判性思维能力。具体活动流程见图 4–5。

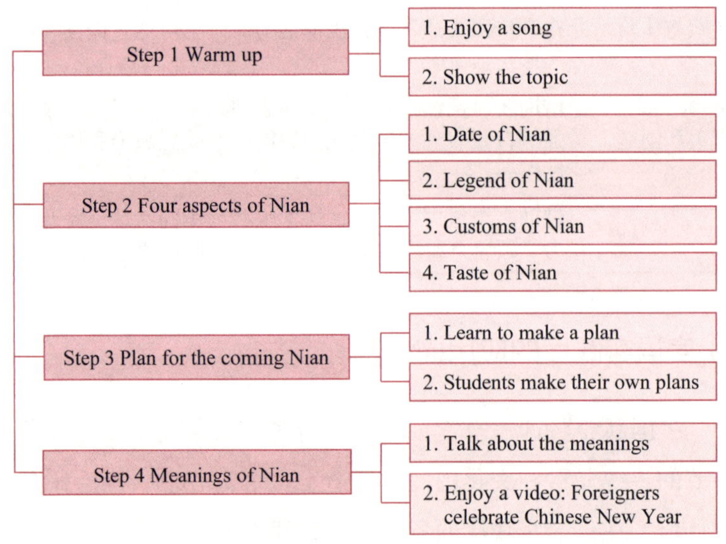

图 4–5 “诚勇娃大话中国新年”教学活动流程

2. 教室环境支持的教学活动描述与分析

（1）戏剧舞台，演绎“年说”。我们充分运用言语实践厅的小舞台，采用戏剧教学法，鼓励学生将 Monster“Nian”的传说表演出来，加深对中国传统文化的了解。学生在学习过程中融合了语言、肢体、表情等表演技巧和美术、音乐、舞蹈等学科元素，提高了综合素养。学生从多方面挖掘自己的潜能，感受他人不同的特质，学会欣赏美、感受美、表达美、创造美。

（2）多样实践，表达“年俗”。根据加德纳多元智能理论，教师提供思路和建议，鼓励学生在学习的基础上创新表演形式。比如，教师鼓励学生交流展示自己知道的年俗，有些学生用戏剧表演的形式，有些学生用演讲的方式，有些学生利用朗读亭录制英文新年祝福，生成留声卡。学生在言语实践厅展开“经历”学习。这种教学方式以学生为中心，学生在“润物细无声”中接受知识，创新实践，提升素养。

（四）挑战性学习效果

“诚勇娃大话中国新年”活动，成功地调动了学生参与的积极性。学生通过亲身实践、小组合作和深度交流，提高了英语水平，加深了对中国传统文化的理解和认同。

1. 学习兴趣得到激发

真实有趣的项目实践话题能激发学生的学习兴趣，使他们更愿意投入英语学习中。Chinese New Year 是学生喜闻乐见、耳熟能详的话题。“诚勇娃大话中国新年”活动衔接教材内容，引导学生进一步探究中国新年的文化内涵与习俗，尝试用英语讲好中国故事。

2. 问题解决能力得到提高

项目化学习要求学生针对实际问题，设计解决方案，从而提高解决问题的能力。在本堂课前，教师和学生围绕驱动性问题“ How to introduce our Chinese New Year to a foreign friend?”展开了讨论，归纳出“年时”“年说”“年俗”“年味”四个方面，也就形成了此次项目化学习的四个“专家小组”。每组针对其中一个方面进行资料收集与分享。

3. 自主学习能力得以培养

项目化学习鼓励学生自主规划、实施和总结，有助于提高学生的自主学习能力。分组研究，探究始于课前。为了让每个主题的研究方向更加明确，研究成果更加聚焦，教师设计了项目学习单，持续跟进学生的自主学习。

4. 实践能力得到提升

在言语实践厅中，学生有机会亲手操作各种设备，进行言语实践活动。他们通过朗读、演讲、表演等形式，不仅提高了英语口语表达能力，还提升了舞台表演能力和自信心。

（案例提供：许康妮）

第五节 科学发现学堂建设

“发现学堂”这一名字来源于美国心理学家、教育学家杰罗姆·布鲁纳提出的“发现学习”理论。科学发现学堂是一个充满探索与发现的学习空间，有利于培养学生的科学素养和创新能力。

一 科学发现学堂建设的要素

科学发现学堂以学生的学习为中心，注重学生的主体性和实践性。它强调学生通过观察、实验和探究等方式，主动发现问题、解决问题，培养科学探究能力和创新精神。科学发现学堂也注重跨学科学习，鼓励学生将科学知识与其他学科相结合，形成综合性学习体验。

（一）学科领域

在小学科学发现学堂建设中，需要综合考虑科学课程包含的物质科学、生命科学、地球与宇宙科学、技术与工程四大内容领域的特点和教学需求。

物质科学的教学需要丰富的实验设备和材料，以便学生能够通过观察、实验来了解物质的性质和变化规律。

生命科学的教学则可以利用互联网技术和多媒体资源，使教学更加生动，提升学生对生命现象的认识和理解。

地球与宇宙科学的教学可以通过模型建构、模拟实验等手段，帮助学生克服对太空现象的认知障碍，培养其空间想象力。

技术与工程领域的教学，强调创新性和实践性，通过项目学习、设计学习等方式，培养学生的创造力和动手能力。

（二）学段分层

小学科学发现学堂建设需针对各学段学生的特点与课程要求规划。

低年段一至二年级课程以自然现象和日常科学问题为切入点，培养学生的观察力及初步的科学思维。发现学堂配备简单的观察工具和实验器材，如放大镜、显微镜，激发学生的好奇心和探究欲。同时，注重安全性和互动性，以双人单侧的方式布置实验桌椅，便于教师引导监督。

中年段三至四年级课程涵盖更多科学概念和原理，如物质科学、生命科学等，学生需要通过实验加深理解。发现学堂增加实验设备和器材，如电子仪器、生态观察箱，支持复杂科学探究。同时，以多人双侧的方式布置实验桌椅，便于学生合作学习。

高年段五至六年级课程注重科学探究和设计思维培养，学生需设计科学项目，解决实际问题。发现学堂配备高级实验设备和器材，如数字化实验系统、3D 打印机，支持高层次科研和技术应用；设置标本陈列角和科技作品展示区，激发学生的创新精神和实践能力。

（三）典型教具

发现学堂中的典型教具包括测量工具、实验器皿、生物标本、物理模型等。这些教具能满足各科学领域的教学需求，促进学生科学探究能力和创新思维的发展。

测量工具对物质科学和工程与技术领域的学习不可或缺，能够帮助学生理解科学概念，培养观察力和严谨的态度。实验器皿是化学和生物实验的基础，如烧杯、试管等，对物质科学和生命科学领域的实验至关重要。生物标本有助于学生了解不同生物种类及其特性，可以是真实标本或虚拟展示。物理模型能够帮助学生直观理解科学现象，如电路、机械装置等，激发好奇心。另外，教师可根据需求和兴趣制作简单器材和模型，以补充教学资源。

（四）前沿技术

发现学堂的多种先进技术和设备可以促进学生的探究实践，如 VR、AR、三维电脑图形技术、智能技术等，为学生提供互动化和个性化的学习体验，提升学生的科学探究能力和学习兴趣。

我们借助 VR 技术创造沉浸式学习环境，学生在其中进行虚拟实验、探索宇宙等活动，增强学习兴趣和科学探究能力。AR 作为 VR 补充，能为学生提供丰富的互动体验，如学生与三维模型或虚拟对象交互，深入理解科学概念。我们利用三维电脑图形技术创建逼真的学习环境，学生亲身体验科学现象和过程，理解抽象概念，激发探究兴趣。以智能技术为基础的智能教学系统和自动化评估工具，能有效管理课堂，提供定制化学习资源，设计探究式学习任务和营造教学情境，有利于调动学生的多种感官，激发学生的学习兴趣。

（五）空间布局

发现学堂具备灵活多变的空间结构，以满足不同课程和项目的要求。它包含以下几个关键功能区域：科学工具区、材料收集区、资料查询区、实验探究区等（见图 4-6）。

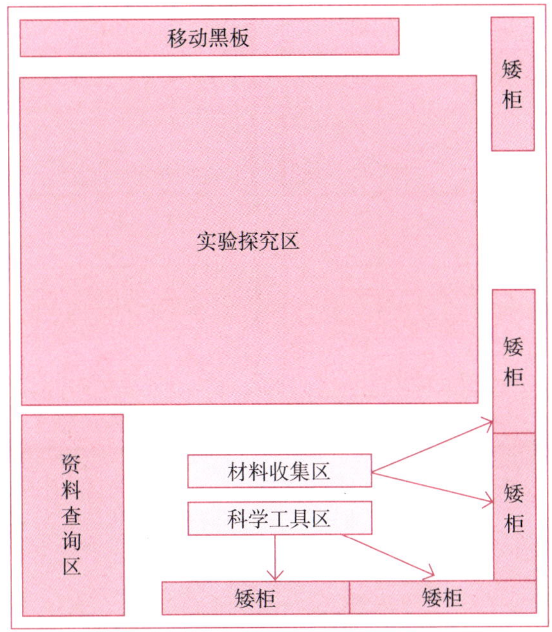

图 4–6　科学发现学堂的空间布局

科学工具区有各种实验器材和工具，学生在进行科学实验时能够方便地获取所需的器材和工具。

材料收集区用于存放各种实验材料，如化学试剂、生物样本等。它靠近实验探究区，方便学生在实验过程中拿取相关材料。

资料查询区配备丰富的科学书籍、期刊、网络资源等，为学生提供充足的信息支持。

实验探究区是教室中最核心的区域，是开放式或半开放式的，以鼓励学生之间的交流和合作。

发现学堂的座椅是灵活多变的，以适应不同的教学活动和学习需求。例如，图 4–7 中的四种座椅布局，代表了四种不同的教学模式，分别是讲解模式（a）、展示模式（b）、沙龙模式（c）以及小组探究模式（d）。

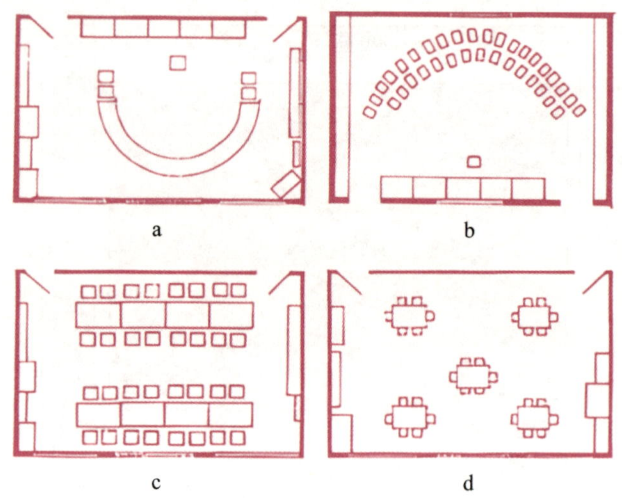

图 4-7　发现学堂的座椅布局方式

二 提炼科学学科宣言

“发现”具有双重意义，既有对科学知识的发现，也有在学习过程中的自我发现、自我成长。在科学发现学堂中，我们致力于创造一个充满活力、探索氛围浓厚的学习环境，让学生在科学的海洋中畅游，发现知识的奥秘，同时也发现自己的潜能和兴趣。

“探索已知和未知的科学世界，开启奇妙的发现之旅。”

“做科学、懂科学、爱科学——在探究实践中理解科学，爱上科学。”

“让科学照亮每个人的生活，让我们一起追求真理和进步。”

上述这些学科宣言传递着“做科学”的思想。我们鼓励学生亲自动手，进行操作和实验，培养科学探究能力。

我们将学科宣言融入课堂实践，设置相关任务和挑战，让学生探索科学奥秘；定期组织学科分享活动，让学生相互学习、共同进步；观察学生课堂情况，反馈学习表现，评估学习效果并改进教学；鼓励学生参与科学竞赛，提高科学实践和创新能力。

 科学发现学堂教学案例：实验教学“物体的传热本领”

本课主要介绍了热的良导体和热的不良导体的概念，并通过实验来验证不同材料的导热性能，同时介绍一些实际应用，如双层窗户的隔热效果、蓬松棉被的保暖原理，以及塑料薄膜和岩棉板在建筑中的保温应用。

（一）教学内容与环境需求分析

1. 教学内容分析

“物体的传热本领”是小学科学课程中的重要内容，它涉及热传导的基本概念和不同材料的导热性能。通过本课的学习，学生需要了解热的良导体和热的不良导体的概念，以及它们在日常生活中的应用。

2. 环境需求分析

为了实施本课的教学，我们需要一个能进行实验探究的学习环境，它需具备以下条件：充足的实验空间；安全可靠的实验工具和材料，如热水瓶、等径同长的材料棒（塑料、木头、铜、铝、钢等不同材质）、吸管、烧杯、泡沫塑料块等；探针式数显温度计或热感应器，用于测量和比较不同材料的传热速度；实验记录表和数据分析工具等。

（二）发现学堂的应用描述

为了营造充满探究氛围的学习环境，我们对发现学堂进行了学科情境布置：在墙壁上张贴关于热传导和物体传热本领的科普海报，让学生了解相关的科学知识和原理；设置一个实验探究区，将实验器材和材料摆放整齐，方便学生实验探究；在教室中放置与热传导有关的趣味装置，如用热敏材料制作的变色温度计或热感应器，让学生在玩中感受科学的魅力。

在实验过程中，教师利用现代科技手段，如数字传感实验装置、电脑软件等，为学生提供实时、直观的数据展示和分析。学生能更加清晰地观察不同材料的传热速度，更好地理解热传导的原理。教师还可以引导学生利用实验数据进行科学探究，如制作图表、进行数据分析等，培养他们的数据分析能力和逻辑推演能力。

（三）基于发现学堂的教学活动设计

1. 教学活动流程

“物体的传热本领”教学活动流程见表 4-3。

表 4-3 “物体的传热本领”教学活动流程

教学活动环节	教学活动过程
教学引入与情境分析	1. 展示生活情境 2. 分析原因 3. 提出问题：如何解决汤勺烫手问题 4. 揭示主题：不同材料的传热本领
初步探究与概念引入	1. 展示五种材料 2. 猜测哪种材料传热最快 3. 设计实验方案，比较不同材料的传热性能 4. 学生实验并记录数据 5. 分析数据，归纳形成概念 6. 概念应用：解释生活现象
现象冲突与深入探究	1. 分析异常数据 2. 提出新的研究问题：铜与铝的导热性比较 3. 分析数据异常原因 4. 设计新的实验方案 5. 学生实验并分析数据 6. 教师进行数字化实验演示 7. 归纳实验现象，得出结论
经验分析与原理推论	1. 推测空气热传导性能 2. 借助木头推测其他材料的导热性
文本阅读与认知扩展	1. 展示不同材料的导热率数据 2. 猜想与解释数据的意义

续表

教学活动环节	教学活动过程
解释应用与深化理解	1. 现象解释 2. 应用举例 3. 实践创造：设计保温盒

2. 教室环境支持的教学活动描述与过程分析

对于“物体的传热本领”这一课的教学，教室环境起到了关键作用。

实验探究区。在该区域，教师通过模拟不锈钢汤勺烫手的情境，直观地展示热传导现象。学生直接观察现象，并动手操作简易实验，如在教师的指导下使用温度计测量不同材质的勺子浸入热水后的温度变化，理解热传导的奥秘。我们还在该区域划分出了一块讨论区，学生可以聚集在此，借助数字化设备，对数据进行深度剖析，进一步验证假设，展开激烈的思维碰撞。

材料收集区。为促进学生的直观感知与科学猜想，我们在材料收集区摆放了五种不同材质的勺子。教师鼓励学生提出疑问，大胆猜想哪种材质的勺子会更快传导热量，思考为什么会有这样的差异。此区域还兼具资料展示功能，如展示生活中相关案例的模型、实物照片以及解释不同材料热传导性能的专业图表和数据，为学生构建了一个理论与实践相结合的学习环境。

科学工具区。作为实验活动的“坚实后盾”，科学工具区配备了热传导实验所需的专业器材，包括但不限于精密的温度计、加热装置、隔热手套以及安全防护装备等，确保每位学生都能在安全的前提下进行高效、准确的实验操作。为了培养学生的创新能力，我们鼓励学生尝试使用替代材料进行创新实验设计，如自制简易的保温装置等，并将创意应用于保温盒设计等课后作业中，从而实现对科学知识的活学活用。

（四）挑战性学习效果及教室应用总结

在本节课的学习过程中，学生通过实验探究的方式，对不同材料的热传导性能进行了深入了解。在教师的引导下，学生学会了如何设计实验、观察现象、记录数据和分析结果，从而得出结论。这种基于发现学堂的学习活动，使学生在实践中感受到科学的魅力，提高了科学素养和实践能力。

在教学中将传统实验与数字化实验结合，能够扬长避短。在课的起始阶段，当学生基于“热传导”一课的学习经验设计出教材中的“实验原型”时，我们需要顺应学生的思维先进行定性的实验。学生通过传统实验理解热的良导体和不良导体的概念，再通过数字化实验解决实验中出现的新问题和难点。我们使用自动化数据采集、记录、处理等方式，形成大量的数据和不同的数据图表，呈现从个别到一般的科学规律归纳过程。

（案例提供：惠　浩）

第五章

主题探险教室建设

主题探险教室致力于为学生创造充满未知、挑战、冲突的学习环境，鼓励学生团队合作，进行深入的探索和发现。这是一个满足学生好奇心，激发学生创造力的场所，丰富的资源和工具为学生的学习和研究提供了条件。这也是一个可以让学生突破自我、打破已有认知的地方，学生通过对各类环境资源的探究，不断拓展知识，提升能力。主题探险教室存在于校门内外和各类场馆中，学生在场域中思考、发现、尝试、突破和成长，积累宝贵的学习经验。

第一节 主题探险教室建设的理念、目标与设计思路

主题探险教室是一种围绕某个主题进行深度探究的教学活动场所。教室是教育者和受教育者进行教学活动的具体场地，主题探险则是教室的功能目标之一，旨在突破常规教学，为学生创造具备探险条件的教学环境，设置具有挑战性的任务或活动。主题学习是当前小学教育的主要形态之一，主题学

习有不同的层次，有围绕学生身边小事的日常实践，有立足学科知识的跨学科融合活动，也有反映时代发展的大主题活动。探险教室的主题选择要立足当前社会背景下的重大问题，也要贴合儿童的成长问题、学习问题，并回应时代需求，确定高层次大概念主题，如地方文化、生态环境和科技工程等。深度探究是指学生在学习情境中通过观察、阅读，发现问题，搜集数据，形成解释，获得答案，并进行交流、体验、提升。需要明确的是，主题探险教室中师生的当前行动总是与过去和将来有着密不可分的联系，当前活动也会延伸到过去和将来。因此，主题探险教室这一场所既有空间上的独特性，也有时间上的连续性。

主题探险教室建设的理念

附小的主题探险教室根植于“诚勇”校训，立足于乐学教育思想，为充满好奇的学生提供探索发现的活动场所。主题探险教室的建设不仅关注知识的传授，更强调培养孩子们的创造力、合作精神和解决问题的能力，为他们提供更为全面和可持续的教育体验。

（一）解放儿童天性

教育家卢梭认为，大自然希望儿童在成人以前就要像儿童的样子，儿童有他特有的看法、想法和感情。[①]教育就是要尊重、遵循“儿童的样子”，提供满足儿童天性发展需求的教学环境和配套课程。附小始终坚持儿童立场，提出了“捍卫童年、启迪童年、放飞童年”的办学理想，既要规范儿童言行，也要解放儿童天性。学校近年来着手的主题探险教室建设，就是基于解放儿童天性的理念，把集体教育模式下的学生从教室里、书桌前解放出来，鼓励学生走出校园，走进自然，走入社会，去经历、去探索、去发现。

① 卢梭．爱弥儿 [M]. 方卿，编译．北京：北京出版社，2008.

1. 有童年生活情境

童年生活情境具有年代特点，也有地域特色。农村和城市儿童的生活情境截然不同，即使同在城市，不同年代出生的人童年的生活情境也大不相同。在主题探险教室规划之初，我们考虑到构建真实童年生活情境，用最熟悉的生活场景唤醒儿童，如生态环境主题探险教室——湿地馆，还原了湿地植物、动物、微生物的生活情境，以“身临其境”的浸润为改造愿景，打造弥漫学科气息的物型环境。另外，我们还考虑到补充城市儿童缺失的生活情境，如在校园角落开辟“一米农场”，学生通过参与耕种、养护、收割等实践活动，体验春种夏生、秋收冬藏，这样，城市儿童也能在小小农场种植活动中探索植物的生长规律，感受四季交替。

2. 有探索学习区域

探究学习来自儿童对外界的好奇心，儿童有探究外部世界的愿望。开发并建设主题探险教室，就是通过设计生动形象的情境激发学生的兴趣，通过课程让学生明确探究任务，通过设置挑战难度强化学生探究的主观能动性，促进学生认知和发现。我们在湿地馆周边的长廊中专门设置了儿童自主探索区域，在儿童伸手可及的墙面上设置与生态教育配套的墙面互动游戏，内容涉及动物的迁徙、动物的眼睛、动物的听力、小鸟的家以及动物的生存与繁衍等。学生通过点一点、翻一翻、答一答等形式，实现人机互动，丰富认知，扩展知识面。这种学习比学生乖乖地坐在教室里听老师滔滔不绝地讲生态知识更有意义。

3. 有自由想象引导

心理学研究证明，学龄初期是培养儿童想象力的黄金时期，这时如果采用恰当的手段施以经常性的训练，就会收到事半功倍的效果。主题探险教室通过适宜的教室布置，充分利用一切可供想象的空间，挖掘发展想象力的因素，鼓励孩子张开想象的翅膀，推动孩子追逐富有魅力的知识火花，使孩子超脱真实与现实，不受任何羁绊，在想象空间任意驰骋。

（二）突出学科融合

在主题探险教室中，学科融合被赋予具体模样和实施路径。主题探险教室是学科融合的物质环境。我们通过营造主题环境，打破学科之间的壁垒，吸纳不同学科的知识和元素，让学生以不同的学科视角和思维去创造性地学习。主题探险教室也是学科融合的人文环境。学科融合要回到对“人”的关注，促进学习方式、思维模式的变革，推动素养的融合；要开发路径，促进课堂知识生动呈现，学员之间信息流动，已知和未知互动，书本和实践联动。

1. 主题融合

多学科主题的融合有助于学生建构不同学科相互交织的知识网络，使学生更容易理解不同知识点的显性和隐性关联，更能跨越学科界限理解知识。

2. 资源融合

主题探险教室将不同学科的知识和教学资源融合在一起。为了满足特定知识教学的需要，或者使规定知识的教学更加符合学科本色，教师需要从不同学科维度来阐释问题。这样的教学自然会让学生在自主学习时打破单一学科学习的思维定式，从多方面来思考特定知识点。

3. 情境融合

具体的真实情境是学习活动发生和发展的关键场域，在真实情境中进行教学才能启发学生的思维，增强学生学习的内生性动力。附小的主题探险教室便立足于真实情境，且兼顾不同学科的多样性情境需求，比如科技工程主题探险教室就提供了充满科学信息的真实情境，并且包含大量的数字信息、语言表达、英语简介等其他学科的元素。

4. 事件融合

主题探险教室的课程以跨学科的项目学习为主，和普通课程相比，最大的不同就是教学事件的不确定性。这些“不确定”事件，是宝贵的现场生成资源，可以成为项目学习的话题，也可以成为促进学生思考交流的问题。教师要用好事件，挖掘其中的教育意蕴，找到学科融合的具体抓手；要营造融合、互动的人文环境，让所有学生都能自由地表达，促进学生思维的活跃和智慧的碰撞，推动学科融合走向学生素养融合。

（三）追求集体探险

集体探险团队的每一名队员，不仅要在没有其他队员帮助的情况下，独立地进行探索和处理一些紧急情况，还要在探险期间奉献自身的力量，与其他队员形成合力，以解决更有难度的问题。而在追逐同一目标时，队员之间会产生良性竞争。附小的主题探险教室正是基于此理念建设的。

1. 设计挑战性问题

解决挑战性问题所需的知识是常见的，解决的思路和方式、方法却是全新的，需要学生去研究探索。在沙漠乐园中，教师设计这样的问题：仙人掌如何在干旱环境中避免失水？每年秋季采摘校园里的柿子前，教师会请学生思考：有什么办法能采摘到树顶上的柿子？在青少年机器人竞赛中，教师会问：车体转弯时如何控速？当学生面对挑战性问题时，他们会因其趣味性、层次性、开放性和干扰性，产生学习积极性，达到培养学习创造力、增强学习思辨力的目标。同时，问题的层次性与学生不同的能力水平相适应，会激发学生之间的协作，进而对集体发展产生促进作用。

2. 关注竞技互动体验

在现代社会，我们不能回避竞争，但较之竞争更呼唤合作，更确切地说，提倡基于合作的竞争和不以竞争为目的的合作。个体应充分发挥主体性，不断提高自身素质，以适应现代社会的挑战并促进社会的发展。在附小的生态环境主题探险教室中，教师关注学生在合作中竞争、在竞争中合作的意识，让学生通过小组合作的形式共同发现新知，同时也给学生提供展示个性的平台。

二 主题探险教室建设的目标

学校对主题探险教室的开发与建设立足校外、校内两个方面：一方面充分利用社会场所，如蠡湖、雪浪山等自然资源，以及运河码头、博物馆、科技馆等人文科技场所；另一方面对校内环境进行整体设计与布局，如打造校内湿地水景、口袋公园，在教学楼里建造湿地馆、科技主题教室、科技探索长廊等。

（一）主题可视

主题探险教室不同于普通教室，它带有鲜明的主题特征，学生置身其中便可身临其境，不由自主地入情、入境、入心、入脑。

1. 主题物化

主题物化，指的是将抽象的主题概念转化为具体、可感知的物质形态，使教室空间成为主题理念的直观展现。主题物化要“见物”，更要“见人”，既要考虑主题氛围的营造、空间的整体布局、配套实物的展示以及互动装置的安排，还要考虑学生置身环境中的参与和互动效果，通过多重感知活动的设计，促进学生沉浸其中，让探索和发现随时发生。

2. 历史境化

历史境化，特指地方文化主题探险教室的建设目标，即将无锡最具代表性的运河特色人文资源和乡土资源缩影到小小主题教室中，以一种浓缩而真实的方式展现其在历史长河中的变迁与积累。我们运用现代技术，发挥创意，将城市的运河文化以生动、真实、可参与的方式呈现给学生，让历史不再是冰冷的过去，而是活生生的文化体验。以“历史境化”为目标打造的地方文化主题探险教室，不仅是“知识的学习场”“文化的赋能场”，还是“情感的催生场”。

3. 生活事化

生活事化，倾向于回归自然的学习场域中，充分利用室外环境，打造的重点不是“强势建设”，而是“顺势应用”，强调尊崇自然，顺应时节，抓住儿童感兴趣的小事件挖掘探索资源。例如，候鸟回归、樱花盛开等都是学生喜欢的生活事件，要引导学生将学习融入日常生活事件与自然环境中，通过亲身体验和观察，深刻理解自然、社会及生活，培养探索意识。

（二）资源开放

主题探险教室大多是“去门、去围墙”的开放状态，在空间和时间上保障学生自由探索。同时，资源的开放要考虑不同学习者的习惯与爱好，使每个人都能以自己喜欢的方式、合适的进度选择和加工学习资源。

1. 学生与学习资源的互动

在主题探险教室中，学生与学习资源的互动是全方位的。例如，科技工程主题探险教室利用 VR、AR 技术模拟汽车工厂生产空间，创建沉浸式学习环境，学生不仅能看、能摸，还能隔空拆除、组装零件。这样的操作无论在内容上还是形式上都带给学生巨大的认知冲击，激发学生的探索热情。很多学生都围着老师问“隔空拧螺丝”的原理是什么，进而引发关于虚拟与真实的讨论。

2. 学习资源的更新

学习资源的更新是保持主题探险教室活力和吸引力的关键。随着科技的发展和知识的迭代，学习资源也需要不断更新和完善。教师应及时关注科技和教育领域的最新动态，将新技术和新理念融入环境；根据课程和学生的需求，定期更新学习资源，提高其实用性和针对性；可以邀请行业专家、学者参与资源建设，为学生提供最前沿的信息和设备。

3. 学习资源的融合

附小的主题探险教室力求打破传统学科的界限，建构融合式主题学习资源。传统教室提供相对固定的、预设的学习资源，主题探险教室则提供开放、跨学科和生成性的学习资源。生态环境主题探险教室在建设和使用中结合了语文、数学、英语、科学、美术等学科的相关内容，充分发挥资源融合的作用。经过实践检验，资源融合有助于学生认知结构的建立，也有助于学生创新意识、创新能力的培养。

（三）沉浸探究

当人们参与一项具有一定挑战性但又能通过持续努力完成的任务时，会自然而然地排除所有不相关的干扰，运用已有的资源和技能，完全投入情境中，从而进入一种沉浸的状态。主题探险教室重点营造任务式沉浸、陌生式沉浸、挑战式沉浸三类探究环境。

1. 任务式沉浸

任务式沉浸是以目标任务驱动学习动机，以此推动学生进入目标学习情境中。教师设定的任务既非学生轻而易举能完成的，也非遥不可及，而是恰好位于学生的能力边缘，促使他们沉浸其中，运用所学知识与技能去解决问题。

2. 陌生式沉浸

“陌生”会带给学生新奇和刺激的感官体验。当学生从校内的人造湿地馆走进长广溪生态湿地，脚下松软的泥土、空气中花草的清香以及虫鸣鸟叫，使他们感到陌生又新奇。学生在走进这片未知的场域时，陌生式沉浸体验就自然发生了。换个角度看熟悉的事物也会产生“陌生”感，如用显微镜观察苔藓，显微镜下的苔藓展现出肉眼观察不到的独特结构。与微观世界相比，宏观世界同样能带来深刻的陌生式沉浸体验。通过利用天文望远镜观测星空、参观太湖污水处理站，学生可以感受到宇宙的浩瀚无垠和人类文明的伟大成就。这些体验拓宽了学生的视野，激发了他们对科学、技术和自然的敬畏之心。

3. 挑战式沉浸

在主题探险教室的教学过程中，教师坚持循序渐进的原则，运用精心设计的难度递增的问题引导学生逐步学习、思考，形成学习内驱力，并给学生一定的压力，起到了监督的作用，促进“沉浸”的发生。除了传统的讲授式教学方法，教师在教学过程中根据不同的教学目标设置各种竞争活动，让学生主动、自然地沉浸到愉快的思考、探究中，这不仅能培养学生的思维能力，更能让学生在探究后产生成就感。同时，教师要注意倾听，对学生的学习成果给予及时、具体、肯定的评价，提升学生的学习内驱力，帮助学生在成就感的推动下深度交流，更好地完成学习任务。

 主题探险教室的设计思路

主题探险教室的设计，深深根植于附小近四十年乐学教育的实践与研究之中。我们坚信，“乐”是教育的底色，是激发儿童学习兴趣、促进其全面发展的基石。“新”则是主色，是不断探索、创新的动力，它引领我们紧跟时代步伐，以儿童为中心，共筑儿童教育理想乐园。

（一）适应儿童乐学新需求

我们发现小学阶段的儿童对周围事物极具敏感性，对新生事物更是具有强烈的接触动机，但也普遍存在缺乏将一件事情钻研到底的探究精神。而在学习中，快乐是一种强大的动力。大量研究表明，当孩子感到快乐时，他们更愿意参与，更愿意尝试新事物，更愿意挑战自己。因此，教师应该善于挖掘环境中的兴趣元素，创造积极的、充满活力的、吸引人的教室环境。在地方文化主题探险教室中，学生的快乐情绪被调动起来，具体得益于以下四个方面。

（1）沉浸式的学习体验。教室的设计模拟江南水乡的景象，如小桥流水、古朴的船只和传统建筑，这样的环境本身就充满了探索的乐趣。学生能够在一个充满视觉和听觉刺激的环境中学习，提升了学习的兴趣和动力。

（2）互动式的活动体验。通过互动触摸屏、角色扮演游戏、小组讨论等，学生不仅能够积极参与学习过程，还能与同学进行互动和合作，这些都是提高学习乐趣的有效方式。合作学习和游戏化学习能够增强学生的集体归属感和社交乐趣。

（3）创造性的自由表达。在工作坊中，学生可以通过绘画、制作手工艺品或表演自由地表达自己的创意。这种创作过程本身就是一种享受，能够让学生在实现个人价值和表达个性的同时体验到成就感和快乐。

（4）多感官的学习方式。教室不仅通过视觉元素吸引学生，还通过背景音乐、模拟江南水乡的气味等，来刺激学生的多种感官，为学生提供全方位的学习体验。多感官学习不仅有助于知识的吸收，也能大大提升学习的趣味性。

（二）呈现课程设计的新思路

在当前的教育环境下，我们需要重新思考儿童文化课程的内容和形式，以更好地适应儿童的发展需求。探险活动可以激发儿童的好奇心，培养他们的观察力和探索力。学校组织儿童进行户外自然探险，让他们观察自然界的各种现象，探索自然界的奥秘；设计一些模拟探险的游戏，如寻宝游戏、解密游戏等，让儿童在游戏中体验探险的乐趣；设置一些具有挑战性的任务和目标，以提高儿童的意志力，培养他们解决问题的能力。

课程设计还要考虑儿童的年龄和发展需求。不同年龄段儿童的发展需求是不同的。例如，针对低年段的儿童，我们设计了一些简单而有趣的游戏和活动，以培养他们的基本能力。针对中年段的儿童，我们设计了较为复杂的任务和挑战，以培养他们的思维能力和解决问题的能力。针对高年段的儿童，我们设计了一些更具挑战性和创新性的项目，以培养他们的独立思考能力和创新能力。

（三）探索跨学科综合实践新样态

当老师们在探索如何设计跨学科综合课程时，主题探险教室已悄然呈现了一种全新的实践样态。

主题探险教室以具体主题为核心，将多学科知识与技能巧妙融合。它是一种集情境感知和环境管理于一体的综合教学场所，也是跨学科的学习新平台。

主题探险教室的布局呈现了综合实践的样态。一个结构化的布局不仅能帮助学生清晰地把握知识结构，更能引导学生形成深层次的认知。一个前沿化的布局不仅能够为学生提供现代化的学习环境，更能带学生以全新的视角去观察和探索。科技工程主题探险教室，作为前沿化布局的杰出代表，建立在绿色、智能、互联的基础上，形成了一个智慧且能够灵活应变的学习场景。

（四）环境与技术融合达到新高度

在当今科技日新月异的时代，教室作为教育创新的前沿阵地，正经历着一场前所未有的变革。这场变革的核心在于将先进的技术与教室环境深度融合，从而创造出一种全新的、富有吸引力的学习空间。

主题探险教室，作为跨学科综合实践的载体，其环境与技术的融合体现在多个层面。在资源层面，网络为教室提供了丰富的教学资源，如课件、视频、音频、互动游戏和模拟软件等。在技术层面，VR 和 AR 等先进技术的引入，为学生带来了前所未有的沉浸式学习体验。在生态环境主题探险教室中，学生可以通过 VR 技术“亲历”湿地水域的探险，感受生物多样性的魅力；通过 AR 技术，他们可以近距离观察植物的生长过程，直观理解植物生态学中的原理。这种技术与环境的深度融合，不仅提高了教学的直观性和趣味性，还促进了学生对知识的深入理解和牢固掌握。此外，主题探险教室还充分利用了在线科学数据库和研究资源，为学生提供了便捷的学习工具。例如，在候鸟观察站，学生可以通过触摸屏幕获取最新的生态研究成果，学习更加高效和便捷。同时，新兴的社交媒体也为学生提供了分享学习心得和研究成果的平台，促进了信息的共享和传播。

第二节 地方文化主题探险教室建设

文化是城市的核心竞争力，是城市发展走向现代化的根基，是城市的气质内涵所在。一个城市的辐射力、吸引力，依赖于文化的传播。锡师附小充分挖掘京杭大运河无锡段人文资源和乡土文化资源，逐步构建了“运河文化主题探险课程”。学生在丰富多彩的活动中回归生活，通过体验、感受，由运河文化和无锡精神的知晓者变成了保护者和宣传者。

一 主题选择与课程设计

（一）主题选择依据

21 世纪以来，经济全球化与政治多极化促进了全球思想文化的交融与碰撞。作为教师，我们需传授完整的中华文化及地方文化，以帮助学生认识家乡的历史文化和现状，培养爱家乡、爱祖国的情感。选择地方文化作为探险教室的主题之一，主要基于以下三方面的需要。

1. 课程改革的需要

新课程改革倡导生活化教学，地方文化与学生生活紧密相关，将地方文化融入教学之中有助于学生通过分析熟悉事物获得新认识，贴合课程改革的需要。

2. 地方和学校的需要

文化认同是民族认同与国家认同的基础。《无锡市教育改革和发展规划纲要（2010—2020年）》强调校本课程开发，地方文化课程资源开发正顺应此要求。学校开设的特色课程为无锡地方文化研究提供了平台，地方文化主题探险教室的构建丰富了课程资源，促进了学生综合素质和能力的提升。

3. 运河文化保护与利用的需要

京杭大运河被列入《世界遗产名录》后，其保护备受关注。无锡古运河作为京杭大运河的重要河段，有着深厚的历史底蕴，是无锡的名片。锡师附小作为百年名校，有责任将运河文化作为地方课程资源进行研究，增强学生的保护意识。

（二）主题教室课程设计

运河文化作为无锡地方文化中一颗璀璨夺目的明珠，有着重要的历史价值。课程开发团队将校内主题教室资源和校外运河遗址巧妙融合，创新性地借助AI技术，融通历史文脉，重现运河民俗，推出了“运河文化主题探险课程”，具体见表5-1。

表5-1 运河文化主题探险课程

课程主题	课程内容	教室功能定位与环境要素
运河码头	回味民族工商业	爱国教育、创造精神
水弄堂	鉴赏古建景观	工程教育、工匠精神
锡剧	领略锡剧文化	文化熏陶、历史传承
惠山泥塑	我与大阿福	艺术创作、创作精神

二 主题教室环境开发

地方文化主题探险教室建设，根植于丰富的地方文化底蕴，通过时间与空间的巧妙延展，将城市的历史变迁与学生的现实生活紧密相连，为学生构筑了一个充满情感支撑的学习空间。这里的探险活动既具挑战性，又富有教育意义，引导学生回顾过去，理解现在，展望未来。学生通过沉浸式的参观游览与项目体验，不仅培养了深厚的乡土情感，更形成了传承文化的自觉性。

（一）“运河码头”遗产文化探险情境

此区域借助水体与码头，将散落的遗产点串联起来，形成一个有机的整体。“运河码头”遗产文化探险情境包含三大类别，即运河水镇的自然风光、文化遗址的历史韵味、文博艺术的文化底蕴，具体包括“清名桥韵”“水弄堂风”“桨声幽巷”“伯渎港湾”“码头船泊”“古街夜幕”“无锡绣色”“鸟瞰清名”八大特色景观。

（二）“品味运河”生活风情探险情境

此区域采用体验型结构设计，学生在教室内借助 AI 技术，深入体验运河河畔人家的生活风情，获得独一无二的文化沉浸感。体验活动主要分为三大类：以民家食宿、日常习俗为主的家庭生活体验，以民间节日、婚嫁习俗等为主的民风民俗体验，以接触运河艺人、收藏家等为主的民间艺术体验。

三 应用案例与反思

（一）惠山泥塑民俗类主题课程

将惠山泥人作为无锡地方特色艺术课程资源，融入地方文化主题探险教室，可以让儿童亲身体验无锡民间泥塑文化，增强传统文化感知。“我与大阿福”课程分为“欣赏·评述”和“造型·表现”两个环节。在“欣赏·评述”环节，教师运用开放式讨论，将教材与美术媒介结合，引导学生多维度审视，并带学生到校外场馆学习。在“造型·表现”环节，学生按兴趣分组，以学习小组的形式参与惠山泥人创作活动。

过程一：围绕人们熟悉的泥人开展美术课程的学习。

学生以“泥人和泥人一样吗”为研究主题，详细了解无锡惠山泥人的“泥玩具——大阿福”与其他地区民间工艺泥人的区别。通过这一专题研究，学生亲身感受到泥土的“泥性”与惠山泥塑独特的艺术魅力。

过程二：邀请工艺美术大师与学生近距离互动。

学生观看工艺美术大师制作泥人的过程，与大师近距离互动，实时感受惠山泥人承载的乡土文化和美术意蕴。在此过程中，教师扮演辅助者的角色，请学生自主分析出自大师之手的惠山泥人的文化内涵、艺术形式、价值等，从而对惠山泥人的文化意义有更深切的体会。

过程三：组织小组合作，发挥学生的主观能动性。

教师引导学生做好视频、图片等资料的收集，让学生以小组合作的形式对惠山泥人的形态、用色、装饰纹样等不同的艺术特色进行研究学习，引导学生分析惠山泥人的创作灵感、用料、塑形、颜色、寓意等。

过程四：充分利用场馆资源，延伸课堂。

组织学生到惠山泥人工作坊参观，让学生通过实地考察，了解惠山泥人的传承与发展受到社会变迁和经济发展中哪些因素的影响，同时也能更直观地观察惠山泥人的制作过程。

过程五：教师指导学生完成创作。

教师设定创作主题，可以是戏剧人物，也可以是学生喜欢的宠物等。学生以小组合作的形式完成，尽可能展现惠山泥人的特点，等作品自然阴干后再着色，尽量色彩浓烈，能展现出喜庆、吉祥的美好寓意。

过程六：举办“泥塑节”活动。

在“泥塑节”，学校以“扎根无锡地域特色、传承优秀非遗文化、促进学生品格提升”为宗旨，策划组织系列活动。教师利用晨会、队会、专题课堂等介绍泥塑文化，分享泥人故事，讲解创作泥人的技巧等。各班教室开辟“泥塑天地”，展示学生捏制的形态各异、充满童趣的泥塑作品。

（二）教室应用反思

地方文化主题探险教室的课程呈现多元化特点，其中的惠山泥塑和锡剧文化传承课广受学生喜欢。学生通过参与惠山泥塑创作、锡剧演出等实践活动，不仅掌握了知识，锻炼了能力，更显著增强了对地方文化的认同感与自豪感。

地方文化主题探险教室自带看点。学生热衷于借助虚拟现实技术感受江南古景，沉浸其中体验运河文化和乡土风情。学生还热衷于户外的运河景观探险，从运河遗址、老照片中寻找城市发展的印迹，在探索与发现中感悟文化的脉络，将历史融入个人的成长轨迹。

展望未来课程设计，我们将深化学科融合，比如将生态课程融入地方文化课程，引导学生认识运河的生态价值及保护意义。同时，我们将持续收集并分析学生的反馈，特别是关于课程内容与难度的意见，以便灵活调整课程设计，确保每位学生都能积极参与，从中获得成长与收获。

第三节 生态环境主题探险教室建设

生态教育将人与自然、人与社会作为教育的起点，关注环境的长远发展，让人们建立起一种崭新的自然观、生存发展观，自觉地对自然环境和生态进行保护。附小打造的生态环境主题探险教室，不仅是一个教学场所，更是一座连接学生与自然、生活与社会的桥梁，它的建设目的在于培养学生的环保意识，激发他们的生态情感以及对自然的敬畏之心。

 主题选择与课程设计

生态教育不仅涉及知识的传授，还包括行为习惯的培养、责任感的激发以及价值观的塑造。为了实现这一目标，教育者要创新教学环境，将生态环保的理念转化为教育行为和生态实践。我们设计了校内湿地馆、湿地公园、生态蠡湖线、自然鼋头渚、雪浪山薰衣草园等多样化学习场景，让学生沉浸在不同的自然环境之中，自然地吸收知识。

（一）从知识传授到价值塑造——校内湿地馆

生态教育要求我们从单纯传授环保知识转变为培养学生尊重自然、关爱地球的价值观念。这意味着教育不仅要让学生了解环境问题，还要引导他们形成正确的环境伦理观。

校内湿地馆以“我们的湿地·我们的家”为核心主题，以湿地实景还原自然空间，综合多学科知识，融入多媒体技术，让学生获得身临其境的互动体验，边参观、边探索，边思考、边实践。

（二）从理论学习到实践参与——湿地公园

生态教育应该是一个体验式的过程，让学生通过理论学习和实践活动，亲身感受环境保护的重要性，从而增强他们的环保意识和实践能力。

我们将课堂设置在湿地公园中，将湿地生态学融入探险实践，学生通过实地观察，可以了解湿地中植物的生长特点、昆虫的习性，明白生物多样性的重要性以及环境保护的紧迫性。这些实践活动不仅丰富了学生的课余生活，也在无形中增强了他们保护环境的责任感。

（三）从短期行为到长期习惯——生态蠡湖线

生态教育应该关注学生的长远发展，从小学生的日常生活出发，培养他们持续环保的行为习惯，如在日常生活中节约资源、减少浪费、回收利用等。

生态蠡湖线课程引导学生了解蠡湖及其周边生态环境的奥秘。学生学习湖泊是如何形成的，探索生态系统的组成部分及其目前的保护状况；学生通过生物多样性监测、植物种植和外来物种管理，亲身参与生态系统的恢复工作；学生还能详细了解水泵站的工作原理以及它在防洪和水质调控中的关键作用，认识到科学技术在维护生态平衡中的重要性。

（四）从情感关怀到环保行动——自然鼋头渚

生态教育不仅要求学生了解环保知识，更强调培养他们对环境的深厚情感。这种情感可以促使学生关心环境问题，并采取实际行动保护环境。

鼋头渚的红嘴鸥广受锡城儿童的关注，每到最佳观赏期总是吸引大量儿童驻足观赏。红嘴鸥属候鸟，其迁徙过程体现了生态系统的广泛联系。学生通过观察红嘴鸥的觅食和社交行为，记录生态数据，制作生态报告，能够直观学习到动物适应环境的策略，进而认识到生态环境变化的深远影响。鼋头渚的另一打卡景点是樱花谷，樱花的生长周期体现了自然界的奇妙和复杂性。学生通过观察樱花从花蕾到盛开的变化，记录樱花生长的整个过程，培养观察能力和记录能力。将生态主题探险教室设置在鼋头渚这样的自然保护地，不仅能让孩子们亲近自然，了解生态环境，而且能让他们通过实践活动培养环保意识和实践能力。

（五）从个体意识到主动行动——雪浪山薰衣草园

生态教育要求我们深入理解生态环境保护的重要性，并将其内化为个人价值观和行为准则。这意味着在教育实践中，我们不仅要传授关于生态系统的知识，还要激发学生对环境保护的责任感。

雪浪山薰衣草园的课程远不止传统种植教学。在这里，学生通过参与种植、观察自然现象、开展小型环保项目等，直观地感受自然环境的美好与复杂性，学会耐心等待，理解生命的脆弱与坚韧。这些活动超越了传统课堂教育，培养了学生对自然界的敬畏之情。

二 校内湿地主题探险教室环境开发

生态环境主题探险教室以校外居多，唯有湿地主题探险教室在校内也进行了建设。学校致力于校内环境的整体设计与布局，通过专业公司的精心设计，把湿地公园搬到了校园，方便学生在行走之间就能身处学习场域。我们在教学楼之间打造了多个“口袋公园”，各种微观小景随处可见。学生可以在一亩方塘与睡莲、鸢尾、铜钱草一起随风轻舞；在鱼鸟水居与小鱼、昆虫、水鸟共同赏景；在香草花苑种植蔬菜，评鉴香料优劣；在一米农场种植茄类，观赏美艳花朵；在沙漠乐园种植多肉，研究气候变化；在树阵广场养护草木，轻嗅丹桂幽香。图 5-1 是一处校内湿地实景。

图 5-1 校园湿地实景

我们在教学楼里建造了室内湿地馆（见图 5-2），模拟湿地场景，介绍湿地植物、动物、微生物，让学生了解湿地的概念、形成、分类以及无锡本地特色资源。室内湿地馆既是开放式展馆，也是生态课程实施的重要场域。整个场馆的设计打破传统教室的布局，融教学、操作、探索、互动于一体，实现功能的多样化。

图 5-2　室内湿地馆实景

（一）步入式展览区

步入式展览区的设计灵感来自真实的湿地景象。我们精心设计了教室入口区域的走廊，使其成为一个步入式展览区。在正中的玻璃展示柜中，我们布置了湿地模拟场景，展现由睡莲、鸢尾、铜钱草以及候鸟组成的纯粹的自然空间，让学生能够直观地感受湿地的生态环境。在走廊墙面上，我们安装了与生态教育配套的墙面互动机，学生可以通过互动操作了解湿地。同时，我们在步入式展览区设计了候鸟观察站，配以在线科学数据库和研究资源，学生可以通过触摸屏幕获取最新的生态研究成果。

（二）主教学区

为了促进生态环境教育，我们在教室中设置了主教学区，利用多媒体工具，如电子白板和投影仪来展示教学内容。通过使用互动触摸屏、进行角色扮演等活动，学生积极参与学习过程，与同学互动、合作，增强集体归属感和社交乐趣。课桌椅被布置成U形，每张桌子上都配备了显微镜和放大镜，以便学生能够细致观察土壤、水体、植物和其他生物样本，提高他们的观察力和分析力。

（三）操作区域

我们在教室后方布置了专门的操作区域，这是一个多功能空间：设置实验台和水槽，学生可以进行水质测试（如pH值、溶解氧、硬度等）、生物多样性调查以及模拟湿地净化过程等；设置小型花园或种植区，学生可以亲手种植、养护和观察湿地植物；设置气象站或安装环境监测设备，学生可以记录温度、湿度、降雨量等数据，分析这些环境因素对湿地的影响；构建小型湿地或水生生态系统模型，学生可以使用显微镜或放大镜观察土壤样本、水质样本、植物细胞结构等，以了解湿地生态系统的微观世界。

（四）技术探索区

湿地主题探险教室聚集了先进的科技工具和平台，如数字互动屏幕、VR/AR设备和在线协作工具等，为学生提供了沉浸式的学习场景和交互式的学习体验，增强了他们对生态概念的理解，并激发他们探索自然界的兴趣。

三 应用案例与反思

（一）应用案例

湿地被誉为“地球之肾”。湿地生态系统是由湿地植物，栖息于湿地的动物、微生物及其环境组成的统一整体。湿地具有多种功能：保护生物多样性，调节径流，改善水质，调节小气候，提供食物、工业原料等。学校对神奇的湿地进行了全方位的课程开发和实践运用。

1. 校外实践类课程

学校组织学生前往贡湖湾湿地公园进行生态文明教育实践活动，让学生在赏景的同时，了解家乡湿地风貌，认识湿地植物，采集湿地液体标本，观察湿地鸟类。

2. 主题探究型课程

“春日探‘藓’”是湿地主题探究型课程之一。每年春天，社团的学生们会在校园湿地小公园寻找苔藓，开展主题探究活动。科学老师带着学生探究苔藓鲜为人知的秘密。学生经过科学实验，发现苔藓也有“休眠期”，只要一浇水，卷曲枯萎的叶子便会舒展开来，重现生机。美术老师带着学生使用放大镜观察微小的苔藓。当放大镜凑近苔藓，学生看到纤细的小叶片簇拥在一起，深绿和浅绿交织，仿佛一片小森林，鼓鼓的孢子体犹如森林中可爱的小精灵。材料社团的老师指导学生挑选和采集苔藓、泥土、树枝、石头等各种有趣的材料，配上适合的容器，通过大胆构思、巧妙搭配，创造出独特、精美的苔藓生态微景观（见图 5-3）。在创造过程中，需要遵循基本的美学构图原则，注意营造容器中的空间感和透视感，让整个微景观看上去和谐统一。

3. 综合拓展型课程

在“与校园湿地植物对话”综合拓展型课程中，学生尝试用融课程的眼光探究湿地植物的“形与色”，探究植物色素的秘密，品味生命的五彩斑斓。

春雨过后，老师带着学生到校园湿地景观中采集材料。校园像是被雨水浸湿的画卷，一层层晕染开来，出现了很多新鲜生命。池塘边粉紫色的玉兰花、大片碧绿的铜钱草、黄色的蒲公英小花……，都是学生“色彩收集卡”和“形态收集卡”锁定的目标。回到教室后，老师指导学生运用明清时期的

图 5–3　春日探“藓”作品展实景

古法印染技术——捶草印花进行创作。首先，将采集的花草放在明矾水中浸泡 20 分钟，以增强上色效果。然后，选取和诗文中出现的物象颜色与形态相契合的植物，在画布上摆放布局，通过捶打将植物的自然形状与色彩表现在织物上，将草木之美完整呈现。最后，用国画技法进行添画调整，题写诗句，独一无二的拓印作品就完成了（见图 5–4）。

（二）教室应用反思

生态环境主题探险教室是学校最早投入使用的主题探险教室。学校依据课程标准，依托地理优势，打造生态教室，建构生态课程。学校通过生态教育，让儿童丰富知识储备，体验生命成长的多彩经历，在探究中快乐学习，凸显知行合一的价值追求。

在实践中我们发现，生态环境主题课程广受学生欢迎，但由于场地受

图 5-4　湿地植物的“形与色”作品展实景

限、校内资源有限以及课程周期偏长等原因，参与的学生数量比较有限。

今后，我们要进一步完善湿地主题探险教室建设，增设多媒体系统，增强环境的趣味性；进一步探究生态环境主题探险教室的教学设计，使情境、情感伴随学生学习的全过程；进一步利用好校外各种场馆，最大限度地发挥场馆的作用，让学生在“做中学”中提升生态保护意识，并外化为生态保护行动。

同时，我们还要不断完善网络平台，让网络平台成为生态教育实施、宣传的窗口，吸引学生浏览、学习；不断丰富互动资源，使资源具有知识性、情境性、趣味性；不断加强对外联系，设立学校生态主题日，在专业人士的指导下开展更有针对性的生态教育活动，彰显学校特色。

第四节 科技工程主题探险教室建设

科技工程主题探险教室能够让学生更深入地理解科学原理和工程技术，在探索中学习，在学习中成长。这不仅是一个学习的空间，也是学生探索世界、实现自我挑战的舞台。

一 主题选择与课程设计

霍华德·加德纳的多元智能理论认为儿童具有多种智能，包括数理逻辑智能、空间智能、身体运动智能等。在以科技工程为主题的探险教室，儿童的多元智能培养是围绕一系列创新实践活动展开的。

（一）主题选择依据

1. 以问题为导向

设计基于真实问题的项目，如桥梁承重、纸飞机飞远、机器人任务等，激励学生应用科技工程知识求解，增强学习欲望和探索动力。

2. 以创造为支点

学生可以在科技工程主题探险教室自由地使用器材和设备，尝试创造和实验，将理论知识应用到实践中，同时面临如何优化设计、如何解决实际操作中遇到的问题等一系列创造性的思维挑战。

3. 以团队为轴心

学生通过团队合作可以促进知识共享与思维碰撞，提高解决复杂问题的能力。科技工程主题探险教室的中心讨论区和团队协作项目设计正是为了促进团队互动。教师鼓励学生在小组中分享知识、讨论问题，共同寻找解决方案。

4. 以体验为路径

对小学生而言，通过动手操作、实际体验和社交互动来学习，可以更加深刻和持久地理解和掌握知识。“航天航空探秘”是科技工程主题探险教室中最受欢迎的场域，我们利用模拟软件和虚拟现实技术，为学生提供沉浸式学习体验。

5. 以竞赛为动力

科技工程主题探险教室的启用，推动我们打造了一系列的竞赛课程。我们积极组织科技和工程挑战赛，如机器人大赛、桥梁设计竞赛、编程马拉松，鼓励学生在竞赛中展示和提升自己的创意和技能。

（二）主题教室课程设计

在设计科技工程主题探险教室课程时，我们考虑到小学阶段不同年级学生创新能力和实践能力的差异，低年段以动手实践为主，高年段以创新思维为主。学校兼顾儿童兴趣的多样性，结合时代发展特点和科技前沿，开发了三类主题课程。

1. 社团课程

学校开设丰富的社团活动，让学生在有趣的活动和探索中，培养对科技工程的兴趣。社团开设情况具体见表 5–2。

2. 眼界课程

学校积极引进校外科技工程教育资源，力邀各行各业的顶尖专家莅临学校做讲座，旨在为学生打开眼界，让他们得以窥见世界的广阔与深邃。

自课程开办以来，学生已有幸与许多行业翘楚、领域专家近距离交流。他们不仅跟随专家的脚步，领略了“神威·太湖之光”超级计算机那令人震

表 5-2　开设社团一览

开设年级	社团名称	指导教师	实施场域
一年级	积木创意搭建	科学组教师	赛恩斯创客教室
二年级	汽车模型	科学组教师	赛恩斯创客教室
三年级	创意电子焊接	少年宫教师	科学实验室
四年级	飞机模型	科学组教师	科学实验室
五年级	创意编程	少年宫教师	机器人工作室
六年级	Make X 机器人	科学组教师	机器人工作室

撼的数据存储量与处理速度，感受了科技带来的无限可能；还一同探索了深海探测的奥秘，见证了潜水器如何穿越未知的水下世界，揭示海底的神奇面貌；更在航天专家的指引下，“遨游”了浩瀚的宇宙，了解了星际探索的最新进展，激发了对太空的无尽遐想。

此外，学生还通过讲座深入了解了人工智能的最新应用，体验了智能科技如何改变我们的生活；聆听了生物医学专家的讲解，感受了生命科学的奇妙与复杂；更有机会与环保专家共同探讨可持续发展的重要性，学习如何保护我们赖以生存的地球家园。

3. 未来科学家课程

学校围绕“未来科学家”工程，秉承“乐学乐创”核心理念，精心开发设计源自生活实践、基于科学创造、跨越学科边界的“科学 + 技术”“科学 + 工程”等未来科学家课程。我们结合学校科技节和校内外科技赛事，为学生确定智造主题，搭建智造展示平台，鼓励学生独立或组队开展科学实践，经历探索发现，实现创新智造。近两年，学校先后开展了“力学探究——想象无限机械臂”“3D 打印——梦想成真新文具”“编程任务——空中精灵无人机”“校外科普——深海探秘蛟龙号”等重点未来科学家课程。

二 主题教室环境开发

（一）校外资源开发

科技是一个热门主题，我们需要拓宽视野，依托校外资源，进行科技工程主题探险教室环境的建设和开发。无锡及周边拥有丰富的科技教育资源：无锡科技馆以现代科技为主题，展示最新成果并举办科普活动，无锡博物院则通过科技戏剧和艺术展览创新科学教育；周边的上海科技馆、上海航宇科普中心、上海汽车博物馆及上海自然博物馆，提供了各种科普展览及互动实验，与我校科技工程主题探险教室的理念相契合，共同促进科技教育的发展。

（二）校内主题教室环境开发

学校以“为工程教育播下一粒种子”为培养目标，积极开发工程启蒙教育物型环境。目前，学校已创新打造科学实验室、木艺工程室、智造教室、机械研玩社、赛恩斯创客教室（见图 5–5）、机器人工作室、杠杆试验场、能量转换园等科技工程主题探险教室。

图 5–5　赛恩斯创客教室实景

科技工程主题探险教室的设计必须反映其教育目标——激发创新精神和提供实践学习机会。因此，空间布局和功能的设计要考虑技术保障，促进学生互动、便于教师指导以及支持各种教学活动。

1. 设备仪器区

设备仪器区是科技工程主题探险教室的核心区域，该区域根据每个教室的主题功能配置设备和仪器。例如，木艺工程室配有常见且安全的木工机械以及用来刨、凿、切割、打磨的木工设备，以保证学生木工体验和木艺创作的顺利进行；智造教室配置的设备先进且前沿，有 3D 打印机、电子元件工作台、编程机器人套件、精密测量仪器等，支持学生开展复杂的智造项目；机械研玩社配有齿轮、连杆、轴承等机械零件以及传动装置，还有液压和气动系统模型，便于学生理解机械原理并动手制作机械模型；机器人工作室除了有机器人套件外，还增加了机器人编程软件、传感器阵列、无线通信模块等，以支持学生参加机器人竞赛和进行项目开发。

2. 实操搭建区

该区域的功能指向互动与实践。教室的中央通常被设计为学生的实操搭建区。这里配备可移动的桌椅，以便快速重新组织空间以适应不同的教学活动，如团队合作、项目展示或工作坊。这是学生进行团队合作和项目建设的主要场所。小组式课桌的布局，不仅可以促进学生之间的交流，实现知识和想法的共享，也便于他们在实践活动中相互协助。

3. 储物资源区

为了方便学生获取材料和工具，储物资源区设在实操搭建区旁边。这一区域有足够的存储空间，以容纳机械零件、电子设备、工具箱等物品，并易于学生取用和整理。有效的储物方案可以减少课堂准备时间，提高教学效率。

4. 工作讲授区

教室前方通常设有工作区和讲授区，这是教师教学的中心区域，在这里教师可以方便地巡视和管理整个教室。此区域配备了必要的设备，如智能黑板、投影仪和计算机，以支持多媒体教学和演示。

5. 测试展示区

教室的中后部为测试和展示用的特定场地。在这里学生可以进行科学实验、机器人测试或飞行器模拟等活动。该区域具备必要的安全设施和足够的空间，以便学生围观和参与。

6. 书写记录墙

为了促进学生在学习过程中的即时反馈和创意表达，教室两侧设置了书写记录墙。墙面上安装了白板或电子屏幕，方便学生随时记录想法、草绘设计方案或进行团队讨论。

通过这样的空间布局与功能配置，科技工程主题探险教室支持学生从理论学习到实践操作的全过程。这种环境不仅能够增强学生的学习体验，还能够有效提升他们的实践能力和创新思维。

三 应用案例与反思

（一）Make X 机器人课程

在科技工程主题探险教室中，六年级的 Make X 机器人项目是一个典型的实践活动，旨在让学生通过动手制作来提升学习兴趣和工程技能。

第一阶段：项目启动与理论学习（讲授区）。

科技工程主题探险教室的讲授区是供师生进行集体学习讨论的空间。教师在讲授区利用智能黑板或投影仪介绍机器人项目的背景、目标及其科技应用，由区域内的互动学习工具（触摸屏信息站）讲解机器人的基本组成和工作原理，包括传感器的工作方式、机器人的运动控制等。

第二阶段：设计与模拟（设备仪器区）。

设备仪器区也被同学们亲切地称为“核心司令部”，学生在此区域使用专用软件在电脑上进行机器人的初步设计，包括选择部件和布局。两个分立的电脑区，不仅允许不同设计进度的学生独立进行分步研究，也有助于管理课堂秩序，减少拥挤，提高学习效率。同时，该区配备 VR 设备，学生可以在虚拟环境中对自己设计的机器人进行初步的功能和运动测试，为第三阶段的实操做好准备。

第三阶段：实验与组装（实操搭建区）。

在实操搭建区，学生根据设计图纸开始实际组装机器人。此区域配备了工具箱和组装台，学生在此可以安装电路板、电机和其他机械部件。同时，教师可借助全覆盖的教室监控系统实现对学生活动的实时监控与指导，观察学生的操作，及时提供技术指导，进行安全监督。

第四阶段：编程与调试（设备仪器区、书写记录墙）。

学生使用编程软件给机器人编写控制代码，并在小组讨论时利用书写记录墙进行及时修改、增删和概览。随后，学生可以较为便利地依次进入测试场地进行机器人的功能测试，通过调整代码和机械结构优化机器人的表现。

第五阶段：项目展示与评估（测试展示区、工作区）。

在测试展示区，学生以小组为单位依次站在圆形测试区的边缘，方便聆听与互动。参与展示的小组将他们准备好的项目在此进行讲解和机器人功能演示。所有小组展示结束后，师生回到教室的工作区，对每个项目进行评价，利用教室的投票系统进行公平评选，教师鼓励学生表达他们的观点。

第六阶段：反思与优化（工作区）。

在工作区内，学生分享自己的学习体验，讨论遇到的挑战和解决方案。教师根据学生的反馈和项目表现，提出改进的建议和未来的学习方向。

（二）教室应用反思

科技工程主题探险教室无疑为教育注入了一股强劲的创新力量。我们借助现代科技手段，如虚拟现实技术、人工智能等，为学生打造充满创新与挑战氛围的学习环境。以六年级的 Make X 机器人项目为例，科技工程主题探险教室的资源充分保证了学生的参与度和学习效果。学生分成小组，每组负责机器人项目的不同部分。在小组内部，组长根据组员的不同兴趣和技能分配具体任务，如编程、装配、测试等。小组之间，学生相互合作，及时分享进展，推进项目实验、探索，不断改进设计，解决问题。学生通过参与具体的项目，不仅学到了知识，还学会了如何将知识应用于实践，这是我们教育的核心目标。

随着技术的不断进步，教育的内容和方式将持续变革。未来，我们需要不断评估和更新教育策略，通过具体的教学实践和课程开发，培养学生的科技技能，更重要的是培养他们的创新精神。我们期待这种教育模式继续扩展，为更多学生提供优质的学习机会，塑造未来的创新者。

第六章

虚拟奇趣教室建设

虚拟奇趣教室建设植根于学校的乐学理念，旨在为学生打造充满想象力和创造力的学习空间。它顺应时代发展的需求，与线上学习紧密结合，注重培养学生的自主学习能力、自我管理能力、协作能力和数字素养等。在虚拟奇趣教室，传统的纸、笔和课本将消失，学生通过网络和移动终端设备随时随地进行学习。每个学生都可以根据自己的学习进度进行学习，真正实现个性化教育。

我校建设了两个虚拟奇趣教室：自由学习社区室和角色体验游戏室。我们利用先进的技术，打造基于虚拟环境的学习空间连续体，能为更多学习者提供深层次的学习体验。根据融合活动理论和空间设计理论，虚拟场景中学习空间的基本要素包括主体、客体、工具、情境、活动和共同体。

在完整的虚拟教室空间结构中，教师和学习者是主体，学习资源是客体，他们之间相互作用，形成了虚拟空间的学习共同体。教师通过对技术工具的使用和物理环境的合理规划，形成符合学习者认知特征的教学活动和教学内容。

第一节 虚拟奇趣教室建设的理念、目标与设计思路

虚拟奇趣教室可以被描述为一个沉浸式的虚拟环境，它将空间和时间的概念融合在一起，为学生提供一种独特而富有吸引力的学习体验。空间、时间和学习的重新组合，为学生打造了一个充满想象力和创造力的神奇学习空间，激发他们对知识的浓厚兴趣。在教育变革的巨大浪潮中，浅层次的线上教学融合已不足以支撑线上学习形态的长效及高质量发展，我们需要不断审视与反思数字化流程，以契合时代发展。当前虚拟教室研究的技术支点涵盖了图 6–1 所示的四个方面，这些技术的相互融合将为我们提供稳定、高效、逼真的虚拟学习环境。

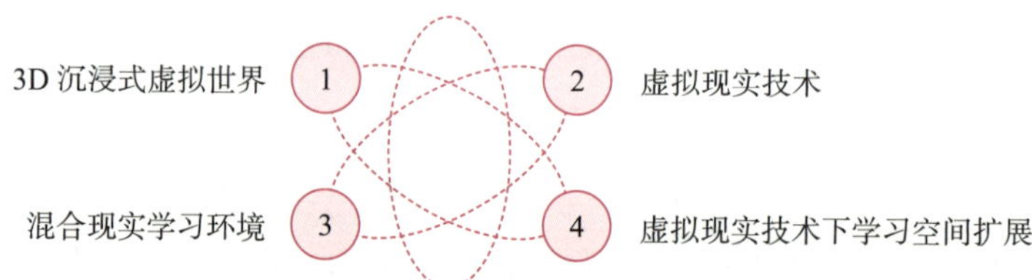

图 6–1　当前虚拟教室研究的技术支点

一 虚拟奇趣教室建设的理念

虚拟奇趣教室是围绕激发学生学习兴趣和创造力而设计的虚拟教学活动空间，强调学习环境的创设，重视学生的主体地位。在虚拟奇趣教室中，教师提供各种优质资源，让学生在课程中自主学习、主动探究。教师围绕课程主题，采用多种教学方法和教学模式，使学生在虚拟情境中完成学习任务。

在虚拟奇趣教室，教师对学习内容、学习过程和学习评价等进行有效控制，促进学生的自主学习与思维创新，培养学生的综合素养和实践能力。

（一）彰显学习自由精神

虚拟奇趣教室以学习为中心，将教学活动与学生的自由发展相结合，旨在使学生充分体验学习的过程，从而形成“我要学”的愿望与“我能学”的能力。学生在虚拟奇趣教室中可以自由选择课程内容、教师和伙伴，自主安排学习过程，自主选择学习方式和学习方法，在交流、合作、竞争中获得知识、形成能力。虚拟奇趣教室为学生提供了自由表现个性的空间，能够帮助学生建构知识，发展创造性思维。教师作为学生学习活动的支持者、引导者、合作者，尊重学生的自主性，发挥指导作用。

1. 突破教学目标的设定

虚拟奇趣教室鼓励学生根据自己的兴趣和需求设定学习目标，突破教师对于教学目标的设定，让学生在自主学习的过程中发掘自己的潜能。洛克指出，教育的真正奥秘在于抑制儿童欲望的同时使儿童获得自由。[①]虚拟环境通过提供丰富多样的学习资源，包括文字、图片、音频、视频等，让学生根据自己的喜好和学习风格自主制定学习目标，自主选择学习内容。

2. 以兴趣驱动学习

虚拟奇趣教室内的学习对于小学生而言，往往是一个重在体验的过程，学生在体验和感知中培养思维能力。在虚拟奇趣教室中，教师利用元宇宙等技术，为学生提供各种角色扮演的机会。例如，通过模拟真实世界或虚构世界的不同职业和生活情境，学生能够在游戏中发现自己的兴趣并追求自己的目标。

① 于伟．天性、理性与自由——洛克儿童自由教育思想论析 [J]. 教育研究，2021(11)：48.

3. 满足个性化学习需求

在虚拟奇趣教室中，学习是个性化且灵活的，每个学生都能以最适合自己的方式学习和表达自己。学生可以自主选择最喜欢的学习活动，并以自己的节奏和进度学习，根据个性需求选择内容资源、教学模块、学习路径、技术支持以及互动交流。

（二）打破学习时空限制

虚拟奇趣教室通过构建无所不在的学习环境、提供持续的学习支持、融入真实生活情境、拓宽个性化学习路径、营造终身学习氛围等，帮助学生打破学习的时空限制，实现“永不停歇”的泛在学习，促进知识的内化和能力的全面发展。

1. 即时学习打破时间限制

虚拟奇趣教室提供了一个不受时间限制的学习环境，学生可以根据自己的时间安排进行学习，并采取最有效的方式学习。这种灵活性是通过异步和同步两种主要形式实现的。在异步形式中，学习者可以按照自己的节奏进行学习，学习时间变得自由。 在同步形式中，学习者在直播场景中，通过在线研讨、实时问答、投票调查等多样化的互动，提高注意力和理解力，增强学习效果。

2. 移动学习打破空间限制

在虚拟的教学环境中，学习者可以在任何地方通过移动设备接入学习资源，参与学习活动。这种特性不仅提高了学习的灵活性，也极大地扩展了学习的空间范围，使得学习不再受物理空间的限制。利用虚拟现实技术创建沉浸式、交互性强的学习环境，能够增强学生的学习体验，从而提高学习效率和效果。

3. 自主学习打破学段限制

虚拟奇趣教室支持自主学习，这意味着学习者可以根据自己的兴趣和需求选择学习内容和路径。这种自主性不仅体现在学习内容的选择上，还体现在学习方式的选择和进度的控制上。例如，角色体验游戏室的空间站漫游实验整合了一至六年级部分科学实验内容，这种漫游式的学习模式展示了利用信息技术开展科学虚拟实验项目学习的可行性，也为跨学段学习提供了条件。

（三）提升学习奇趣魅力

虚拟奇趣教室通过提高任务挑战性、冒险性、竞争性，体现成果刺激性和学习过程的多变性，为学习注入奇趣，提升学习的吸引力，提升学习效果。教师需精心把控情境设计、互动体验、评价反馈，注重课程设计创新，引入游戏化、趣味化、艺术化元素，使学习更有趣。

1. 强化知识发现的挑战性

虚拟现实技术的应用，可以提高模拟环境的互动性和探索性，激发学生的创造力，还能够促进他们对新概念的理解和应用。例如，将数学问题设计成需要探索的宝藏地图，或将科学实验设计成解开神秘盲盒的钥匙，这些具有挑战性的任务和问题解决活动不仅能够激发学生对未知的探索欲望，还能够增强他们学习的满足感和成就感。

2. 提高学习活动的冒险性

虚拟环境的设计可以融入冒险元素，如探索未知领域、完成危险任务等，这些能够显著提高学习活动的吸引力和学生的参与度。举例来说，通过虚拟现实技术，学生可以“游历”云端附小，游览学校中的各个角落，或者进入微观世界探索细胞结构，这些都提高了学习活动的冒险性和吸引力。此外，我们还可以引入竞争元素，如排行榜、挑战赛等，提高学生的参与度。

3. 体现学习成果的激励性

在虚拟奇趣教室中，学习成果的展示方式具有激励性和吸引力，这不仅能激发学生的学习热情，还能激励他们走得更远。可采用的方法有：利用游戏化元素记录学生的学习进度，将学习成就转化为可视化的奖励，如勋章、证书或虚拟奖品。例如，附小曾在班级节能管理中使用了“碳积分森林”概念，学生通过种植虚拟树木获得碳积分，碳积分可以用于兑换学校各类主题课程、讲座的入场券。

4. 支持学习过程的多样性

虚拟奇趣教室的设计支持教学内容和学习路径的多样化，以适应不同学生的学习需求和偏好。通过提供多种学习资源、活动和交互方式，学生可以根据自己的兴趣和节奏选择最适合自己的学习路径。针对不同程度的探究性活动，环境支持不同的问题诱导方式。

（四）走向学习泛在混合

虚拟奇趣教室要走向学习的泛在混合，需要构建无缝连接的学习环境，融入真实生活情境。虚拟奇趣教室不应是一个封闭的独立空间，而应与线下教室、家庭、社区等真实环境无缝连接，形成一个泛在的学习生态系统，并营造泛在学习的文化氛围，促进虚实互动、线上线下融合，打造立体化、个性化的混合学习新模式。

1. 打破学科区隔

虚拟奇趣教室的教学活动常常涉及跨学科课程。教师在进行跨学科课程设计时，应该明确地告诉学生课程结构的元素及其之间的关系、教学内容（阅读材料、视频等）选择的依据及教学活动的意图等。学生在深度理解课程结构的基础上，在虚拟社区中获得更强的归属感，加深跨学科学习体验。另外，教师要将技术的使用规则清晰地告知学生，以减少学生在了解、使用技术时所花费的时间，提高混合课堂的效率。

2. 建立对话机制

虚拟空间学习者常遇问题和挑战，因空间分离需自主解决和应对，再加上在线学习监管不足，学习很难维持高投入状态。虚拟奇趣教室采取多层次交流方式，如论坛、小组讨论等，借助通信工具，建立虚拟空间中的对话机制，如图 6–2 所示。

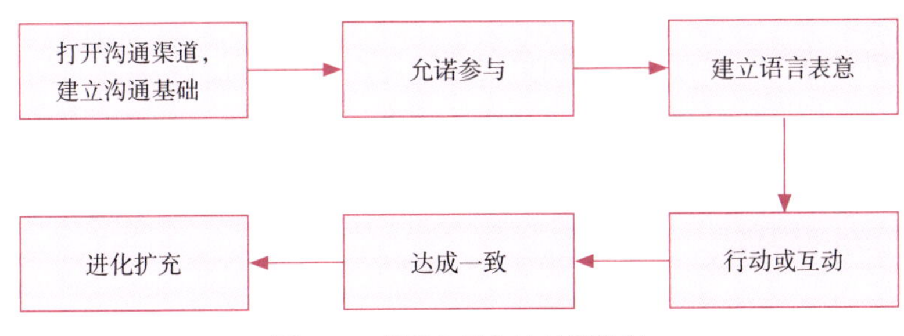

图 6–2　虚拟空间中的对话机制

3. 突出综合学习

虚拟场景中的学习者在自主性表达中处于劣势。学习者在自己所处的学习环境中难以充分表达自己的学习需求，无论在认知层面、情感层面，还是社交层面。为此，可以通过混合分组、同伴互助，适当使用一些智能代理，提供一些自主表达的支架等方式帮助学习者展开综合学习。

（五）追求学习可视化

学习应该是一个可视化、可感知的过程，在教学中应让学生通过视觉、听觉、触觉等加强学习效果。现代技术的发展，为学习提供了更多的可视化和交互化的工具，我们应该充分利用这些工具，让学习变得更加直观和生动。

1. 实现知识学习的活动化

活动化学习通过将知识转化为可视化内容和互动体验，极大地激发学生的学习兴趣和主动性。在虚拟奇趣教室中，复杂的概念以及理论知识可以通过动画、游戏或现实情境模拟等形式呈现。活动理论的先驱鲁宾斯坦（S.L.Rubinstein）认为人类的心理是在实践活动中形成的，活动理论的关键概念就是“活动”与“沟通”，因此，如何设计活动及如何在活动中促进沟通，是虚拟教室环境设计的关键。①

2. 实现抽象符号的具物化

虚拟奇趣教室在解决一些抽象问题时具备天然的优势。学生在学习中往往会遇到一些抽象符号和概念，如数学公式、物理原理等。虚拟奇趣教室可以通过技术手段，将这些公式、原理用具体的图表、三维模型等直观呈现出来，易于学生理解。

3. 实现思维过程的可视化

思维可视化（thinking visualization）是指以图示或图示组合的方式把原本不可见的思维路径、结构、方法及策略呈现出来，使其清晰可见的过程。② 这一过程能够帮助学习者深入理解自身的思考路径，从而提升问题解决能力。在传统教室中，教学重心通常是学科知识的传授与理解，而虚拟教室则侧重通过技术手段实现思维过程的可视化。虚拟教室利用多样化的工具和技术手段，使学生的思维路径和策略更加直观，从而有效地增强问题解决能力。学生在虚拟教室中使用多种工具进行思想表达的过程，以及教师借助技术工具进行指导的过程，均体现出不同的特征。教师应选择适宜的可视化呈现方式辅助教学，以进一步促进学生思维能力的发展。

4. 展示学习愿景的真实化

虚拟奇趣教室可以通过可视化技术，将学习成果和未来愿景具体化、真实化，让学生对学习的目标和方向有清晰的认识。例如，在虚拟职业体验中心，学生可以提前接触不同岗位的工作环境和任务，从而激发学习动力和培

① 张洁．基于境脉感知的泛在学习环境模型构建 [J]. 中国电化教育，2010(2)：16.

② 刘濯源．思维可视化——心智型教育技术破茧而出 [J]. 中国信息技术教育，2015(21)：1.

养职业规划意识。同时，教师展示学习成功案例，可以增强学生的成就感和自信心，激励学生不断努力。

 虚拟奇趣教室建设的目标

教育数字化的发展，为我们建设虚拟奇趣教室提供了契机。虚拟奇趣教室是为满足学生个性化学习和教师专业化发展需求而建设的虚拟教学空间。在教育数字化发展过程中，人们开始意识到，信息技术的进步不仅改变了学生的学习方式，也改变了教师的教学方式。附小的虚拟奇趣教室主要有角色体验游戏室和自由学习社区室两种形态。

（一）无限放大学习时空

通过虚拟技术的应用，我们能够突破时间和空间的限制，为学生提供更加灵活且个性化的学习模式。相较于传统教学模式，虚拟奇趣教室使学生能够在任何时间、任意地点利用各类设备进行学习，从而显著提升学习的自主性和效率。

虚拟奇趣教室为知识的呈现提供了更多可能。教师可以突破传统多媒体空间立体性缺失的局限性，通过转换第一视角和创设体验环境给学生呈现更直观的信息，为学生提供全面、鲜活的学习体验，促进学生整体感知。典型案例有：跨越时空的历史事件再现、特殊场景（火山、宇宙等）互动体验、微观世界（细胞、原子等）的深入探究以及全球文化的无缝对接。

（二）全域化学习资源

全域化学习资源是指在虚拟奇趣教室中，学习资源涵盖了多个学科领域和多种学习形式，为学生提供更加丰富多样的学习选择。在传统的教学模式中，学生只能在课堂上接受特定学科的教学内容，学习资源有限，缺乏全面性和多样性。虚拟奇趣教室实现全学科学习资源的共享，打通学科、学段、

区域等的界限，使教室空间成为一个资源共享的平台，形成线上、线下融合的“大学习”环境，真正实现课程的衔接，为学生提供更加全面和多样的学习体验。

（三）建立学习元宇宙

学习元宇宙指向一种更多维的学习空间，空间中的每个成员都是场域的一部分，共同体验和塑造元宇宙中的文化与精神。学习元宇宙需要满足学生个性化的学习需求，推动教育教学从统一化、规范化向个性化、终身化方向发展。教师和学生既可以开展面对面教学，也可以在虚实融合空间同步“在场”交流互动，还能够自行设计个人专属的教学空间。在设计和建设过程中，根据学科特性和课程要求，从用户体验出发，兼顾教和学两方面的需求，重新定义教学空间的功能和属性，实现教学资源可交互、学习结果可测量，提升学生在资源获取、情境理解、审美感知等方面的学习体验，满足多样化学习需求。

三 虚拟奇趣教室的设计思路

学校的虚拟奇趣教室，从物理空间的角度看，是“智能化”虚拟教室；从教学设计的角度看，是“项目化”活动空间。在此空间里，学生能够自由地交流想法，协作解决问题，并共同推进项目的开展。在虚拟奇趣教室的建设过程中，我们不仅要关注技术层面的实现，更要注重教学理念的融合与创新。学校在虚拟奇趣教室的前期设计中，特别关注学习环境营造、教学活动设计以及学习评价机制建立等方面。

（一）构建沉浸式学习环境

沉浸式学习环境是虚拟奇趣教室的核心特征之一。我们可以借助通用虚幻引擎 5（UE5）等先进的游戏开发引擎，结合 VR 或 AR 技术，构建出高度仿真、互动性强的学习环境，并以项目制作为虚拟奇趣教室的核心驱动。我们通过设定具有挑战性的项目任务，引导学生在虚拟环境中探索、合作和创新。这些项目可以围绕真实世界的问题或挑战展开，如解决环境污染问题、设计未来城市等。在项目执行过程中，学生可以运用多学科的知识和技能，通过团队合作、资源整合和问题解决等方式，不断提升自己的综合素质。

（二）设计互动性强的教学活动

在虚拟奇趣教室中，教学活动的设计应围绕提升学生的参与度和互动性展开。尤其在人工智能高速发展的今天，我们对虚拟教学应用场景的设计，包含智能硬件设备定制、信息收集平台搭建、师生互动平台设计和教师教学辅助工具逻辑论证四大方向。我们通过引入游戏化学习、角色扮演、协作探究等多种教学活动，激发学生的学习兴趣和积极性，并记录过程性数据。

同时，这些互动性强的教学活动还能鼓励学生主动思考、提出问题并寻求解决方案。例如，在角色体验游戏室的“探索宇宙奥秘”项目中，学生可以扮演宇航员，在虚拟宇宙中自由探索，并通过小组讨论和协作研究，解决宇宙探索中的实际问题。

（三）建立多元化的学习评价机制

学习评价机制是保障教学质量和促进学生发展的重要手段。在虚拟奇趣教室中，应建立多元化的学习评价机制，包括过程性评价、结果性评价以及同伴评价等多种方式。通过记录学生的学习过程、分析学习数据以及收集同伴反馈，教师可以全面了解学生的学习情况和发展需求，从而为学生提供个性化的指导和支持。同时，学生也可以通过自我评价和反思，不断完善自己的学习方法和策略。

（四）注重技术与教育的深度融合

虚拟奇趣教室的建设离不开技术的支持，但技术的运用应始终服务于教育目标。在建设过程中，我们注重技术与教育的深度融合，将技术作为提升教学质量和效率的工具和手段。在虚拟奇趣教室中，我们不仅要关注知识的传授，更要注重学生核心素养的培养。通过设计跨学科、综合性的学习内容，引导学生在解决问题的过程中，锻炼批判性思维能力、创新能力和团队协作能力，提升信息素养。在此基础上，学校通过不断探索和实践，形成具有附小特色的虚拟奇趣教室教学模式和管理机制，为师生提供优质的教学和学习体验。

虚拟奇趣教室是新课标视角下学校对学习环境的重构，也是面向未来的勇敢尝试。它不仅是技术创新的产物，更是附小教育理念与教学模式深刻变革的体现。建设虚拟奇趣教室，我们旨在打破传统教育的界限，构建一个无边界、无时限的学习生态系统，让每个孩子都能在这个充满无限可能的世界里自由翱翔，探索未知。

第二节　自由学习社区室建设

附小的自由学习社区室的概念来源于 1995 年美国圣地亚哥州立大学教育技术系的伯尼·道格和汤姆·马奇创立的 WebQuest 课程计划。在这个虚拟教室中，呈现给学生的是一个特定的假想情境或者一项任务，伴随一个需要解决的问题。课程计划为学生提供了一些网络资源，并要求他们通过对信息的分析和综合来提出创造性的解决方案。

 教室定位

自由学习社区室鼓励自由学习、跨年龄交流和开放共享。自由学习社区室可以成为一个充满活力和创造力的学习平台，让每个人都能够实现自己的学习目标，并且与他人共同成长。社区的成员可以在这里自由地学习、交流、分享和互助，共同探索知识的无限可能。

（一）关注学生的兴趣

基于小学生的年龄特点及认知规律，并结合我校“快乐读书吧”课程建设的丰富实践经验，我们鼓励学生依据个人兴趣与需求进行自主学习。

此外，我们还根据学生的阅读兴趣和阅读需求，全面开放图书馆、阅览室等学习场所。学生利用自由学习社区室的线上检索功能，可以根据个人需要自由借阅书籍，从而进一步拓宽学习视野，提升自主学习能力。

（二）让学生在“做中学”

为了进一步提升学生的自主探究能力和创新实践能力，我们积极推行自主探究学习模式。我们通过实施该模式，激发学生对知识的好奇心和探索欲望，鼓励学生动手操作，从而有效提升学生的创新实践能力。

（三）引导学生合作探究

我们利用虚拟图书角资源和学校图书馆资源，让学生自由选择喜欢的图书进行阅读学习，并鼓励学生通过小组合作解决学习中遇到的困难和问题。学生在合作探究中培养合作意识和协作能力。

（四）符合教学实际需要

小学的自由学习社区室建设首先要考虑到实用性，即符合教学的实际需要，体现出与教学实践的紧密结合。在实际的建设过程中，我们充分考虑到各个方面的因素，如学生的年龄特点、性别差异、性格差异、学习基础等。

我们将自由学习社区室作为学生自主学习与合作学习的场所，让学生在此进行小组讨论或合作探究活动；也可以将其作为教师指导学生自主学习、自主管理的场所；还可以将其作为学校文化建设的重要阵地，如通过虚拟墙面布置、虚拟墙面展架等来营造校园文化氛围。此外，教师还可以通过自由学习社区室为学生提供更多发展兴趣爱好、提升综合能力、拓宽知识视野的平台。

同时，我们可以将自由学习社区室的虚拟空间向外延伸，使整个空间具有多样性特点。多样性主要指学习空间根据学生的不同需求进行设计。例如，在一般的虚拟教室外设置虚拟图书馆、阅览室及游戏室等，可以根据学生的年龄特点和实际需求进行设计。

二 教室设计与开发

自由学习社区室的设计与开发，注重社区学习空间的丰富性和多样性，让每个学生都能在教室中找到自己感兴趣的学习内容；同时注重社区学习空间的交互性，让学生在互动交流过程中促进思维的发展。

（一）创意设计

自由学习社区室作为虚拟奇趣教室之一，拥有一个完整的在线平台，支持多种虚拟交互，如语音交流、多人游戏、协作学习等活动。其中，语音交流是该平台的最大特色。当师生在虚拟空间使用摄像头和麦克风进行交流时，根据所在区域，语音交流模块自动调节参与者的音量，增强交互的真实感。针对不同场景的特定需求，平台还提供特殊语音效果的设置功能。例如，在图 6-3 所示的小组讨论场景中，当参与者进入小组讨论空间，就可以听到讨论内容；在图 6-4 所示的讲台场景中，当教师的虚拟化身处于聚光灯下时，虚拟场景中所有人都能听到教师的发言。此外，虚拟课堂还支持多种授课形式，如支持教师授课时的单音频声音传播和讨论发言时的多音频声音传播。在休息空间，学生可以互动交流和进行多人游戏。例如，学生自主创建并共享教学地图，当虚拟化身彼此靠近时，将自动弹出窗口开展对话，如图 6-5 所示。学生还可在学习空间中打开一些小游戏，如图 6-6 中的中国传统 24 点计算等，充实课间活动，缓解学习疲劳。此外，平台还支持画面共享和协作学习。例如，教师通过画面共享功能，介绍和讲解教材内容，随

图 6-3　小组讨论场景

图 6-4　讲台场景

图 6-5　课后交流场景

图 6-6　互动游戏场景

后，学生可通过音频、视频等资源深入理解并掌握所学内容，还可以多人协同的方式记录课堂笔记。

（二）项目规划

项目一：知识分享平台。在知识分享平台上，社区成员可以创建自己的个人主页，发布文章、日记、教程、演讲稿等，展示自己的专长和兴趣爱好。

项目二：学习小组。学习小组可以设立专门的论坛或聊天室，选择学习材料，制订学习计划，定期举办线上会议。

项目三：导师计划。用户可以通过平台上的导师页面申请成为导师，并上传自己的专业背景和教学经验。社区管理员可以审核并选择合适的导师。

项目四：在线课程。在线课程平台可以提供多样化的课程选择，包括录制的视频课程、在线直播课程和互动式课程。

项目五：学习资源库。学习资源库可以按照学科、主题和难度级别进行分类，方便学习者浏览和搜索。

三 应用案例

“元宇宙附小探索记”主题学习

元宇宙附小是基于虚拟现实技术和网络技术构建的网络虚拟现实环境，在多学科的教学中得到应用。在元宇宙附小的探索之旅中，学校积极探索并融合了多元化的教学手段和策略，以进一步丰富虚拟奇趣教室的内涵与外延。

（一）元宇宙技术的优势

自由学习社区室是学校利用元宇宙技术为学生提供的一个沉浸式的虚拟

学习环境。这种环境使学生仿佛置身于真实的教室和社区，增强了学习的生动性和直观性。例如，学生可以在虚拟的百年校史场景中穿梭，“亲历”历史事件，从中获得启发与感悟；或在虚拟实验室中进行科学实验，观察实验现象，从而深化对科学知识的理解。

此外，元宇宙技术突破了地理限制，促进了全球学生之间的学习和交流，让学校的国际交流工作找到新的创新点。学生可以在虚拟教室中与来自新加坡、泰国等结对学校的同龄人合作完成项目，培养国际视野和跨文化沟通能力。

在这种环境中，教师的角色也发生了转变，他们不仅是知识的传授者，更是学习的引导者和协作者。教师可以利用元宇宙技术设计富有创意和互动性强的教学活动，激发学生的学习兴趣和创造力。

（二）元宇宙附小教育空间的构成要素

元宇宙附小教育空间各个部分相互依存、相互促进，形成一个有机的整体。教育者、学习者、课程内容、技术支持和教育环境等各个方面相互交织，共同推动教育的创新和发展。这种协同合作，能够促使教育生态系统不断适应新的挑战和需求，为学习者提供更加丰富和多样化的学习体验。

1. 虚拟学习场景

元宇宙提供的三维沉浸式虚拟空间，突破了传统二维虚拟空间在用户自我感知和情感表达上的局限性。这些场景或重现校园、实验室布局，或呈现创意设计，激发了学生的学习主动性和参与感。研究表明，交互度和自由度越高，学生的认知投入度越高。在这种环境中，学生可以全方位参与探究学习活动，充分调动视、听、触等多种感觉，促进高级思维的发展。

2. 技术支撑

元宇宙的运行依赖于技术的迭代和集群式发展。混合现实技术为学校元宇宙落地提供了保障。我们引入了区块链技术，确保了元宇宙附小的安全和运行，而人工智能技术则在部分场景中帮助学生与系统角色实现智能交互，如艺术创作空间的 AI 助手，将学生编写的程序进行动态可视化呈现。

3. 学习数据记录

在元宇宙附小中，学习数据的记录和分析是通过先进技术实现的。通过采集、监测和分析用户学习数据，可以实现全面和精准的评价。元宇宙附小中的科学实验室具备实时反馈功能，能提示学生实验过程中的操作错误并记录，为个性化教学提供可能性。

4. 数字教育资源

数字资源是元宇宙附小教育空间的核心部分，也是最难设计的内容。元宇宙附小通过“多源异构”的设计，将分散的数字资源整合在一起，允许二维资源和三维资源同时存在。在三维空间，教师可以通过弹出对话框的方式呈现传统二维课件，弥补元宇宙附小资源不足的缺陷，同时形成可视化图谱，帮助学生了解知识脉络。另外，学校也与专业的技术服务商合作，开发数字资源，实现信息的立体化展示和教育资源的共建共享。

（三）元宇宙附小的主题设计

我们充分发挥元宇宙附小的功能与优势开展主题活动，实现技术与学习过程的有机整合。在此基础上，元宇宙附小通过不同的场景搭建和衔接，将不同学生连接起来，为学生提供个性化和多元化的体验，增强学生的空间真实感和在场感。

1. 历史探索之旅

在“校史馆”，学生仿佛穿越了时空的隧道，亲身感受到学校的沧桑巨变。他们可以聆听学校童子军的传奇故事，感受先辈们的英勇与智慧。通过丰富多彩的互动展览和历史事件模拟体验，学生不仅能够学习到重要的历史知识，更能深刻理解文化的传承与发展。

2. 科学实验室

“科学实验室”这一主题设计旨在让学生通过虚拟科学实验，深入探索那些在传统课堂上无法直接体验的实验现象和原理。学生可以在虚拟环境中安全地进行各种科学实验，从而揭开物理、化学、生物等学科的神秘面纱。这种互动式的学习体验不仅能够激发学生对科学的兴趣，还能有效地培养他们的科学探究能力和创新思维，使他们在面对复杂问题时能够灵活运用所学知识，提出创新的解决方案。

3. 自然生态园

在元宇宙附小的“花园花海”以及“校园”内的植物区域，学生可以深入了解植物的生长历程与生态系统的运作机制，并有机会探寻“校园”内小动物的栖息地，共同探秘这些奇妙生物的家园。通过观察和学习，学生可以亲眼见证植物从种子发芽到开花结果的全过程，感受大自然的神奇与奥妙。同时，他们还可以将线上学习与线下实地考察结合，了解动植物之间的相互依存关系，以及它们在生态系统中的重要作用。

4. 艺术创作空间

在元宇宙附小的艺术创作空间，学生能够体验到独一无二的艺术创作过程。这个空间巧妙地将人工智能技术与传统美术结合，让学生有机会通过编程和算法来创作出独具特色的艺术作品（见图 6-7）。在这里，学生可以将自己的作品展示给同学们，让他们欣赏和评价，从而获得宝贵的反馈和建议。

5. 国际交流中心

在元宇宙附小的游戏空间，学生积极参与“24 点竞赛”和“中国象棋对抗”等活动，不仅锻炼了思维能力，提高了策略水平，还承担起了文化传播责任，向不同文化背景的参与者展示了中国传统文化的独特魅力。

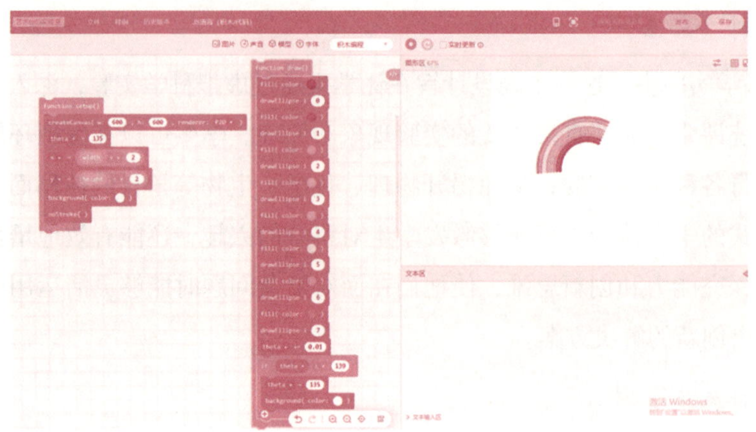

图 6-7　学生在艺术创作空间绘制彩虹

6. 职业体验中心

在“职业体验中心”这个充满创意与注重实践的场所中，学生有机会通过角色扮演来深入了解学校内各种不同的职业。例如，他们可以亲身体验“老师的一天”，从备课、上课到批改作业，全方位感受教师职业的日常；体验“食堂大厨的菜单”活动，学习设计营养均衡的餐单，掌握烹饪技巧，了解餐饮管理的流程。通过这些丰富多彩的体验活动，学生不仅能够更直观地了解社会职业结构，还能在实践中发现自己的兴趣所在，从而激发对某些职业的热爱之情。

丰富的学习资源和活动形式，促使学生在探索新知、动手实践和互动交流的过程中不断学习和成长。学生在学习过程中培养了自主学习的能力，掌握了解决问题的技巧，并且在与他人的合作与沟通中提升了社交能力。

（四）教学过程设计

元宇宙附小中的教学过程设计包括引言、任务、过程、资源、评价和结论六个环节。下面以“神秘的校园动植物”这一探究活动为例进行具体说明。

1. 引言设计

引言设计旨在为学生构建一个具体的学习背景，在虚拟环境中赋予他们特定的角色身份，使他们肩负起责任与使命，进行深入的虚拟探索与研究。在“神秘的校园动植物”探究活动中，教师在引言环节向学生发出了投入校园中动植物研究的活动指令。

2. 任务设计

任务设计，是指教师对学生设定具体行动要求。这些任务需具有一定的挑战性，但务必处于学生能力可及的范围之内。它们应当紧密关联教学目标，明确阐述学生即将投入的活动内容，以及预期达成的具体成果。值得一提的是，WebQuest 模式下的任务设计更多元化，包括在虚拟元宇宙校园中展开探索之旅，访问虚拟学习社区并进行深入考察，参与虚拟报告会等形式的交流互动活动，撰写关于虚拟探究学习历程及成果的报告，以及在虚拟环境中进行创意作品的构思、设计与制作，等。“神秘的校园动植物”的任务设计如表 6-1 所示。

表 6-1 “神秘的校园动植物”任务设计

<table>
<tr><th>主题</th><th>活动目标</th><th colspan="3">WebQuest 任务设计</th></tr>
<tr><td rowspan="6">神秘的校园动植物</td><td rowspan="6">1. 使学生了解校园草本植物和木本植物的种类。
2. 使学生掌握各种校园动物的体貌特征、生活习性，了解校园的生物链等。
3. 使学生了解学校生物资源的丰富性。</td><td rowspan="4">分组在元宇宙校园和虚拟阅览室进行探索研究，完成小组任务，撰写阶段成果报告。</td><td>草本植物研究组</td><td>调查校园草本植物的种类、特征及其之间的区别；调查草本植物对校园环境生态的影响，以及对生物链的影响。</td></tr>
<tr><td>木本植物研究组</td><td>调查木本植物的种类；进行木本植物果实成熟的研究。</td></tr>
<tr><td>动物研究组</td><td>探索校园动物的种类及各种动物的体貌特征；研究动物（蜜蜂、鸟类等）的生活习性；总结校园的生物链。</td></tr>
<tr><td>校园环境研究组</td><td>调查校园动植物的生存环境；调查影响植物生长的因素；调查校园植物对周边环境的影响。</td></tr>
<tr><td colspan="3">举行集体会议，做阶段成果汇报，进行讨论。</td></tr>
<tr><td colspan="3">制作文字、图片、视频等形式的报告。</td></tr>
</table>

3. 过程设计

形式多样且内容丰富的探究活动，能够有效促进学生智力、技能的发展与提升。“神秘的校园动植物”这一虚拟探究活动不仅涵盖小组合作任务，还涉及校园生物作品的展示以及讨论室中的深入交流，这些环节共同构成了一个全面系统的学习过程，有助于学生在实践中增长知识、提升能力。

4. 资源设计

虚拟场景中的资源，不仅包括虚拟世界的学习社区环境，还包括虚拟世界之外的更多学习资源。在“神秘的校园动植物”探究活动中，学生不仅可以利用虚拟元宇宙校园，还可以使用包含图书、视频、网址等信息的虚拟阅览室。学生可以点击链接进入相应网站进行知识的探究。

5. 评价设计

教师应对学生在虚拟环境中的探究学习给予肯定和鼓励，同时在出现问题时进行纠正。评价能促使学生对自由学习社区室的学习过程进行反思。自由学习社区室的评价可以依据学生虚拟化身的行为表现和多样化的作业进行。“神秘的校园动植物”的活动评价如表 6-2 所示。

表 6-2 “神秘的校园动植物”活动评价

评价内容		等级水平			
		优秀	良好	及格	不及格
行为表现	探究行为				
	交流行为				
	报告行为				
呈交作品的质量	文字作品				
	图片作品				
	视频作品				
	立体模型作品				

6. 结论设计

结论部分是对活动的总结和反思。教师在启发学生深入思考的同时，还要鼓励学生开始新的 WebQuest 探究学习，使探究学习循环起来，不断完善学生的知识结构。

“神秘的校园动植物”的总结是在虚拟学校交流会上开展的：演示了各个校园生物报告，肯定了“科学家”身份的学生的探究成果。这使学生的动植物探究变得更加真实、有意义。

（五）实践总结

虚拟现实环境为多种项目化实践提供了极为理想的平台。在国际上，众多教育学者对虚拟现实软件作为教学工具所引发的疑问，如娱乐性对学习效果的可能影响以及如何有效防范不良信息的渗透等问题，均持高度关注态度。诚然，任何技术或工具均难以达到尽善尽美的境界，附小的自由学习社区室亦不例外。

然而，不可否认的是，在小学阶段，为充分发挥虚拟环境的优势并克服潜在问题，我们必须对虚拟环境进行深入的探索与研究，致力于设计并开发出适合阶段性学习使用的教学模型。唯有如此，我们才能有效规避数字技术的风险性，充分发挥其优势，进一步推动虚拟教学实践的完善与发展，最终实现虚拟环境中学习效果的显著提升。

第三节 角色体验游戏室建设

角色体验游戏室旨在通过模拟真实或虚构的情境，让学生在扮演不同角色的过程中，深入理解和掌握知识、技能。这种教学方式能够激发学生的学习兴趣，提高他们的参与度和动机水平。

一 教室定位

角色体验游戏室通过模拟情境和角色扮演促进学生多方面发展。它基于VR技术，扩展物理学习环境，为学生提供丰富的学习体验和资源。其特征如下。

沉浸性：用户感觉真实存在于虚拟环境中，从观察者变为参与者。

交互性：利用眼球识别、语音、手势等技术，实现高效、自然的人机交互。

想象性：在虚拟环境中，学习者通过想象、联想等思维过程获取更多知识。

（一）角色体验游戏室强化沉浸体验

由于VR学习环境具有三维视觉特性和逼真性，能够模拟课堂、社交、实验、游戏、购物等情境，非常适合情境化学习的开展。如图6–8所示，师生可以在虚拟空间站内开展情境化教学，学生获得了在现实世界无法获得的

图6–8　天宫空间站VR视觉场景

体验。VR 为情境化学习的开展提供了新的渠道和工具，强化了学生的沉浸体验，有利于学生的感悟和顿悟。

（二）角色体验游戏室支持多感官交互

角色体验游戏室环境中的学习是多感官参与的过程。学习者通过视觉、听觉、触觉等获取 VR 环境信息，加工后制定决策并作用于环境，形成学习闭环。多感官交互，协调人机环境，有助于促进深度沉浸和高效学习。

 教室设计与开发

（一）功能分区

功能分区是角色体验游戏室设计中必须考虑的问题，游戏室主要有角色扮演区、知识讲解区、实验操作区、资源展示区等几个功能区。

（二）交互设计

交互设计在角色体验游戏室中至关重要，它根据学生需求提供不同情境下的操作方法和规则，确保学生积极参与角色体验，提高教学效果。比如，在虚拟天宫空间站中需要将学生分为几个小组，每个小组成员根据自己的角色操作相应的实验，那么在交互设计时就需要将每个角色扮演实验设计为相应的界面，而且点击界面上不同位置的按钮，可以改变角色扮演实验操作，让学生可以更加直观地掌握不同角色扮演实验操作方法。

（三）软件系统

在软件系统方面，应考虑以下几点。

第一，让学生自主操作的功能。

第二，数据存储及备份功能。

第三，互动功能。

应用案例

“站在天宫看世界”主题学习

虚拟角色体验游戏是一种新型的角色扮演类游戏教学模式，是指在虚拟教室里模拟真实的环境，让学生通过角色扮演进行学习。《义务教育科学课程标准（2022 年版）》提出，5 ~ 6 年级学生能基于所学知识，从事物的结构、功能、变化及相互关系等角度提出可探究的科学问题和研究假设，制订比较完整的探究计划，设计控制变量的实验方案。本案例通过模拟天宫空间站在太空中的失重环境开展多项空间实验。在虚拟教室中，学生能够进行可控实验和数据记录，有利于提高实验的准确性和可重复性。

（一）沉浸式环境体验

教师可以通过角色体验游戏室给学生提供一个完整的教学情境，让学生扮演不同的角色，教师引导学生完成指定任务。这不仅可以调动学生学习的积极性，还可以培养学生的科学素养。虚拟角色体验游戏室为教师提供了一个可操作的空间，使得科学知识不再局限于传统课堂，能够让学生在模拟场景中自主进行探索、实验、实践等活动，有利于提高学生的学习兴趣。

1. 关卡式流程设计

（1）时空穿梭。在角色体验游戏室中，学生通过虚拟现实技术，体验从地球到天宫空间站的旅行过程。在这个过程中，学生将经历物理环境的变化，感受重力减小、视觉效果的变化等。这不仅能够增强游戏的趣味性，还能够让学生对太空旅行产生直观的认识。

（2）角色切换。在角色体验游戏室中，学生可以扮演不同的角色，如宇航员、科学家或者工程师等，每个角色都有特定的任务和技能。这种角色切换的设计可以让学生更加深入地了解不同职业在空间站中的工作内容和面对的挑战。

2. 虚拟实验

（1）实验具有可重复性。科学实验往往需要提供足够的信息，包括数据和程序，以便其他研究人员能够重现实验结果。角色体验游戏室的系统可实时记录学生的实验操作过程。在虚拟实验环境中，科学实验具有可重复性，学生可以反复尝试、探索。

（2）可以切换基础的物理环境。基于虚拟现实技术的沉浸式科学实验平台，可以让学生在不同的物理环境下进行实验操作。这不仅能够模拟真实的太空环境，还能够让学生体验到不同条件下进行科学实验的乐趣和挑战。

3. 多感官体验和实时反馈

（1）真实感体验。角色体验游戏室通过提供视觉、听觉、触觉等多种感官刺激，使学生获得接近真实的情境体验，极大地提高信息吸收水平和记忆效果。同时，学生能全方位地感知实验反馈，从而更好地理解和掌握知识。

（2）学习评价反馈。角色体验游戏室利用沉浸式 AI 大模型对学生的学习进度和实验操作结果进行实时评估和反馈（见图 6–9），可以帮助学生及时了解自己的表现。同时，教师也可以根据学生的表现调整游戏难度和内容，以达到最佳的教学效果。

（二）角色体验游戏室的实践优势

角色体验游戏室通过模拟实验，帮助学生更直观地理解抽象知识，并激发学生的学习主动性。它利用多媒体展示抽象的学习内容，使教学更生动、直观。虚拟天宫空间站整合了信息技术与学科课程，丰富了课程内容，使学生强化了对知识的理解和记忆，提高了学习效率。虚拟实验室能记录实际环

微重力环境弹簧测力计测量力

▶易错项

序号	类型	次数	评分点名称	解析	易错率
1	操作错误	2	测相互作用力	将两个弹簧测力计放在水平桌面上钩在一起向两侧拉。	
2	操作错误	1	弹簧测力计调零	观察测力计的量程和分度值，调整刻度盘使指针对准零刻度线。	
3	操作错误	1	取下钩码和弹簧测力计	取下钩码，将弹簧测力计平放在桌面上。	
4	操作错误	1	测手的拉力	用手竖直向下用不同的力拉弹簧测力计，手的拉力不能超过弹簧测力计的量程。	

图 6-9　微重力环境弹簧测力计测量力实时评价反馈（界面截图）

境中难以获得的实验数据，为数据分析提供了基础。教师分析这些数据能够及时发现教学中的问题。

1. 激发学生学习的主动性

在角色体验游戏室，学生不受时间、地点、设备限制，可根据实际情况和兴趣选择学习方式。这种模式符合现代教育理念，强调自主、合作、探究和创新，能激发学生的学习主动性，培养学生的创新思维和创新能力。

2. 提高教师的教学效率

传统实验教学在实验室进行，教师讲解实验，学生进行实验操作，但操作的时间和次数都会受到限制，且难以满足学生的个性化实验需求。虚拟实验室可以增加学生的实践机会，它具有交互性、开放性特点，可以及时记录实验数据，并通过计算机分析得出结论。同时，虚拟实验室允许教师根据反馈调整实验内容，促进学生自主学习和探究。

（三）“站在天宫看世界”教学设计

在教学中，根据学生的年龄特点、心理特点、认知规律，教师采用游戏、小组讨论、角色扮演等多种教学方法，通过多种手段激发学生的学习兴趣，以促进学生主动地参与到学习活动中。在角色体验游戏室，VR 游戏是课堂上必不可少的教学方法，学生通过游戏可以直观地理解、记忆某些知识。

1. 项目设计

本项目系列实验模拟中国天宫空间站微重力环境，构建“设计—处理—验证—分析”完整的实验流程，将在线学习、虚拟实验操作和实时评价结合，完成整个微重力观测与空间浮力分析实验教学活动，使学生掌握微重力环境基本物理概念，以及未来登陆月球和火星的基本理论框架。系统首先对实验进行了整体介绍，展示了天宫空间站元宇宙系列课程。通过 VR 视角，学生完全沉浸在空间环境中，按元宇宙课程学习关卡有序开展学习活动，如图 6–10 所示。

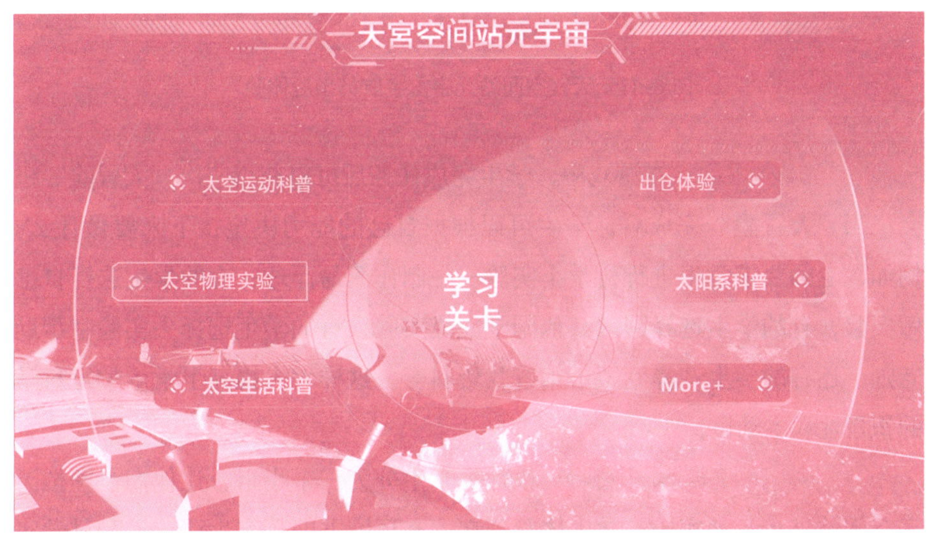

图 6–10　天宫空间站元宇宙课程学习关卡

2. 教学设计

（1）“我是小小科学家”。每个学生根据自己的能力和兴趣扮演不同的角色，如宇航员、飞行工程师等，进行一些有趣的活动，如宇航员出舱体验（见图 6–11），或制作一些简单的小玩意儿等。在这个过程中，学生不仅能充分发挥自己的创造力，还能培养团队合作精神和动手能力。

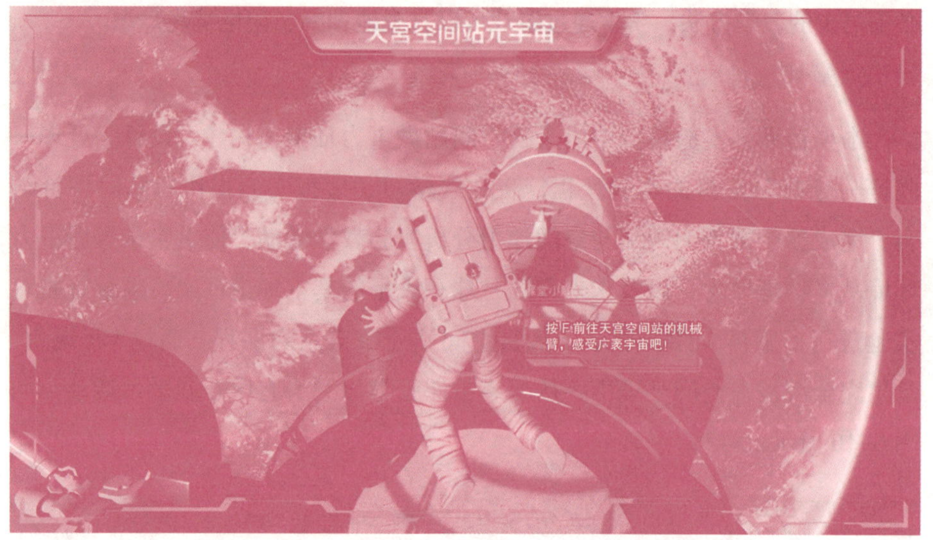

图 6-11　天宫空间站元宇宙宇航员出舱体验

（2）“大冒险”。在游戏中，学生完成任务后可以获得一次“大冒险”机会。当“大冒险”完成后，学生可以根据自己的能力决定接下来要做什么。例如，老师要求学生进行科学小实验——制作简易浮球，有的学生选择自己做实验，有的学生选择帮助其他同学完成实验，有的学生选择去实验室帮助老师，还有的学生选择到图书馆查找资料等。这样大大提高了学生学习科学的积极性和主动性。

（3）虚拟天宫空间站实验。教师把学生分为三个小组，让他们在虚拟天宫空间站进行各种实验。学生体验到在太空环境下的真实生活场景和科学实验场景。

实验一：教师指导学生做太空浮力实验。教师先将虚拟空间实验所需要的材料准备好，然后让学生亲自动手做实验。在这个过程中，教师始终注意让学生去观察实验现象，引导学生分析问题。例如，教师引导学生思考为什么浮球会上浮，从而使学生真正理解密度的概念。当学生掌握了密度的概念后，教师又让学生讨论密度与哪些因素有关，学生通过讨论能说出与密度有关的因素。最后，再让学生通过观察实验现象巩固对密度的理解。

实验二：抛物实验，如图 6–12 所示。学生头戴 VR 头盔，使用 VR 手柄，模拟扔出的动作。

实验目的：利用各类虚拟技术模拟不同重力条件下物体的运动轨迹，让学生理解重力对物体运动轨迹的影响，加深对物理学中重力概念的理解。

实验材料：VR 头盔、VR 手柄、电脑、利用软件（如 Unity 或 Unreal Engine）开发的模拟环境。

实验步骤：

①确保 VR 头盔与手柄正确连接并配对。根据需要调整 VR 设备的设置，如分辨率、刷新率等，以获得最佳的视觉体验。

②设计模拟环境，模拟不同的重力条件，可以是简单的二维平面，也可以是更加复杂的三维空间。在模拟环境中创建一个小鸭子模型，并赋予它基本的物理属性，如质量、形状等。

③让学生通过 VR 手柄控制“扔出”小鸭子的动作，可以根据手柄的型

图 6–12　天宫空间站元宇宙抛物实验

号调整手柄的使用方法，通常包括移动、旋转、抓取等基本操作。

④设置不同的重力条件，例如地球标准重力、两倍重力、一半重力等。每种条件下，学生都需要尝试“扔出”小鸭子，并观察其运动轨迹。

⑤记录并分析小鸭子在不同重力条件下的运动轨迹，比较它们之间的差异。可以通过视频录制或截图的方式记录下来，以便后续分析。

（4）小组讨论。让学生在小组里分享自己的研究成果和成功经验，互相帮助、取长补短。

（5）播放短片。在课堂上利用多媒体设备播放一些与科学知识相关的短片，如“有趣的空气动力实验”“神奇的浮力现象”“有趣的重力现象”“美丽的月球表面”等，让学生通过短片了解不同物体在重力作用下的运动变化，加深对重力及其作用规律的理解和掌握。

（6）动画演示。在课堂上，教师使用动画，给学生展示不同类型的科学实验和科学现象。例如，在讲解浮力现象时，教师给学生展示将生活中常见的物品，如气球、塑料瓶、塑料盆、小皮球等放进水里后的现象，让学生直观地了解影响浮力的因素。在讲解浮力定律时，教师也通过动画给学生演示，帮助学生理解原理。

（四）评价与总结

本案例评价采用形成性评价与终结性评价相结合的方法。其中，形成性评价指在游戏过程中对学生的表现进行评价，主要包括归纳能力、操作能力、知识掌握程度、熟练程度、勤奋程度等。终结性评价是指在游戏结束后，由教师或其他参与者对学生参与游戏的表现进行评定，主要包括是否完成游戏任务以及是否有正确的科学观念等。

本案例中，学生在虚拟太空实验室中培养了对科学的兴趣，提高了合作能力、交流能力。在这一阶段，学生通过自主探究、合作学习、交流讨论等方式获得知识与技能，形成对科学世界的初步认识。因此，在教学过程中，教师要不断地引导学生通过自主探究、合作学习等方式认识科学现象和规律，并学会对科学事实进行收集和分析。

角色体验游戏室的 VR 沉浸式空间为学生提供了一种全新的学习体验。通过扮演不同的角色，学生可以身临其境地感受和体验各种场景，提高对特定主题或领域的理解和认识。后续我们将在这一主题基础上继续规划学习板块，如图 6–13 所示。

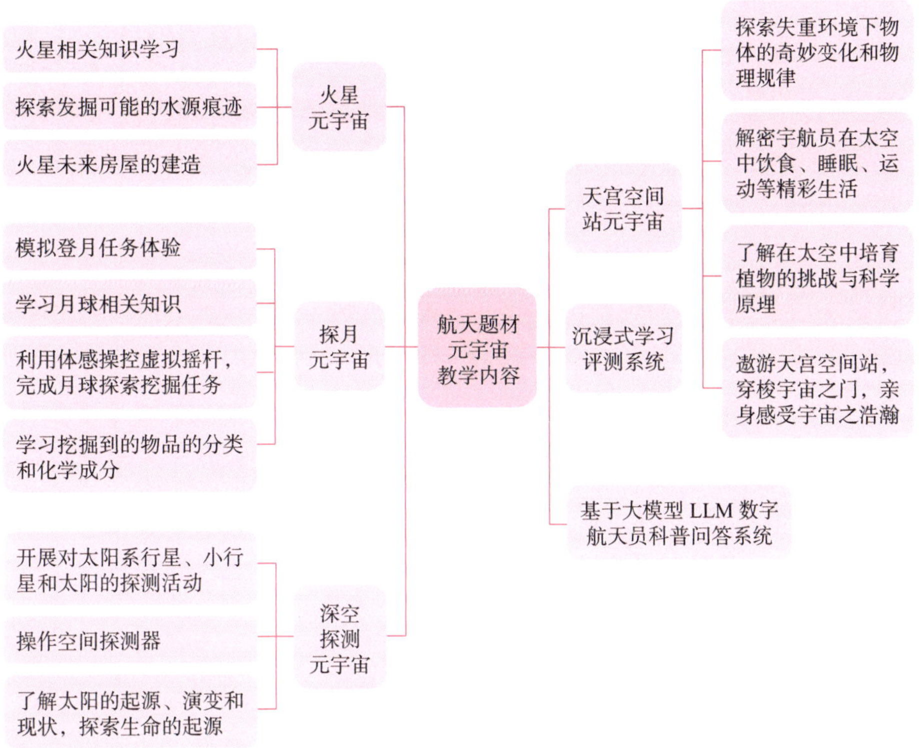

图 6–13　航天题材元宇宙教学内容板块（后续规划）

第七章

校园隐秘教室建设

校园隐秘教室又叫“角落教室”，是附小乐学教室的一种新形态。校园隐秘教室建设聚焦学校微观空间，打造育人场域，提供学科实践的新范式。

明晰隐秘教室建设的理念和目标，厘清隐秘教室建设的基本思路，聚焦隐秘教室建设的案例分析，有助于更好地开发隐秘教室学习环境，设计适应儿童发展的课程，赋能儿童完整成长。

第一节 校园隐秘教室建设的理念和目标

隐秘教室是一种有创新意义的乐学教室，它不像传统意义的普通教室那样有墙壁围挡，有桌椅矩阵。隐秘教室散布于校园各个角落，往往是司空见惯的假山流水、花园一隅、连廊转角，极具“隐秘性”。这样的隐秘教室，环境资源丰富，儿童自己发现环境，自己开发课程；这样的隐秘教室课程，不是从外部直接加入已有的内容，而是从儿童的经历和体验中“长”出来的。从这一角度来说，隐秘教室的空间形态、物理环境、课程内容都具有创新意义。

一 校园隐秘教室建设的理念

建设校园隐秘教室，要明确“环境”之于“课程”的重要作用，思考“环境在哪里”“环境为何用”“环境怎么用”，通过开放学习空间、创新自然教育、淡化目标控制、推动自主发现，成全儿童完整生长。

（一）开放学习空间

隐秘缘于事物本身不易被发现、常常被忽视的特性，与开放是辩证统一的。建设隐秘教室，就要让校园角落从“被忽视”变为“被看见”，让学生走进隐秘空间，在其中学习、探秘、成长。这样的学习有三重表征：个体性与社会性共生、隐秘性与开放性并存、恒常性与动态性互衡。

1. 个体性与社会性共生

隐秘教室是儿童的个人世界，对儿童来说，隐秘的环境具有私密性、个体性。在独处的环境里，儿童可以探究美好的环境，创造美好的生活，发现美好的世界。隐秘教室属于儿童同伴集体，具有社会属性。在生物本能上，人只有在社会中才能获得生命存在和延续的条件。在附小，儿童三五成群，共同发现校园隐秘的学习环境，在探寻与发现中成长。

2. 隐秘性与开放性并存

隐秘教室一般存在于校园角落，地理位置具有隐秘性。校园里学生司空见惯的假山、花园、浮雕，其实藏有课程密码，儿童走进其中，会开发出“百宝假山”“花园之声”等多形态课程。隐秘教室同时具有开放性，儿童与伙伴合作开发，同样的假山、花园、浮雕，会因为“人”的不同，生成新的意义。

3. 恒常性与动态性互衡

从客观上看，隐秘教室的物理意义恒常不变，在数量、形态、大小、颜色等方面都具有较强的稳定性。内部环境因素与外部因素相互作用，内部因素因外部因素的参与、干扰，会发生顺应或排异，处于动态变化中。

（二）创新自然教育

创新隐秘教室的教育形态，要重新思考“有”与“无”、“大”与“小”、“物”与“我”三对关系。

1. 从“有”到“无”

锡师附小的校园隐秘教室建设是一场从“有”到“无”的创新实践。从物型环境看，教室从有桌椅矩阵变成无边界形态；从教学形态看，教学从有教案教具走向无具体实物；从学习方式看，学习从有教师引导走向无主导约束。

2. 从“大”到“小”

隐秘教室建设是一场从宏观走向微观的校本实践。“小”是基于儿童，由儿童自己做课程，做自己的课程。“大”是基于课程目标，培养完整儿童，发展全体儿童。简言之，即“用小课程，做大文章”。

3. 从“物”到“我”

“物”是指现实意义的客观具象，“我”是指精神意义的主观对照。隐秘教室强调以儿童为中心，促使儿童在环境中找到自我、发现自我、提升自我。比如，学生走进乐玩园，先自主观察机械装置，明确跷跷板和平衡秋千属于杠杆，再通过小组活动发现“离支点越远越省力”的原理。

（三）淡化目标控制

儿童在隐秘教室学习，知识不是被给予的，而是通过自主发现、合作探究获得的；能力不是习得的，而是在应用中生成的；情感不是被灌输的，而是在融合中衍生的。隐秘教室的学习主张淡化目标控制，将目标隐含在环境中，在活动中自主生成。

1. 知识在探究间发现

在隐秘教室中，学习不是教师“给”的过程，而是儿童“探”的结果。校园中的假山、花园、浮雕等是学生司空见惯的，教师将观察植物、浮雕造型等任务嵌入其中，儿童带着动机、兴趣、情感去探究、发现、思考、创造，学习就产生了意义。学习目标指向“探”，学习评价基于“探”，探究成为知识习得的媒介与工具。

2. 能力在应用中生成

“做中学”的过程，就是能力运用与素养形成的过程。在隐秘教室，因场域特殊性，儿童的知识不是通过传统意义的“坐中学”习得，而是综合多种经验、方法，在实践中运用知识，形成关键能力。当儿童觉得一件事情驾轻就熟的时候，就是具备这项能力的时候。

比如，儿童走进乐玩园的能量场，为了探究悬铃木上的灯泡能够发光的原理，亲自骑脚踏车，观察、探究、分析、讨论，发现动能通过发电机转换为电能，电能又通过灯泡转化为光能的原理。

3. 情感在融合中衍生

发现知识、提升能力，能促进儿童不断挟着动机、兴趣投入下一阶段的学习，让儿童不断获得成功的学习体验，获得成就感、满足感。当认知发展与情绪情感相互促进，螺旋上升到更为广泛的认知、更为深刻的情感时，儿童的身心就完全融入课程世界，进入全然沉浸的愉悦境地，获得学习的最佳体验和效果。

以校园《乐学百子图》为例，学生探究浮雕上的人物、环境、情景，对附小校史中的人、事、物有了更深的了解，自主选择通过绘画、谱曲、舞蹈、写作、演讲、戏剧等方式表达对附小的赞美。学生在融合学习中增长见识，丰富情感体验。

（四）推动自主发现

隐秘教室中的学习，本质上是一种自主发现的学习。这样的学习重新回归儿童立场，儿童成为主体，主导课程实施，学习成为一种资源发现、趣味发现、秩序发现、意义发现的过程。

1. 在模糊中发现资源

在模糊中，儿童不再受限于传统的思维模式和固有的框架，他们敢于打破常规，勇于尝试新的思路和方法，把模糊视为实验场和发现资源的机会。隐秘教室的环境包括动物、植物，有动态的，也有静态的，丰富、杂乱、模糊。儿童用独特的方式、独到的眼光发现这里的密码，选择需要的资源。

乐花园里小桥流水、亭台楼阁、古树参天、花草繁盛，颇具古韵风情，俨然是一个隐匿于校园里的江南园林。学生初到乐花园，会被纷繁复杂的景致吸引。他们三五成群，漫步于乐花园中，移步换景，观察、讨论、探究，细赏自己喜欢的景致，不知不觉为“写一处景物”的习作积累了素材。在老师的指导下，学生说参观路线，讲自己眼中的乐花园。

2. 在平常中发现趣味

隐秘教室不是新开创的教室，也不是独家打造的场所，而是校园里司空见惯的一角一隅、一草一木。在成人看来，这些场所和事物意义单一，作用局限，很难进行二次开发。而对于儿童来说，这些场所会因为个人探秘或同伴解密而别有洞天，产生新的趣味，滋生新的因子，创生新的世界。

假山池水隐含多元的环境要素，蕴含着丰富的趣味：从数学角度看，假山按照怎样的比例进行设计，能与周围的环境和谐相融；从生物角度看，假山池水是真实的生态环境探究资源。儿童置身其中，发现池水里的水草具有环境清洁功能，小虫依赖水草、池水生存，鱼类又以小虫、水草为食，小鸟经常衔来草籽。在这样的背景下，池水、水草、鱼类、小鸟等环境要素，构成了乐花园中有趣的生态平衡系统。可见，对于寻常的环境要素，从不同角度能挖掘出不同的学科要素，赋予其不同的学科意蕴。

3. 在杂乱中发现秩序

隐秘教室表面上是杂乱无章的，实质上暗含多元、纵横交错的秩序。隐秘教室的各个元素有各自的意义和价值，从这一角度看，它们有自己的秩序。这样的秩序，需要儿童用眼去看、用手去摸、用心去悟，以自己的方式去打开世界，梳理秩序，形成独特的理解。

比如，儿童初入乐花园会有一种丰富而杂乱的感觉，一旦深入其中，会发现乱中有序。一是环境布局的秩序。我们依据植物的习性、外形、作用等，合理栽种、搭配、设计，使其具有秩序的美感。二是环境内部的秩序。上文讲到的生态平衡，本身就是一种秩序。因此，隐秘教室杂乱外表下蕴含着秩序，“杂乱”是显性的视觉内容，“秩序”是隐性的内在联系。

4. 在平庸中发现意义

“横看成岭侧成峰，远近高低各不同。”变换角度观察事物，能够从平庸中发现意义。儿童以自己的视角观察世界，认识世界，理解世界。成人眼中普通平常的隐秘教室，在儿童眼中则是另一个世界，儿童能在其中发现细微的变化，产生新奇的想象，展开特别的游戏。

以隐秘教室百年钟楼为例，它是一栋三层的建筑，乳白色的墙面，整个建筑的正面呈“凸”字形。学生参观钟楼，会发现钟楼一楼碑刻上的碑文记录着钟楼始建于 1933 年，迄今已有 90 余年的历史。学生读着碑文，联想到一系列问题，接下来带着问题走入校史发布会，了解附小百年历史，生成属于自己的学习意义和学习价值。

二 校园隐秘教室建设的目标

校园隐秘教室的各个角落是儿童独特的“学习场”，发挥各自独特的育人功能。各“学习场”相互依存，互为观照，成为培养完整儿童的“学习矩阵”。

校园隐秘教室的建设应满足不同儿童的学习需求，努力实现以下三个目标。

（一）区域多元

建设校园隐秘教室，需根据学习内容划分区域，可以建设学科知识多点聚集区、生活主题分布探险区、综合实践划段活动区等。

（二）景物多异

建设校园隐秘教室，需因地制宜，就地取材，将学习内容融入真实角落世界，赋予场景意义，生成花园价值，打造物语世界。

（三）设施多变

校园隐秘教室的设施随着学习对象和学习内容而改变，随着自然时令而改变，随着学习方式而改变。设施的增减、修葺和调整，既要与环境布局相适应，也要利于玩、利于探、利于学。

第二节　校园隐秘教室建设的基本思路

校园隐秘教室建设应从场地空间、景点设置、活动工具和板块布局四个方面展开，将学校文化、办学思想、课程开发融入隐秘教室建设，打造有附小特色的乐学环境。

一　确定文化主题

文化主题是隐秘教室建设的灵魂，关联课程开发的原貌与旨归。

（一）儿童文化主题

儿童有自己的文化，隐秘教室建设注重从成人文化转向儿童文化，以满足儿童发展需求为归宿。儿童的精神世界中，隐藏着成长的全部密码。对儿童文化的研究，就是对儿童精神世界的探索，就是对儿童隐秘教室的解密。

1. 整体感知

儿童文化是一种整体性文化。①在儿童眼中，纷繁复杂的世界是一个整体，他们自己的身体和精神是一个整体，因而他们用整体的方式感觉世界，对世界做出反应。儿童对周围世界的概念是在同步的、总体的感受中形成的，对同一种事物，他们总会调动多种感官去认识和体验。

比如，儿童置身于隐秘教室乐花园中，对花园的感知有视觉的、听觉的、嗅觉的，甚至有味觉的，这些感觉整体发生作用，同步催生身体和心灵的反应。儿童会全身心投入，促进认知发展，提升心智水平。

2. 诗性逻辑

儿童文化是一种诗性文化。儿童面对外物，并不是按照人和非人、有机物和无机物的标准分类，也不是按照成人的逻辑去思考。他们按照事物所体现的情感分类，按照自己内心的逻辑来思考。在儿童世界，一加一不会正好等于二，潜藏着无限的可能性。

鉴于儿童崇尚自由、尊重、解放，校园隐秘教室《乐学百子图》全天向学生开放，学生可以不受约束，自由寻访探秘，用开放的眼光、灵活的思维、自由的想象，超越时空限制，追忆附小往日时光。

3. 游戏精神

从儿童的角度看，游戏精神是一种世界观和生活态度。儿童喜欢用游戏的方式展开学习过程，在游戏中合作互惠、整理归纳、探究提升。游戏不仅是一种方式和活动，更是儿童生存的一种形态。游戏精神的核心是自由想象

---

① 钱阳辉．“乐学教育”研究的深化与发展 [J]. 江苏教育研究，2017(35)：15.

和创造的精神，这是童心、童真、童趣的真实表现。

在隐秘教室百年钟楼，儿童自主组队，合作探秘钟楼的结构设计，在语文阅读、数学搭建等学科活动中发现钟楼的结构密码。在这样的课程学习中，儿童始终处在生长的状态，极具可塑性和再生性，他们的文化结构表现出多元和开放的状态。

（二）校园文化主题

“诚勇品格·乐学精髓”是附小高举乐学教育旗帜，行走在新时代教育大道上的精神内涵，也是附小薪火相传、历久弥新的校园文化，深入人心，成为培养完整儿童的基因。

1. 与“诚勇品格”相融

“诚勇”是附小的百年校训。首任校长顾倬先生认为，小学教育是人生的启蒙教育，要培养出高素质的人才，必须强化以“诚勇”为重点的人格力量。“诚”是一种品格，是赤胆忠诚的信仰，是诚恳踏实的作风，是诚朴谦逊的性格；“勇”是一种气质，是忠勇为国的理想，是英勇顽强的精神，是勇于创新的追求。附小的隐秘教室课程是玩的课程、探的课程，这样的学习不仅伴随着愉悦，也会遇到挑战。直面困难、战胜挑战的过程，便是彰显诚勇品格的过程。

2. 与“乐学精髓”相合

孔子曰：“知之者不如好之者，好之者不如乐之者。”从 20 世纪 80 年代中期开始，附小便在全国率先提倡并施行“乐学教育”，成为原国家教委向全国推广的七所“愉快教育”示范校之一。学校积极倡导“让学习充满愉快”，致力研究人的全面和谐发展，努力把学生培养成具有积极人生态度及健全人格的高素质人才。隐秘教室的建设需要契合乐学精髓，校园中从乐学石到乐花园，从《乐学百子图》到乐探小镇，处处洋溢着“乐学”文化因子，见“乐”见“学”，又见“人”。

二 校园整体规划

隐秘教室的建设以儿童文化、校园文化为主题，纳入校园整体规划，我们从教室开发、课程建设、儿童培养等角度进行结构化整体设计。

（一）教室开发

“存在即合理”，环境的存在性蕴含着教育的可能性和儿童的发展性。教室是儿童生活的地方。“只拣儿童多处行”，哪里有儿童，哪里就有欢声笑语，哪里就有快乐的学习。

1. 有环境，就有教室

开发隐秘教室，我们需要打破常规的思维方式。桌椅矩阵、多媒体设备、一体化布局……，不再是对教室的唯一理解。教室应该重新被定义。从环境看，只要场所有利于教学组织实施，就具备教室的硬件标准；从功能看，只要有利于育人目标的实现，就具备教室的软件标准。

2. 有儿童，就有教室

儿童在哪里，哪里就具有教育价值，哪里就隐藏童年密码。因此，儿童在的地方，具有儿童气息，是教育研究的富矿，这里自然成为儿童的隐秘教室，儿童成为隐秘教室的主人。从学习视角看，儿童停留的地方，会发生故事，也就发生了学习，便能被称作“教室”。可以说，有儿童的地方，就有教室。

（二）课程建设

从课程建设的角度看，隐秘教室的开发与建设，是对国家课程重要而有意义的补充，隐秘教室也是学校校本课程的研发基地。

1. 作为国家课程的补充系统

语文、数学、英语等学科多在普通教室开展教学活动，艺术、体育、综合等学科多在专用教室开展教学活动。受教室的限制和环境的约束，儿童的学习领域向哪里拓展？隐秘教室是“一味良药”，主要有三方面优势：一是环境激发兴趣。隐秘教室通过改变物型环境激发学生的学习期待，提升学生的学习主动性。二是环境中隐含丰富的学习资源。隐秘教室的环境有别于普通学科教室，富含鲜活、动态的资源，为多样态学习提供条件。三是环境更新带来学习方式的转变。环境变化重构儿童学习生态，促进学习方式转型。

2. 作为校本课程的研发基地

锡师附小秉持环境资源结构化、课程样态融科化、学习过程活动化的课程理念，创新开发隐秘教室系列课程，将隐秘教室作为研发校本课程的主要阵地。研究经历两个阶段。第一阶段，物化环境初破冰。学校鼓励教师和学生一起认识环境，追溯历史，设计乐玩手册，打卡诚勇护照，引领儿童“做中学”，全感官参与，全身心投入。第二阶段，学科活动融合设计。学校各学科教师深挖隐秘教室内含的学科意蕴，组织学生开展跨学科项目学习，推动学生进行学科实践，培养学生的专家思维，发展学生的核心素养。

（三）儿童培养

隐秘教室建设的本质是课程开发，根本目的是培养儿童，助推儿童从“被动生长”转向“主动生长”。

1. 被动的主动性

隐秘教室对儿童的培养存在被动性。校园整体规划大多由学校管理者决策、实施，学生和教师见到的隐秘教室是决策者的作品，而不是按照师生需求建造的教室，师生要考虑的是如何用好教室。因此，从建设的角度看，隐秘教室的学习带有被动性。但从使用的角度看，隐秘教室的学习带有主动性。隐秘教室相对普通教室而言是开放的、丰富的、可变的、灵动的，它贴近儿童，关联生活。儿童在隐秘教室的学习是主动的、自由的。教师的控制减少了，儿童的对话增多了；教师的讲解、提问减少了，儿童的协作、实践增多了。

2. 主动的主动性

“主动的主动性”是原生的主动性，儿童带着兴趣、动机和情感走进隐秘教室，在自主探索或协商互动中生发学习动能。儿童的中心地位在这里凸显，儿童学习的主体性在这里实现。学生有自主学习的机会，即便有教学目标的约束，学生达成目标的途径可以多元，选择的学习内容可以多样，主动学习的潜能得以释放，呈现“好知”“乐知”的情态。儿童在诚勇健康门主动探索“黑科技”，在《乐学百子图》前满怀期待地探究秘密，在乐探小镇研究古生物演化过程……，这样的学习样态，真正实现了卢梭提出的“把儿童看作儿童”。

三 符号与景物同构共生

景物不仅可供观赏，还是符号的载体。把符号设计融入景物设计中，不但能充分发掘符号的价值，更能给景物提供新颖的设计理念，提升景物的文化意义和信息价值。符号与景物同构共生，成为事物的一体两面。

（一）景物作为符号的具象表达

景物具有形象性，它能够成为符号的具象表达，既内含符号表征，又彰显符号功用。

1. 景物的符号化表征

人类自学会创造符号以来，就一直用各种各样的符号表达世界。早在原始社会，人类就开始了早期的设计活动，并在这些设计中融入自己的文化符号。用各种文字或非文字符号表情达意是人类基本的文化现象。隐秘教室的景物是一种“具象”的“抽象”，辅以典型的语言符号，表达抽象景物的特殊意义，指引儿童读懂“此景”非“彼景”。

比如，隐秘教室乐花园里的尊师亭、爱生亭、桃树、李树，不单纯是建筑或植物，还代表着“师爱弟敬”的美好情意。在乐花园中，“具象”是具体可感的形象，“抽象”是镶嵌其中的机理。建设隐秘教室，就要内外兼顾，景物与符号并用。

2. 景物的符号化运用

符号运用拉近了学生与景物的关系。当隐秘教室符号表征的景物吸引儿童驻足，景物便与儿童发生了关系，符号也与儿童发生了关系，景物与符号因为儿童的作用、加工与整合，产生新的意义。

比如，学生来到隐秘教室乐花园，坐在尊师亭、爱生亭，描述亭子的造型，欣赏桃树、李树，了解“桃李”的意义。教师指导学生以乐花园作为习作“推荐一个好地方”的素材，围绕“乐”字讨论花园的好处。隐秘教室基于景物的符号化运用，发挥育人功能。

（二）符号作为景物的精神内核

符号表征景物，服务景物，又高于景物。梳理符号的内在机理，有助于我们更好地开发利用景物，促进隐秘教室一体化建设。

1. 同质性的文化符号

一是遵循儿童文化符号。隐秘教室顺应儿童发展，我们遵循“一切为了儿童，为了一切儿童，为了儿童一切”的理念开发与建设。二是映射教室文化符号。隐秘教室蕴含附小乐学教室的文化基质，这样的教室既是师生共同学习的场所，又是师生精神成长的乐园。三是内含学校文化符号。隐秘教室既彰显“先生同学，笑语盈盈”的师生立场，又折射“师爱弟敬，和乐一堂”的人文情怀。

2. 象征性的精神符号

一是蕴含学习精神。教室是学习的主阵地。隐秘教室注重激发儿童的学习欲求，培养儿童的学习热情，锻造儿童的学习精神。二是表现探究精神。隐秘教室因其内隐性决定了这里的学习并非一蹴而就，而是儿童主动探究教室中的“伟大事物”，经历“发现问题—分析问题—探究问题—解决问题”的学习历程。三是彰显合作精神。隐秘教室建设，考虑儿童通过合作实现学习互惠，提升自觉效能。在学习过程中，儿童主动成立合作共同体，共同围绕感兴趣的话题，在兴趣点和悬念处合作，激发好奇心和求知欲；在关键点和思辨处合作，进行观点交锋；在生发点和拓展处合作，催生集体加工。

四 角落打造与课程开发一体化

学校的隐秘教室建设综合考虑环境打造与课程开发，整体式、结构化设计课程内容、课程实施、课程评价，实现隐秘教室课程整体育人功能。具体课程见表 7–1。

表 7–1 锡师附小隐秘教室课程

隐秘教室	课程研究主题	联动学科	成果汇报
诚勇健康门	健康门的“黑科技”	信息科技	学校微信公众号： 打卡隐秘教室专辑
弘毅艺术楼	发现校园之美	音乐 美术	
《乐学百子图》	《乐学百子图》 里的秘密	语文 美术	1. 乐学教室文化展 2. 新闻特辑：奖章发布会
乐探小镇	对话古生物： 沉浸式体验生命的演化	语文 科学 劳动	1. 制作生物档案袋（汇集各小组的收集、讨论成果） 2. 小小讲解员
述之科学馆	诚勇图书乐购会	语文 数学	跨学科活动：微信大报道
	乐学乐玩诚勇娃		1. 数学手抄报 / 手账 2. 数学表演（数学家故事） 3.《心泉报》专刊

续表

隐秘教室	课程研究主题	联动学科	成果汇报
乐花园	玩中学，做中学	语文 科学	《心泉报》专刊
	“乐”在“花园”	语文 音乐 美术	1. 诚勇电视台特期 2.《儿童时报》专刊 3. 微信公众号专辑
百年钟楼	探秘钟楼	语文 数学	1. 班级优秀作品展 2.《心泉报》专刊
创客教室	创客向未来	语文 科学	1.“金牌讲解员”介绍 2. 乐学乐教展示空间大屏：展示打卡摄影与视频 3. 微信公众号新闻专辑
时光长廊	聆听光阴的故事	语文 科学	
乐学栈道	天花板的秘密	语文 科学	

（一）点线面一体：隐秘教室的课程内容

隐秘教室的课程内容服务学科学习，回归生活情境。这样的课程，儿童由“坐中学”转向“做中学”，由“听讲学”转向“用中学”，学习方式发生转变。

1. 学科学习的拓展融合

学科学习的融合，要以学科为依托，但要超出单学科研究的视野，不断打破学科边界，促进学科间相互渗透、交叉和融合，形成整体的研究方法与思维模式，关注复杂问题的认识与解决。

以隐秘教室乐玩园为例，备课组充分利用隐秘教室实施“那次玩得真高兴”习作课，实现了“语文＋科学”的跨学科学习。科学教师通过“为什么悬铃木上的灯泡能够发光？”这一问题，引导学生自主探究：在树下骑脚踏车时，运动的动能通过发电机转化为电能，电能又通过灯泡转化为光能。然后，学生带着发现，将学习所得按顺序、分层次、有结构地进行习作表达，形成跨学科学习的生动成果。

2. 生活情境的问题解决

隐秘教室关联生活，为儿童呈现真实的生活情境。基于现实生活的学习应用或问题探究，不是对学科知识的单一学习，而是对具有综合性、真实性的复杂问题的探索。学生要经历发现问题、探究问题、解决问题的过程，这个过程历时较长，充满挑战，需要协作学习，需要查找资料，需要动手实践，需要猜想证明。在解决问题的过程中，学生综合运用已有经验、多学科知识，遇到新问题时学习新知识。正如布鲁纳指出的那样："对材料高度熟悉，对于凭直觉有效地处理这些材料是极其重要的。"[①]这样的学习强调实践的"先在"性，即"先经过感受"。

以隐秘教室乐探小镇为例，为了探究人类的起源，学生组队寻访长廊地贴，一边了解人类历史的变迁，一边提出问题、记录分析，进而通过查阅图书、网络搜索、请教他人等方式深入探究，在真经历、真体验、真探索中不断形成新的经验，破解问题密码。

（二）整体式布局：隐秘教室的课程实施

隐秘教室的课程实施不同于普通教室，需要整体布局、协调保障、精细安排，确保课程实施路径畅通。应从时空保障、素材保障等维度进行思考，统整课程资源，明晰课程实施路径。

1. 时空保障：打造课程阵地

课程阵地是学校为开展课程专门设置的学习场所。从时间维度看，隐秘教室的课程开展要有充分的时间保障，学校要将其纳入整个课程体系，有两种保障路径：一是将隐秘教室课程排进学校课表，作为单独的校本课程进行开发、研究与实施；二是利用晨会、自修、课后服务等时间组织课程实施。

① 梁昌辉．言语实践：儿童母语学习的应然形态与路径 [J]. 江苏教育研究，2017(32)：6.

从空间维度看，我们要用“显微镜”视角，充分挖掘学校空间，让角落成为学习的场域，让儿童的自主学习真正成为可能。

2. 素材保障：统整课程资源

课程资源是有利于实现课程和教学目标的各种要素。隐秘教室的课程资源如何发挥育人功能？关键在整合。教师应将各种课程资源有效整合、合理组合、有机融合，使其在整体优化的基础上产生“聚焦效应”，以达到优化教学的目的。在实施过程中，一要找准资源整合的基准点，明确教学目标，分清主次，科学整合；二要找准学科结合点，厘清不同学科内容、资源之间的联系，找到不同学科可以整合的基础；三要找准学科活动的共生点，要紧密结合学习目标，实施不同学科共生的学科活动。

（三）全景式评价：隐秘教室的课程评价

隐秘教室的课程评价较之传统教室的课程评价具有革新意义，其评价主体、评价形态革故鼎新，呈现出全景式的评价样态。

1. 评价主体多元

在以往的课程评价中，教师占据评价主导地位，儿童是评价对象。评价活动一般由教师提出，儿童做好接受准备。这种被动的评价，很难体现评价的激励作用。隐秘教室的课程评价主张调整评价主体，实施多元评价，从单一的教师评价，转向学生自评、互评，以及教师、家长、专家共同评价。在多元评价下，儿童自己制定学习目标，自己检查目标达成度，自己反思学习中存在的问题，自己采取调整措施。

2. 评价形态多样

隐秘教室课程的全景式评价样态革故鼎新，成为横跨多领域、纵横交错的评价新体系。从评价形式看，隐秘教室课程评价涵盖学校《心泉报》《儿童时报》《儿童与教师》等纸媒评价，微信、微博、校园网等新媒体评价，以及思维导图、手绘小报、剧目演绎等作品评价。这样的评价不受教育时空的限制，读者、听众或观众在欣赏学习成果的过程中，不断生成新的评价，交织成全景式评价样态，促进完整儿童的生长。

五 建立课程制度

制度是课程落地的重要保障。隐秘教室的课程落地，同样需要建立健全与之适配的制度。学校通过制定课程设计制度、课程管理制度、教室预约制度，保障课程正常运行。

（一）课程设计制度

站在课程创生的原点，隐秘教室的课程设计应把握好理论与实践相结合、继承与创新相融汇的原则。

1. 理论与实践相结合

校园隐秘教室作为校本课程的载体，其设计要遵循理论与实践相结合的原则。首先，用理论指导实践。学校要准确把握当代课程理论发展方向，运用先进的教育教学理论指导课程开发与实施，课程的目标定位、方法选择、质量评价等都需要理论的指导。其次，用实践发展理论。“实践是检验真理的唯一标准”，大胆实践不仅能验证课程理论的普适性，也能发展理论，丰富隐秘教室课程内涵，进而指导实践走向深入。

2. 继承与创新相融汇

继承与创新相融汇，是指在继承中创新，创新以继承为前提。隐秘教室的课程设计应继承附小百年“乐学”思想，弘扬“诚勇”品格，用乐学思想、“诚勇”校训指导课程开发，致力完整儿童培养，创新儿童画像。所谓创新，即在传承优良传统的基础上，适应时代发展需要，开发彰显时代特点的特色课程。

（二）课程管理制度

隐秘教室的课程管理制度，需要借鉴常规课程管理制度，进行教学与评价的研究。

1. 教学制度：精耕细研

隐秘教室不同于普通教室，特殊的教室环境催生特别的教学形式，需要有精耕细研的教学制度做保障。“精耕细研”主要包括两个方面：一是深入发掘隐秘教室环境中的课程元素，设计与环境相匹配的学习内容；二是根据确定的学习内容，设计学习情境、探究问题、预期结果、评价标准和学习支架。教师需思考儿童在学习情境中可能提出什么问题，解决问题大致经历几个阶段，每个阶段需要提供什么支持。在学习活动过程中，如何组织学生协商、合作，形成什么样的学习成果，以何种形式呈现……，这些问题都需要教师提前预设，做好充分的准备。

2. 评价制度：精益求精

实施隐秘教室课程的过程中，应根据目标多元、方式多样、注重过程的原则，探索建立发展性评价体系。目标多元，即通过校园隐秘教室课程，落实加强学科综合、培养核心素养和突出学科实践的要求，实现儿童各学科核心素养的发展。方式多样，即综合运用观察、交流、测验、实际操作、作品展示、自评与互评等多种形式，为儿童建立综合、动态的成长记录手册，全面反映学生的成长过程。注重过程，即隐秘教室的学习不唯结果论，更注重学习过程的展开及儿童在学习过程中的成长，通过评价量规、学习作品、成长档案等形式展开过程性评价。

（三）教室预约制度

校园隐秘教室是学校的公共教室，没有明确的归属，隐秘教室的公共属性催生教室预约制度。教室预约制度是操作层面的微观步骤，它既要观照课程建设，又要联动学校信息化管理。

1. 开发预约功能

学校将课程开发、教室建设与数字校园、智慧校园建设整合，运用现代信息科技，完善隐秘教室预约功能。

锡师附小原创设计了“诚勇云校”办公云平台，以条块兼顾的管理方式传达文件、发布通知、上报材料、总结分析。隐秘教室的预约功能是借助“诚勇云校”办公云平台实现的，教室预约便捷、高效。

2. 明晰预约流程

预约流程是隐秘教室实际使用的操作指南。预约时，通过“企业微信—工作台—隐秘教室”进行申报。预约者可以是班主任，也可以是学科教师。预约时间既可以是学科类、社团类等课程的上课时间，也可以是晨会、夕会、课后服务等时段。

第三节 校园隐秘教室建设的案例与分析

锡师附小以校园隐秘教室建设的理念为引领，以目标为导向，遵循隐秘教室建设的基本思路，开发建设了系列隐秘教室。其中，有一些具有典型意义的建设案例，我们透过典型案例，梳理总结隐秘教室建设的优化策略。

案例一：百年钟楼：探秘建筑之美

钟楼是锡师附小校园里的一处保护建筑，已有近百年的历史，是学校的会议中心，主要用于召开集团校长和教师办公会议。在开发建设校园隐秘教室的过程中，美术学科教师以专业的育人眼光率先提出，深入挖掘百年钟楼的美学价值，发挥百年钟楼环境育人功能。围绕这个主题，美术学科教师联合语文、数学学科教师，开发设计了“百年钟楼：探秘建筑之美”项目化学习活动，培养学生在真实环境中解决实际问题的能力。

 环境选择

附小的钟楼会议中心始建于1933年，是一栋历史建筑（见图7-1、图7-2）。它有三层，总面积达612.8平方米，外部墙面是乳白色的，主体横向有五间，其中二层的钟室部分升高至三层，正面呈“凸”字形。从不同的角度看，钟楼会有不同的美感，独特的外观结构成为“百年钟楼：探秘建筑之美”隐秘教室课程的环境素材。

图7-1　附小钟楼正视图

图7-2　附小钟楼侧视图

钟楼会议中心外部的墙面、拱门、机械钟等要素和内部设计结构互为映照，共同发挥环境育人功能。外部环境直接刺激学生的视觉感官，内部古朴的实木楼梯、木窗以及廊道墙壁上的大型活动照片、历届毕业生照片、历年教职工合影……，成为学生了解学校历史的窗口。在环境驱动的课程学习中，学生在协同他人、连接资源、人际互动中经历自主学习过程，学习潜能得以激发，产生深度学习体验。

二 主题确立与阐释

（一）主题确立

鉴于学生少有机会进入学校钟楼会议中心，又对其外观和结构设计充满好奇，学校充分发挥钟楼会议中心的环境育人功能，开发设计了以“百年钟楼：探秘建筑之美”为主题的隐秘教室课程。

（二）主题阐释

“百年钟楼：探秘建筑之美”的隐秘教室课程，需要由“外”而“内”进行解读。所谓“外”，即语文和美术学科联动，教师指导学生通过观察钟楼会议中心的外部结构，撰写介绍钟楼会议中心的说明文，描绘它的外部之美；所谓“内”，即数学和美术学科联动，教师指导学生通过积木搭建，探究钟楼会议中心的结构，解析它的内部之美。

三 课程与教学设计

如图 7–3 所示，“百年钟楼：探秘建筑之美”隐秘教室课程让学生先现场打卡、记录资料、整合梳理，然后绘制“钟楼会议中心”思维导图，撰写“钟楼会议中心”说明文稿，搭建“钟楼会议中心”结构积木，促进学生核心素养发展。

（一）课程目标

表 7–2 呈现了“百年钟楼：探秘建筑之美”隐秘教室课程的目标。

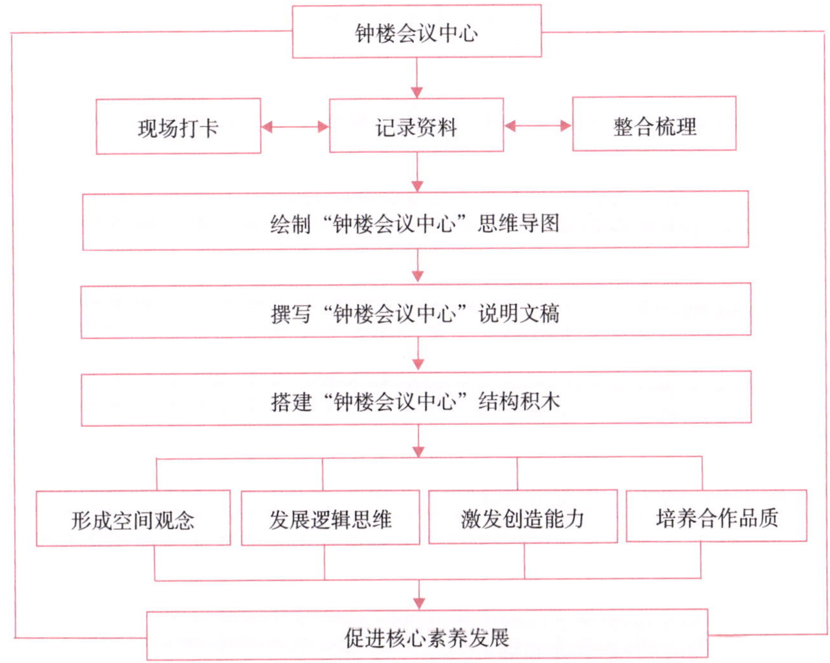

图 7-3　“百年钟楼：探秘建筑之美”隐秘教室课程的教学设计思路

表 7-2　“百年钟楼：探秘建筑之美”隐秘教室课程目标

目标维度	具体目标
知识与能力	1. 了解钟楼会议中心的外观特点和内部结构。 2. 通过言语实践提升语言表达能力。 3. 通过积木拼搭培养空间观念、逻辑思维、创造能力、合作品质。
过程与方法	通过实地走访、绘制思维导图、习作练笔、积木拼搭等实践活动，培养发现美、表达美、创造美的能力。
情感态度与价值观	1. 激发对百年钟楼的热爱之情。 2. 激发对建筑物的好奇心和探究欲。

（二）课程内容

“百年钟楼：探秘建筑之美”隐秘教室课程内容可分为两部分。第一，语文和美术学科融合，指导学生通过“观察记录，整理信息记录卡”，梳理、整合钟楼会议中心的相关资料，进一步加深理解；指导学生通过“小组合作，绘制思维导图”，培养语言表达和绘图设计的能力，并形成介绍提纲；指导学生“运用说明方法，撰写说明文稿”，介绍百年钟楼。第二，指导学生探究发现，走进数学乐学教室九章玩吧，通过小组合作的方式，画一画、拼一拼、搭一搭，建构百年钟楼模型。

（三）课程实施

“百年钟楼：探秘建筑之美”隐秘教室课程以环境资源为中心，分学科进行课程实施。第一步，确定“我想研究的课程内容”。教师设计并分发调查问卷。第二步，确定“我想选择的研究方式”。学生成立研究小组（组员可以是同伴，也可以有教师），以对话协商的方式，设计“钟楼会议中心信息卡”。第三步，确定“我想呈现的评价形式”。鼓励创新和样态多元，可物化呈现，也可用电脑制作，通过网络呈现。

（四）课程评价

“百年钟楼：探秘建筑之美”隐秘教室课程的评价形式丰富多元。例如，学生依据钟楼会议中心外观绘制思维导图，进行结构化表达，再现钟楼外观；学生撰写说明文，并在普通教室毛毡墙、年级教室展板上展示，或者通过学校语文习作报刊《心泉报》进行展示；学生走进数学乐学教室九章玩吧，通过小组合作搭建积木，再现钟楼会议中心独具匠心的结构设计。学生用多样化的作品展示学习成果，我们通过作品对学生学习进行表现性评价，增强了学生学习的成就感。

四 学习过程描述

“百年钟楼：探秘建筑之美”隐秘教室课程的实施过程，有两个推进要点：

一是联结语文和美术学科，设计跨学科学习活动，指导学生介绍钟楼；二是结合数学学科，进行积木的估算、堆叠和组合，指导学生搭建钟楼模型，探究钟楼结构。

（一）跨学科学习：指导学生介绍钟楼

1. 观察记录，整理信息记录卡（语文学科）

教师带领学生参观钟楼会议中心，指导学生运用提前设计的钟楼会议中心信息卡（见表 7–3），通过现场观察、阅读碑文、小组研讨、查阅资料、请教他人等方式，从外观、面积、历史、功能、观赏角度等方面了解钟楼会议中心，记录信息、整合信息、加工信息。

表 7–3　钟楼会议中心信息卡

外观	白色“凸”字形结构、三层欧式建筑
面积	612.8 平方米
历史	建于 1933 年、文物建筑、石碑及碑文
功能	会议中心、展览中心
观赏角度	乐花园、弘毅楼 2 楼、弘毅楼 3 楼

2. 小组合作，绘制思维导图（语文、美术学科）

教师指导学生根据梳理的信息，发现其间存在的结构关系，绘制气泡图、鱼骨图、树状图等钟楼会议中心思维导图。学生通过绘制思维导图，进一步加工整理钟楼的相关信息，有序又全面地呈现学习成果。图 7–4 呈现了一些学生绘制的思维导图。

3. 运用说明方法，撰写说明文稿（语文学科）

学生自主选取百年钟楼的某方面内容，运用语文课内学习的说明方法进行详细介绍。在撰写过程中，教师提示三个要点：一是明确中心，介绍钟楼会议中心的结构特点；二是方法恰当，运用举例子、做比较等说明方法介绍；

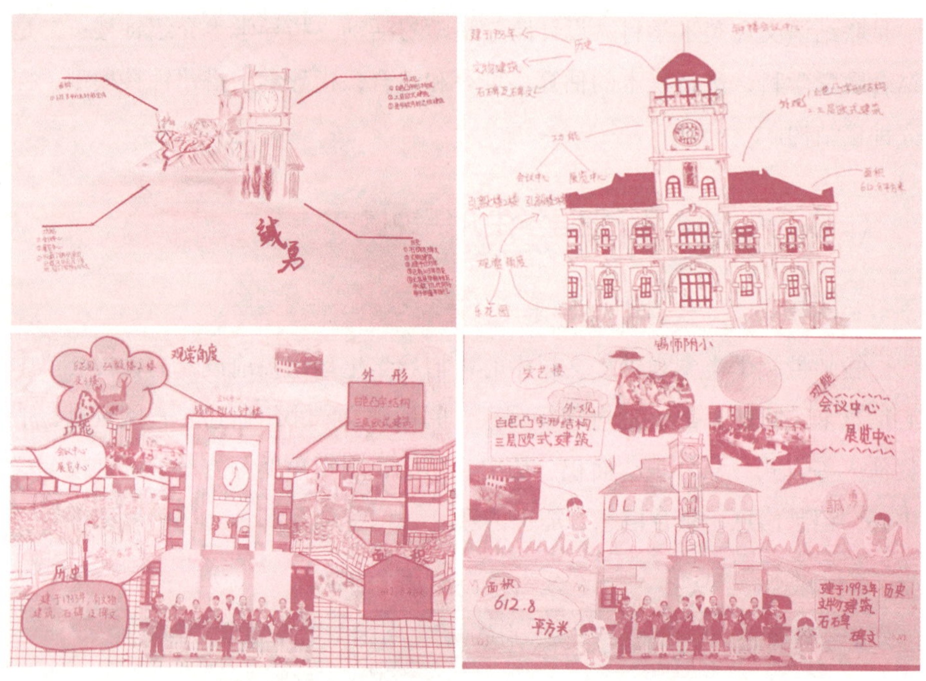

图 7-4 学生手绘的钟楼会议中心思维导图

三是语言严谨，关注说明文语言的表达特点。练笔后注重评价展示，可以通过毛毡墙、展板等进行展示，也可以在附小习作报刊《心泉报》上开辟专栏展示（见图 7-5）。

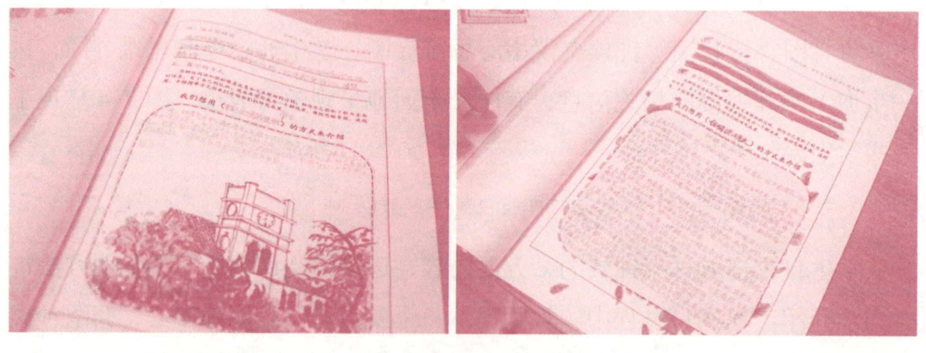

图 7-5 学生撰写的钟楼会议中心说明文稿

（二）数学学科：指导学生拼搭

学生走进学校数学乐学教室九章玩吧，结合前面的探究发现，小组合作拼搭百年钟楼的模型（见图 7-6）。在拼搭过程中，教师重点指导学生形成空间观念，让学生在脑海中思考百年钟楼建筑的形状、结构和稳定性。教师指导学生有序搭建，按照由下到上、先主体后局部的顺序搭建，发展学生的逻辑思维，激发学生的创造能力和想象力。学生合作搭建，在合作中交锋、互惠与成长。

图 7-6　学生进行钟楼模型积木搭建

五　应用反思

（一）教室环境的功能发挥

在“百年钟楼：探秘建筑之美”隐秘教室课程中，环境发挥重要作用，成为各学科学习活动的基础，并把不同学科的学习融于一体。美术学科，学生发现建筑的色彩美、结构美；语文学科，学生探秘百年钟楼的外观结构特点，并用文字表达，口头介绍；数学学科，学生解析并搭建百年钟楼的内在结构。这样的课程内容基于环境，超越环境，教室环境成为课程设计和实施的主线。

（二）跨学科学习的设计展望

目前，“百年钟楼：探秘建筑之美”隐秘教室课程涉及语文、数学、美术三门学科。这一隐秘教室课程还可以融合更多学科，有待于我们发现百年钟楼的其他课程因素。比如，钟楼始建于1933年，迄今已有近百年历史，百年间这栋建筑没有被地震损坏，也没有出现霉潮……，这是如何做到的？针对这个研究点，我们可以融合科学学科进行深入探讨，指导学生组成课题小组，研究撰写科学研究小报告或科学建议书。

案例二：文化浮雕：百年校史我传承

作为附小的隐秘教室之一，浮雕是学校一百一十年历史的缩影，内含源远流长的学校文化变迁，是一部生动的历史教科书。因此，为更好地发挥浮雕的育人功能，学校设计了“文化浮雕：百年校史我传承”主题课程。

一 环境选择

锡师附小的浮雕是校园环境的亮点，规模宏大，三面浮雕墙（见图7–7、图7–8、图7–9）夺人眼目，撞击着每个人的心灵。校园浮雕记录着学校的历史，连接着学校的过去和现在；校园浮雕讲述着学校的办学思想，《乐学百子图》生动再现乐学图景。记录校史、体现办学思想的校园浮雕蕴含丰富的课程因素，适宜做校园隐秘教室。

图 7–7　附小《乐学百子图》浮雕（西）

图 7–8　附小《乐学百子图》浮雕（东）

我们以校史浮雕中的《乐学百子图》为依托，开展“文化浮雕：百年校史我传承”主题课程。《乐学百子图》既包含儿童与教师这样的附小人物，又

图 7-9　附小校史墙浮雕

包含各类社团、校级兴趣小组、德育类活动，还包含钟楼、述之馆、悬铃木等物型环境，甚至还囊括了“成长诗篇”等附小表征。这样的环境富含丰富的课程资源，为开展多彩的学习实践活动奠定了坚实的基础。

 主题确立与阐释

（一）主题确立

锡师附小校园里的浮雕是学生了解学校历史的窗口，集中诠释“诚勇”校训、乐学思想，学生看得见、摸得着。百年校史浓缩在一面面浮雕中，向附小学子讲述着厚重的文化。如何让学生通过浮雕走进校史，沿着浮雕去寻根，浸润在校园文化中？基于这样的思考，“文化浮雕：百年校史我传承”隐秘教室主题课程应运而生。

（二）主题阐释

如何让附小学子传承一百一十年校史，是值得每位教师研究的课题，是大思政课的校本化实践。传承校史能够激发学生对学校的归属感和自豪感，使其增强对学校的认同感和集体荣誉感；传承校史能够提升学生的品德修养，

使其具备更强的创新能力和团队意识；传承校史能为学校的可持续发展注入新的动力，为学校的未来发展提供价值引领。

 课程与教学设计

“文化浮雕：百年校史我传承”主题课程，紧紧围绕《乐学百子图》浮雕这一环境场域，设计了初识浮雕、细究浮雕、浮雕讲解、浮雕观我四部分学习内容。在这样的主题课程中，浮雕成为学习线索和学习资源，助力学习方式转变。

（一）课程目标

表 7–4 呈现了“文化浮雕：百年校史我传承”课程的目标。

表 7–4 “文化浮雕：百年校史我传承”课程目标

目标维度	具体目标
知识与能力	学习附小百年历史，增进对学校的了解和认识。
过程与方法	通过实地寻访、查阅资料、校史讲解等方式，培养协作、表达交流等能力。
情感态度与价值观	激发对百年附小的热爱之情。

（二）课程内容

“文化浮雕：百年校史我传承”隐秘教室课程包含四部分内容。一是初识浮雕：一看，指导学生仔细观察《乐学百子图》的两面浮雕，并将看到的内容进行分类；二想，结合学校的课程、活动及生活场景，进行联想；三比，指导学生比较东、西两面浮雕。二是细究浮雕，指导学生查找资料，翻阅校史书，研究浮雕内容，揭示意义。三是浮雕讲解，创设“争当小小讲解员”真实情境，遴选金牌讲解员。四是浮雕观我，指导学生借助研学单，联系生活，讲述“我”和浮雕的故事。

（三）课程实施

第一阶段，开设校史文化教育课程。充分利用学校浮雕，将校史文化教育纳入学校隐秘教室课程规划，开设相关课程，让学生系统地了解学校的历史渊源和文化底蕴。

第二阶段，开展校史文化教育活动。组织学生参观校园浮雕、历史建筑，开展校史讲解等形式多样的活动，让学生在参与中感受学校的历史文化。

第三阶段，引入校史教育资源。请校史专家、校友代表进校园，讲校史、讲教育故事，学生从不同角度了解学校的历史文化。

第四阶段，加强校史文化教育宣传。通过学校融媒体矩阵，加强对校史文化教育的宣传，营造浓厚的校史文化教育氛围。

（四）课程评价

“文化浮雕：百年校史我传承”隐秘教室课程打破传统的纸笔评价方式，倡导评价活动化、可视化、多元化。一是组织“争当小小讲解员”活动，通过讲解的方式呈现学习成果；二是利用普通教室毛毡墙、背景板等，举办研学单专题展览，将学习成果进行可视化呈现。

四 学习过程描述

（一）活动一：初识浮雕

看一看：四人一组，自主观察浮雕，做观察记录，并分类。

想一想：由浮雕上的内容，你联想到生活中的什么场景？如果你的长辈也毕业于附小，你又能联想到什么？

比一比：《乐学百子图》的两面浮雕有什么不同？

（二）活动二：细究浮雕

通过多种方式查找资料，了解浮雕背后的附小人物和故事。

（1）查阅书籍：《锡师附小历史资料汇编》等书籍。

（2）网络搜索：锡师附小网站、微信公众号、微博平台等。

（3）请教他人：校长、老师、家长等。

（三）活动三：浮雕讲解

教师指导学生撰写浮雕讲解稿，提供方法支持：一是引用资料，如引用校史、校刊、评价手册“成长诗篇”卷首语中的资料；二是活用说明方法，灵活运用课内学习的列数字、做比较、打比方等说明方法，把浮雕介绍清楚；三是化用校史故事，从校史中选几个自己喜欢的故事，结合浮雕情境，化用到讲解稿中。以下为学生讲稿示例。

历史悠久的江南名城——无锡，崇文兴学，尊师重教。1911 年辛亥革命后，无锡便涌起了兴办学堂之风。在这样的历史背景下，1913 年 9 月 4 日，锡师附小正式开学。建校之初，首任校长顾倬先生为附小题校训“诚勇”二字。“诚”是诚实、坦诚、诚心诚意，“勇”是勇敢、无畏、勇于挑战。“诚勇”二字体现了附小的办学理念和育人精神。

（四）活动四：浮雕观我

教师指导学生设计研学单，将浮雕研学心得转化为自己学习的无限动力，并结合附小乐学教室建设，进行环境布置与作品展示（见图 7–10）。

五 应用总结

在“文化浮雕：百年校史我传承”这一隐秘教室主题课程中，学校充分挖掘环境要素，架构课程内容，积极发挥教师、学生在校史传承中的主观能动作用。

图 7-10 “文化浮雕：百年校史我传承”研学单

（一）教室环境的功能

《乐学百子图》巨幕浮雕蕴含了丰富的学习资源。在这样的隐秘教室里，线条、图案、颜色、留白……，都成为学习资源。儿童在线条、图案、颜色中追溯附小的历史，也能在无形的留白处肆意放飞想象，还原“师爱弟敬”场景。可以说，《乐学百子图》是儿童学习的动力引擎，激励儿童主动学习。

（二）主题课程的角色功能

首先，教师在校史文化传承中扮演重要角色，是学生的引路人和榜样。在这一隐秘教室课程中，教师具备校史文化传承的知识和意识，了解学校的历史和文化，通过开展多样化的活动，引领学生参与到校史文化传承中，增强学生对校史文化的认同感。其次，学生是校史文化传承的重要参与者和传播者。学生通过学习和研究，深入了解校史文化的内涵，并通过参与校史传承活动，展示自身的才艺和特长，为校史文化传承注入活力。最后，学生通过争当小小讲解员、展示研学单等方式，分享校史文化，让更多人了解学校历史、办学思想。

第八章 创建以乐学教室为支撑的增能型教学文化

锡师附小的乐学教室，是新时代背景下乐学思想与儿童文化的和谐统一，是暖认知背景下乐学与乐教的深度融合。以乐学教室为支撑的暖认知课堂呈现一种鲜明的文化特征——增能型教学文化。

增能型教学文化是一种新教室文化，这里的教室不再是单纯环境意义的教室，而是教材与环境的合体，暗示学习的意义，揭示学习的目的，激发学习趣味，提供学习工具，为学习赋能。增能型教学文化是一种乐学文化，儿童基于乐学教室的学习从隐性走向自为。结构化改造的环境，引导着儿童的学习进程，多样的学习在不同区域展开，环境中的童趣因子转化为儿童的学习动能。乐学教室中教师对儿童的能量供给方式更系统、开放、多元，儿童的学习更深入、自由。

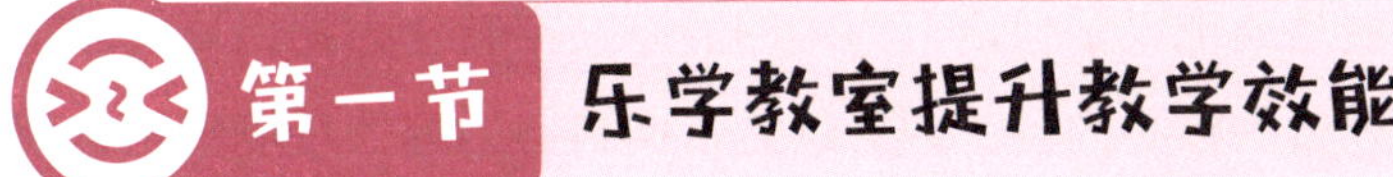

第一节 乐学教室提升教学效能

乐学教室打破了传统教学环境观，认为教学环境不再是学习的辅助，而是学习的中心。环境本身成为学习对象，环境创设基于教材，环境布局走向结构化，教材与环境合体。乐学教室能够有效驱动学生认知，提升教学效能。

一 追求教材内容向环境要素的转化

乐学教室的增能型教学文化，追求教材内容向环境要素转化，主张把静态、抽象的文本型教材转化为动态、可感知的环境，激起学生主动学习的欲望。

（一）教材内容向环境要素转化的基本准则

1. 以“标”为标

以“标”为标指的是以落实学科课程标准为目标。《义务教育课程方案（2022年版）》指出：“国家课程标准规定课程性质、课程理念、课程目标、课程内容、学业质量和课程实施等，是教材编写、教学、考试评价以及课程实施管理的直接依据。”教材内容是由课程标准决定的，教材内容向环境要素转化，理应以落实课程标准为目标，否则容易失去方向，走向形式主义。

2. 以“本”为本

以“本”为本指的是以学科教材内容为根本。教材文本以学科语言表达为主，不同的学科呈现不同的学科语言。语文教材以一篇篇课文为主，数学教材以运算、图形、数量关系为主，音乐教材以曲谱、乐理为主。教材内容向环境要素转化，就是要把以学科语言为主的静态文本转化为物型环境，在这个过程中应把握教材的核心内容，因为这是指向核心内容的环境转化，而不是次要内容或关联内容的转化，更不能因环境转化而淡化甚至忽略教材核心内容。

3. 以“境”为境

以“境”为境是指追求教学环境的意境美。这里的意境指学生对乐学教室的主观感受。一方面，乐学教室追求自然美的意境，淡然、返璞归真的自然美容易满足学生的审美需求。另一方面，乐学教室追求情境交融，体现情与境的统一。乐学教室意境的基本特征是情与境能够相互融合，物化环境与儿童融为一体，自然元素与人文元素相得益彰。乐学教室的意境美源于教材，又高于教材，是对教材内容的优化。

（二）教材内容向环境要素转化的一般路径

教材内容向环境要素转化是一个从无形到有形、从符号到场景、从静态到动态的过程，常通过以下三种路径转化。

1. 教材内容向物型学具转化

教材内容的系统性和丰富性决定其与学生已有的认知存在距离，我们通过物型学具来缩短教材内容与学生认知之间的距离。乐学教室是一个物理空间，而物理空间是有局限性的，教材内容无法完整地填入乐学教室。

教材内容向乐学教室的物型学具转化，要兼顾教材本身的价值与教学需求。在设计时，首先需要评估教学需求，再根据教学需求选择合适的物型学具，甚至创造、开发学具。

2. 教材内容向静态场景转化

教材内容向静态场景转化是指把教材的知识、背景、情感等转化为一定的场面、景象，营造整体氛围，暗示学习内容，激活学生已有经验，唤起学生积极的情感。

教材内容向静态场景转化是对“每一面墙壁会说话，每一个角落能育人”的延伸。在遴选教材内容时，应优先选择学习周期长的内容。静与动是相对的，学生对新奇的事物有极大的兴趣，一旦新知变成旧识，静态场景会迅速成为背景，易被忽略，因此在教材内容向静态场景的转化中，需要特别注重时效性。

3. 教材内容向动态资源转化

教材多以符号、图形、图画等形式呈现，内容相对静止、抽象。乐学教室打造真实的学习场景，提供丰富、多元的学习资源，把教材内容转化为可触摸、可操作、可变换的多形态学习资源。

在转化过程中需要注意三个方面：一是选定区域，二是转化内容，三是建立制度。将教材内容转化为动态资源一般有两种形式：一种是改变教材形态，由静到动，但教材内容没有发生变化，如把一篇课文转化成一段视频或一个课本剧；另一种是资源空间形式的变化，即针对一个学习场景、一组学具，改变空间位置、组合形式，使其成为不同的学习资源。

（三）教材内容向环境要素转化的常见问题

在教材内容向环境要素转化的过程中，由于对教材内容的理解、教学目标的定位不够准确，常出现下面三种问题。

1. 泛化教材内容

泛化教材内容是指将教材内容向环境要素转化时偏离学科本质，把教材内容转化成一般的操作活动、低阶游戏，甚至滑向其他学科，把语文课上成道德与法治课、历史课、科学课是典型的表现。

2. 虚化教材内容

虚化教材内容是指环境要素没能指向教材的核心知识，而是指向教材的次要内容或关联知识，使教材核心知识变得模糊。虚化教材内容是环境要素与教材内容不匹配甚至错位的表现。

3. 异化教材内容

异化教材内容是指环境要素没能准确表现教材内容，与教材内容有差异。这种差异一方面源于对教材内容的误读或浅读，使环境要素缺位，学生利用环境要素无法达到学习目标；另一方面源于没能充分发挥环境要素的学习价值，教师在使用环境要素组织教学的过程中，弱化了环境要素的功能。

 实现课程结构与空间结构的融合

乐学教室使课程结构空间化。依据学科课程的特点，乐学教室可从符号化、资源化和过程化三个维度实现课程结构与空间结构的融合。

（一）语文、数学、英语学科与乐学教室空间结构的符号化融合

语文、数学、英语学科的课程内容以符号为主要呈现形式，打造这类学科教室，是教室的空间结构与学科符号融合的过程。

1. 符号化融合的基本思路

美国学者欧内斯特·鲍曼认为，符号融合理论是一个将社会科学与人文学科的修辞学结合起来研究符号与意识的理论，包括语言、文字、图像、取向、视野、世界观、意识形态等。当前，符号融合理论已经逐渐从传播学领域向教育领域拓展，现代学校与传统学校的主要区别之一就是将学科符号语言与校园及教室进行融合。在现实的校园及教室规划中，符号化融合的基本思路见图 8-1。

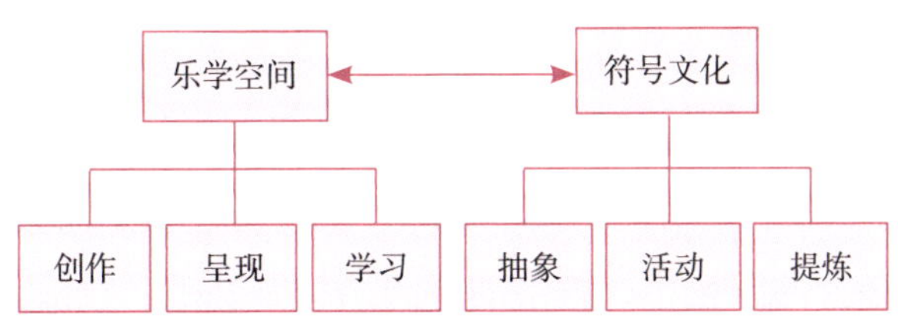

图 8-1　符号化融合的基本思路

2. 符号化融合的典型案例

依据符号化融合的基本思路，锡师附小设计开发了数学主题教室——九章玩吧。儿童在玩中学、乐中思，爱上数学，为数学学习蓄势储能。

九章玩吧配备了自主游戏区、挑战区、阶梯桌等，为孩子们在课堂中自主查阅资料、交流分享信息、建构知识提供了强大的支撑。教师借助各种工具将数学符号生动呈现给学生，并通过多元活动，不断地植入、联结数学课程内容，让“九章少年”们获得数学基本能力，不断丰富活动经验、发展数学素养。

九章玩吧将符号化的数学教材内容转化为儿童喜欢的物型学具，儿童在游戏化的活动中自主探究，发展数学思维，体验学习的快乐。

（二）音乐、体育、美术学科与乐学教室空间结构的资源化融合

艺体类学科教学需要必备的学习资源。锡师附小从资源化融合切入，建设一批深受儿童喜欢的艺体学科乐学教室。

1. 资源化融合的内涵

这里的资源化融合是指把艺体类学习资源与教室的空间结构有机整合，以发挥学习资源的价值。

在音乐、美术、体育等学科专用教室中，教师常常会使用多样化的学习资源，如运动器材、绘画材料、乐器等，这些资源成为乐学教室的重要组成部分（见表 8–1）。

2. 资源化融合的基本思路

乐学教室资源化融合的基本思路是：根据学习目标，精心选择资源，设计资源呈现顺序，整合、协同、共享资源，建构儿童学习的理想乐园。

在资源化融合的路径中，教室的空间结构是基础，教师需要因地制宜，科学布局，合理使用空间，让学习资源因空间结构而彰显价值。

表 8-1　艺体学科乐学教室中的学习资源

学科	学习资源	
	常规资源	特色资源
音乐	多媒体设备。 乐器：钢琴、碰铃、双响筒、铃鼓、大堂鼓、非洲鼓、箱鼓、雨声筒、蛙鸣筒、八音按钟、摩卡笛等。	音乐长廊：音乐史、乐器大全、音乐家的故事。 音乐学习创作角、音乐学习展示窗、五线谱电教板、音频资料等。
体育	篮球、排球、足球、体操垫、体操架、跨栏架、长短绳等。	地图、打卡器、车轮滚滚布、空竹、旱地冰壶等。
美术	艺术长廊：巨型凡·高主题壁灯、手绘卡通壁画。 专用教室：《富春山居图》艺术装饰等。	艺术“小屋”：学生美术作品展、艺术博古架、手绘卡通版世界名画等。

3. 资源化融合的典型案例

依据资源化融合的基本思路，锡师附小教育集团融成实验小学（以下简称“融成实小”）将体育课程与学校的场地资源融合，开发“定向运动”，深受儿童喜爱。

融成实小充分利用校园空间结构，开发校本课程“定向运动”。学校利用上课场地及教学楼之间的空地、连廊、绿地和角落，开展多种定向运动。例如，根据距离设计短距离定向、中距离定向，根据不同的空间场所设计沿径定向、星形定向、廊式定向和窗口定向等。定向运动以其独特的方式吸引了融成实小的孩子们。

在这一融合过程中，校园空间结构成为“定向运动”的关键资源，决定了“定向运动”的形式和内容。课程在环境中发生，环境成为课程的一部分，与环境融为一体。

（三）道德与法治、科学学科与乐学教室空间结构的过程性融合

道德与法治、科学学科和乐学教室空间结构的过程性融合，能更好地让

学生掌握学科知识，形成学科能力。

道德与法治学科借助乐学教室空间结构，组织学生探究真实问题，或者模拟生活情境，让学生加深认识、增强体验、形成观念。科学学科让学生在充满互动和探索的学习环境中，进行观察记录、实验发现，更好地理解科学概念和现象。

1. 过程性融合的基本思路

过程性融合的基本思路是：在明确学科学习目标、知识、能力的基础上，在乐学教室空间结构的支持下，创造互动式和探索式学习环境，以促进学生的参与和合作；教师鼓励学生参与，给予反馈和支持，进行学习成果评估，让学生更好地了解和应用学科知识。

2. 过程性融合的典型案例

教授《道德与法治》五年级上册“我们神圣的国土”一课时，教师借助乐学教室中的中国地图、世界地图、地图拼图、问答小卡片、台湾省物产和风景图片等资源设计相关的学习活动，实现环境与课程的融合。具体活动内容如下。

活动一：“飞船太空游”——世界中的祖国。

1. 比一比：将中国陆地面积和欧洲某些国家的陆地面积进行比较。

2. 算一算：江苏省面积占我国陆地总面积的百分之几？无锡市面积占江苏省面积的百分之几？

活动二：“小组自由行”——辽阔的国土。

1. 找一找：各自治区、直辖市、特别行政区分别在哪里。

2. 考一考：抽取答题卡后回答问题。

3. 唱一唱：唱唱教师创作的省级行政区域歌。

4. 赛一赛：以小组为单位进行拼中国地图比赛。

活动三：“环岛风光游”——宝岛台湾。

1. 小导游介绍台湾风景：日月潭、清水断崖等。

2. 小主播讲英雄故事：民族英雄郑成功、抗日英雄余清芳等。

本案例体现了道德与法治学科与乐学教室空间结构的过程性融合。教师根据学习目标，精心布置相关的学习资源，设计多样化的学习活动，营造促进互动、探索的学习环境。过程性融合帮助学生感知知识的整体性和连贯性，提高学习能力。

 体现认知刺激与学习方式的一致

皮亚杰指出教育就是创造新的刺激，让儿童与外界相互作用，产生并发展新认知。乐学教室给儿童呈现暖认知刺激，知识镶嵌在情境中、浸润在场域里、流动在主题区域间，这些直观、形象、整体的认知刺激，必然带来学习方式的转变。

（一）乐学教室认知刺激的基本特征

乐学教室给儿童的认知刺激具有直观性、整体性和浸润性。

1. 直观性

直观性是教学的重要原则，是指引导学生直接感知事物、模型，或教师通过形象的语言描绘学习对象，使学生获得感性认识。[①]我们基于这一原则为学生创建不同形式的功能化空间。置身于乐学教室，学生的视觉、听觉、触觉等感官获得直接刺激，学生通过观察、倾听、触摸等直观方式获得感性经验。儿童在乐学教室进行自觉自能、和谐融洽、民主互动、共享共进的学习。

2. 整体性

乐学教室给儿童的认知刺激是完整的，指向完整知识建构。乐学教室的知识呈现不是单一、片面的，而是多元、立体的。乐学教室的不同功

① 顾明远. 教育大辞典：增订合编本（下）[M]. 上海：上海教育出版社，1998.

能区域，有助于学生将学科知识进行由点到面、由面到体的整合，有助于学生建构整体性知识。学生既学会了知识，又习得了方法，为后续的学习赋能。

3. 浸润性

乐学教室认知刺激的浸润性体现在通过特定的空间和学习方式让学生受到熏陶和滋润。在乐学教室中，教育目的被隐藏起来，教学内容隐含在环境中，学习方式随认知刺激自然变化。在乐学教室中，学生持续保持积极的学习动力，浸润在情境中，进入角色、承担任务、探究问题。

（二）乐学教室学习方式的常见类型

依据乐学教室认知刺激的基本特征，教师尝试采用与之适应的学习方式，操作试验、合作探究和游戏互动是三种常见类型。

1. 操作试验

这种学习方式是对“做中学”理论的传承与创新，为学生提供大量的实践机会。学生在真实场景下，借助乐学教室中的学具，通过操作试验、观察分析、调整修正，获得直接经验。

2. 合作探究

乐学教室为学生创设真实的学习场景，学生组成学习小组，进行有明确责任分工的互助性学习，以完成共同的目标。每个学生积极主动地完成自己的学习任务，并融入小组的整体工作，支持他人，协同完成任务，促进共同进步。

3. 游戏互动

爱游戏是儿童的天性。学生在和谐有趣的乐学情境下，利用乐学教室中的各种学具，进行丰富多彩的游戏活动，产生角色认同和移情体验，学会以多种方式思考和解决问题。教师设计丰富的教学任务和活动，采取灵活多样的教学方法，鼓励学生用个性化的方法对知识进行多样化的解读，促进知识习得和学科理解。

（三）乐学教室认知刺激与学习方式的融合

1. 融合于“物”

教具、学具、道具是乐学教室中常见的物品，具有直观性，儿童可以看、听、闻、摸，这种学习方式符合儿童以形象思维为主的认知特点。这些看得见、摸得着的“物”将认知刺激与学习方式融合。

2. 融合于“境”

这里的“境”，广义指儿童的成长环境，狭义指为具体的课程内容营造的学习环境、创设的学习情境、营造的学习氛围等。儿童置身于不同的学习环境，它们给予儿童不同的认知刺激。认知刺激裹挟在学习环境中，随学习环境的变化而变化。

3. 融合于“链”

乐学教室的认知刺激与学习方式存在高度的一致性，它们融合在学习任务链、学习活动链和问题情境链中。比如，针对语文五年级下学期“遨游汉字王国”综合性学习，教师设计系列学习任务，形成任务链。具体见图 8–2。

第二节 基于环境的学习从隐性走向自为

乐学教室使环境从边缘走向学习中心。环境与教材的融合，使抽象的学习内容转化为具体可感的环境。环境的结构化改造使学习过程融入其中，环境中的童趣因素激发儿童的学习动力。

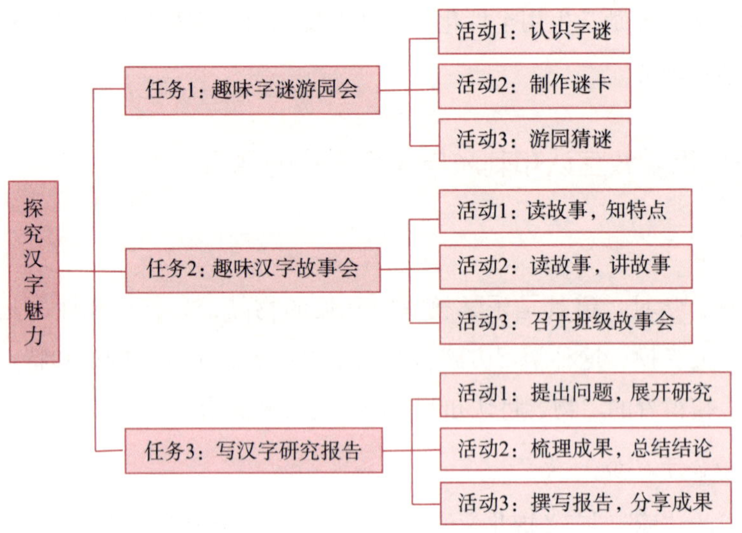

图 8–2 “遨游汉字王国”学习任务链

一 乐学教室使环境从边缘走向学习中心

在普通教室中，环境从属于教学内容，处在教学的边缘地带。在乐学教室中，精心设计的学习环境成为学习对象，成为学习内容的载体，乐学教室使环境从边缘走向学习中心。

（一）环境与教材融合，蜕变为学习对象

在乐学教室中，环境与教材融合，不再只是一种场域，而是蜕变为学习对象，成为知识的媒介和载体。

1. 环境暗含知识的意义

乐学教室的环境依赖于教材内容，环境中隐含着知识的意义，知识在环境中转化为可感的氛围，可见的图画、文字，可触摸、可变化的学具等，知识隐藏其中，化抽象为具体，化静态为动态。环境和知识有时互为因果关系，你中有我，我中有你。环境与教材的融合能凸显环境和知识的因果性，

强化学生的认知。

2. 环境丰富知识的形态

教材呈现的知识大多是符号化、图像化的静态知识，根据学科特点，有的以图像为主、文字为辅，有的以文字为主、图像为辅，有的图文并用呈现程序性知识。无论哪种形式，教材呈现的知识形态相对单一。环境与教材融合，使教材知识实现由静态到动态、由平面到立体、由单一到多元的转变，丰富了知识的形态。

在学科挑战教室九章玩吧中，“点、线、面、体”等数学知识附着在一件件精美、有趣的益智学具中；在言语实践厅，一篇篇课文被演绎成一段段配音、一幕幕短剧；在安全主题探险教室，静态的安全常识嵌入主题区域。学生在情境模拟、实操演练中加深对知识的理解和记忆。

3. 环境成为知识的媒介

环境与教材融合，使环境具备了教材的凭借、示范、教育、发展功能。教材是教育内容的载体，是知识的媒介，当环境与教材融合时，环境蜕变为学习对象，转化为知识的媒介。

（二）环境的结构化改造支撑学习过程

乐学教室环境包容了不同种类、不同维度、不同层次的知识，将教室的环境结构与知识体系关联，对环境的功能区域与物型学具进行设计与选择，能最大程度地发挥环境对学习过程的导引与延伸作用，唤起学生的学习动能。

1. 环境中结构化的主题区域串联学习过程

美国心理学家加涅将学习过程分为八个阶段，在不同的阶段，儿童对知识、情感、环境有着不同的需求，其中，动机阶段、了解阶段、操作阶段、反馈阶段的学习常发生于乐学教室中。

根据不同学习阶段儿童需求的特点，我们在教室中设计了功能不同的主题区域，将教室有限的场域放大。下面以乐学书法教室的设计（见图 8–3）为例，介绍不同主题区域对学习过程的串联作用。

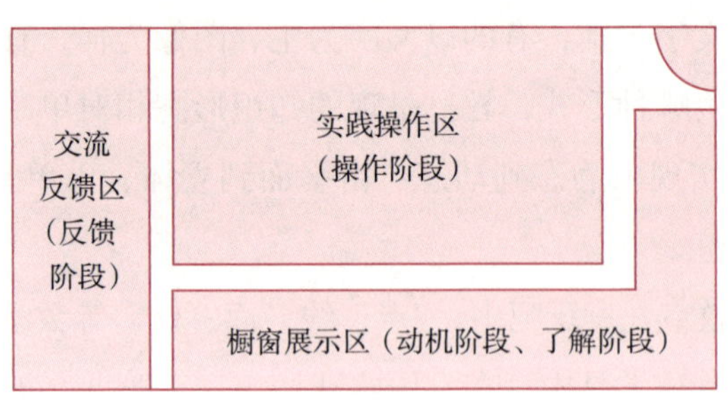

图 8–3　乐学书法教室主题区域

在乐学书法教室中，我们开辟了介绍名家书法作品、展示师生优秀作品的橱窗展示区。橱窗展示区的暖色灯光，符合儿童动机阶段与了解阶段的心理特点。在这两个阶段，儿童将注意力放在与自身学习目标有关且感兴趣的刺激中。学生进门后落座前在橱窗展示区欣赏书法作品。在实践操作区，桌椅按秧田式布置，学生在此进行操作阶段的学习。在交流反馈区，学生对是否达到预定学习目标进行判断。这一过程一般发生在集体学习中，因此，设置一块师生交流反馈的场域，能使学习过程自然地从操作阶段过渡至反馈阶段。

乐学书法教室的橱窗展示区、实践操作区、交流反馈区功能鲜明又自然联通，巧妙地串联了较为完整的书法学习过程。

2. 主题区域中的物型学具承载学习过程

主题区域中的物型学具支持学习过程中的具体学习活动。只有以儿童说话的方式来表达，才更容易触动儿童的心灵。因此，基于儿童的年龄特征与心理特点选择合适的物型学具尤为重要。

我们以小学不同年级数学图形教学为例，来阐释物型学具选择的重要性。苏教版一年级下册《数学》教材从立体图形出发，让学生描一描、画一画，由此引出平面图形的学习，教师选择色彩鲜艳、大小不一的学具更有助于学生学习过程的展开。经历认知发展后，学生在六年级上学期再次学习立体图形，教师在选择学具时要排除色彩、大小甚至材质对数学学习的影响，将立体图形的概念从学具中抽象出来。

3. 环境中静态的学习资源导引学习过程

雷夫·艾斯奎斯在对教室环境的研究中写道：一间教室能给孩子们带来什么，取决于教室桌椅之外的空白处流动着什么。[①]乐学教室串联式的主题区域以及区域内摆放的学具、多媒体交互设备、墙壁上的布置等静态学习资源，会形成一种无形的学习驱动力。

在英语与数学跨学科项目化学习“我做中国发言人”中，教师将教室分为秧田式的情境导入区、小组围坐式的会议区和马蹄式的发布区三大区域（见图 8–4）。学生先在情境导入区获取项目化学习的大问题：全球变暖问题日益严重，面对他国指责，中方代表该怎样有力回应？了解完毕后，学生将带着国家荣誉感进入会议区，在此达成小组共识，然后进入发布区发言和交流。

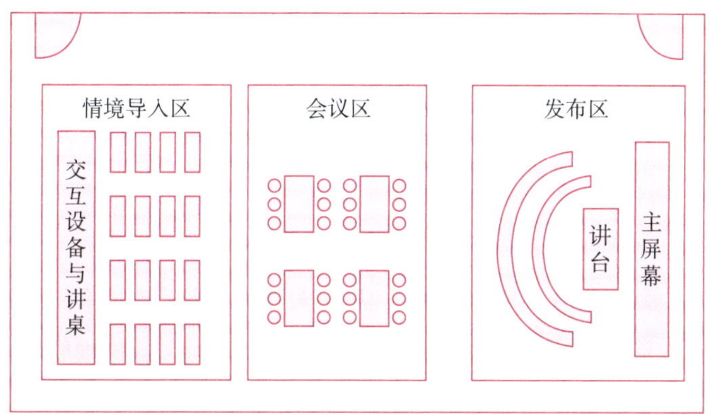

图 8–4 乐学教室功能区域

① 艾斯奎斯. 第 56 号教室的奇迹：让孩子变成爱学习的天使 [M]. 卞娜娜，译. 北京：光明日报出版社，2014.

情境导入区、会议区和发布区的学习资源导引学生学习，学生在每个区域完成相应的学习任务，三个区域串联起完整的学习过程。

（三）童趣嵌入环境，激发学生的学习动力

乐学教室以儿童为中心，处处蕴含着儿童文化，主题区域色彩、布局、学具的选择等契合儿童需要，富有童心童趣。童趣嵌入环境，造就了一个别开生面、充满活力的教学空间，激发儿童内在的学习动力。儿童的好奇心、想象力、求知欲在充满童趣的环境中被激发，他们从而产生诸多疑问，以游戏家、探索家等不同身份进行表达交流、合作探究、理解创造。

1. 激发学生的求知欲

儿童是具有游戏精神的个体，所以在环境中嵌入童趣，加入符合儿童发展需求的具有趣味性、互动性和创造性的元素，能够提高环境对儿童的吸引力，激发儿童的求知欲。

童趣性的环境是开放的、自由的、具有挑战性的。锡师附小开发的校园隐秘教室，赋予校园角落育人功能，成为孩子们的打卡圣地。学生手拿一张“诚勇”护照、一份手绘打卡地图，欢快地穿梭于校园中，在校史墙下探寻校史，畅谈未来和梦想；在乐玩园中操作连杆飞翼，坐上滑梯、跷跷板，在玩中探索科学奥秘……。环境中的童趣满足了学生提升能力和建立归属感的内在需求，让学生产生“我要学”的内驱力。

2. 引发学生的好奇和提问

孔子说“知之者不如好之者”，儿童是天生的“好之者”，爱提问是儿童的天性。建构主义理论认为儿童是通过自己的经验和理解建构知识的，儿童通过提问获取新的信息和理解，不断建构和完善知识结构。儿童走进乐学教室，会被富有意义的学习场景吸引，产生好奇心，提出新问题，产生新动能。

锡师附小的校园隐秘教室把校园中的自然元素纳入课程，成为“活”教

材。学生参观乐花园，看到彩绘窨井盖，提出问题：为什么窨井盖的形状不同？为什么在大雨冲刷后窨井盖的颜色还是如此鲜艳？

3. 引发学生深入对话

学生需要一个能够互动的环境，富有童趣的乐学教室让学生获得快乐的情感体验。乐学教室具有灵活性，我们能够根据不同的教学需求和学生的体验需要排列桌椅。“三味书屋”没有高高在上的讲台，没有固定的桌椅，给予学生尊重和自由，引发学生深入对话。

 学生与环境的互动从自然走向有目标的自觉

学生与环境的互动时时存在，环境陶冶儿童，儿童在环境的熏染中改变。在乐学教室中，环境有明确的目标导向，因学习的需要而改变，儿童在目标引领下自觉学习。

（一）环境中的资源因素引导着学生与环境互动

人和环境是相互创造、相互影响的。对于学生而言，教室是他们学习和生活的场所，教室环境往往对学生有潜移默化的影响。英国彼得·巴雷特教授通过研究发现，简单改变教室的装饰就能显著影响学生的学业成绩。他指出环境中影响学生的资源因素主要有三大特征：刺激性、个性化、自然性。锡师附小建设的乐学教室满足学生精神成长和学习的需求，让学生在与环境的互动中获得自我归属感和成就感。

1. 主动学习

环境亦是课堂。当环境中的资源对学生产生刺激时，便会触发学生的内在驱动力，提升学生的自主学习能力。

一方面，教师可以在普通教室布置“留白”，给学生创造的机会。教师开展项目式主题学习，学生围绕项目展开探究，并在教室中展示学习成果。

另一方面，教师在专用教室打造学科主题学习环境，丰富学习资源，让学生看、听、说、写，全身心地沉浸在环境中，凸显主体地位。

2. 持续学习

儿童学习是一个持续的过程，环境对儿童的影响是“润物细无声”的、持续的。乐学教室助力儿童将注意力集中在学习内容上，以积极的情绪投入其中。

比如，“蜜蜂班”将一年级到六年级的学习目标分别用不同数量、不同颜色的花瓣来表示，细化分解目标，引导着学生进行持续学习。

3. 增能学习

增能又称“赋能”或“增权”，是指个人在和环境互动中，不断充实个体权利，挖掘与激发潜能的一种实践活动。增能理论认为能力的提升发生在个人、环境和社会三个层面。学生的增能学习是在个人层面提升自我效能感，在环境层面获得更多的资源，并利用资源去提升个人能力的过程。

因此在教学环境的创设中，我们应尽可能遵循个性化、全方位的原则进行资源配置，改进不利于学生自主学习的规则和制度，构建能让学生进行增能学习的灵活多变的资源空间。

（二）环境中的开放资源拓展了目标的层次

乐学教室中的学习资源承载着学习目标，开放的、多样的学习资源拓展了学习目标的层次。

1. 环境内含的隐性目标

乐学教室营造的环境包括物质环境、文化环境和人际环境等，其内含的隐性目标体现在培养学生的道德品质、思维方式、情感态度等方面。

乐学教室培养学生的学习兴趣和意志品质。学生在生动有趣的学习环境中可以提高学习兴趣，专心投入学习，在发现问题、协同学习、解决问题、总结反思的活动中培养善于观察、不断探究、持之以恒的品质。

乐学教室培养学生的道德品质和合作精神。视野开阔的社会实践，可以让学生了解社会，培养学生的公民意识。丰富的社会公益活动，可以培养学生的社会责任感。集体探究活动，可以让学生学会沟通与协作，体会合作的乐趣。

乐学教室培养学生的创新思维。学生在乐学教室中自主发现、研究，从自身经验和经历出发认识世界，培养思维能力，学习悄然发生。

2. 环境导向的显性目标

乐学教室营造的学习环境具有清晰的显性目标，关系知识、技能、能力等方面。

乐学教室的学习空间具有开放性、多样性、创新性。学生在开放包容的学习环境中能探索更多的学习方法和策略，掌握更多知识和技能。学生在丰富多样的空间中能接触更多的学习领域，在不同的学科中获得更多的知识和经验。学生能根据自身兴趣选择适合自己发展的领域，促进认知驱动。

3. 环境生成新的学习目标

乐学教室的建设具有变化性。乐学教室的学习资源可以根据学生的学习需要、兴趣特长等不断调整、更新、迭代，从而生成更适合学生的学习目标，以指导学生在新的情境中迁移、运用习得的策略、技能等。乐学教室的建设处于不断变化的状态，一切变化都以儿童的学习和生活为旨归。

乐学教室的建设具有互动性。环境、学生、教师相互作用，构成学习共同体。共同体内的学生遵守同样的规则，拥有一致的价值观，对环境具有强烈的归属感和认同感。

乐学教室建设的变化性和互动性最终都指向新的学习目标，学生在真实情境中解决有意义的问题，成为主动的、积极建构的、具有环境适应性的学习者。

（三）环境中的工具元素提供了学习支架

1. 可触摸的学具支架

学具是辅助教师教学和学生学习的重要工具。可触摸的学具将符号化的学习内容以更加直观的方式呈现出来，从而架起抽象知识与学生认知经验之间的桥梁。

乐学教室为学生提供了多样化、多功能的工具资源。学校建筑结构、走廊或角落、学科专用教室以及学生自主创造的乐学作品等都成为学习的重要辅助支架。

2. 可感受的情境支架

情境是学习环境中的重要工具元素。乐学教室既有空间学习情境，也有师生共同创设的课堂学习情境。教师基于课程内容，联系学生生活经验和学习需求，精心设计问题情境，设置一个完整事件，让学生置身于事件和问题情境中，赋予学习有趣的意义。

比如，教授《语文》三年级下册《蜜蜂》，教师创设“招募法布尔实验研究助手”的情境，借助虚拟图像和声音模拟技术，由“法布尔本人”发布招募任务；设置“梳理实验过程”和“实验大揭秘”两个核心任务，借助人机交互功能模拟实验过程并记录实验结果。

3. 可对话的同伴支架

学习支架不仅来自教师，还存在于同伴之间。同伴支架是指建立在认知水平相似的同伴之间的，在同伴互动中促进彼此发展的一种互助联结。处于同一学习环境中的学生，有着相同的学习目标，面临共同的学习任务，他们组成了该学习场域中的学习共同体，在认知、动机、情感等多方面相互影响和联结。

第三节 教师能量供给方式的转变

在乐学教室中，环境从边缘走向学习中心。教学环境地位的转变，必然给教师和学生的关系带来改变。在乐学教室中，教师和学生以环境为中心，教师的主导地位相对弱化。教师能量供给方式从点式转向系统，从固定转向开放，从单向转向多元，从控制转向创生。教师能量供给方式的转变，赋能学生学习。

一 从点式供给转向系统供给

在传统教学中，教师以教材知识点为中心，局限于单一的学科知识，忽视了学生全面发展的需要。在人工智能时代，社会需要复合型人才，对学生的综合素养要求越来越高。单一学科知识的点式课堂教学无法满足未来人才发展的需求。锡师附小乐学教室的建设，顺应时代发展需求，满足儿童成长需要，实现以书本为中心的点式知识供给向以环境为中心的系统化知识供给的转变。

（一）多学科知识同时呈现

乐学教室是教师为学生精心设计、创建的学习场景，不同的主题区域、多样的学习资源承载着学科知识，学科界限在学习场域、学习情境中变得模糊，多学科知识被融合呈现。

1. 乐学教室通过多种途径呈现学习资源

只有教室文化发生变化，儿童的学习生态才会发生变化，才能推动儿童学习方式的变革。锡师附小的乐学教室建设是在空间重塑的基础上进行学习资源重组，促使儿童由被动地学转向主动地学，由片面发展转向全面发展。学校改变教室的空间布局，打造班级文化，凸显班级个性，使课程资源更加立体。

班级百变教室通过改造座位布局、改变物型学具的组合方式呈现学习资源，为学生发展营造和谐的氛围。学科挑战教室以富有挑战的学习任务呈现学习资源，体现学科思想和学科文化，激发学生的探索兴趣。主题探险教室把学习资源嵌入主题区域，使学生在真实情境中进行融合学习。虚拟奇趣教室用新技术呈现学习资源，实现技术与资源的融合。校园隐秘教室连接生活中的学习资源，鼓励学生自主探究、发现探索。

2. 乐学教室的环境元素凝结着多学科知识

陶行知先生曾说："一种生机勃勃、稳定和谐、健康向上的环境氛围，本身就具有广泛的教育功能。"乐学教室的每一面墙壁、每一个角落都是无声的教师。五类乐学教室是基于学习环境设计理念打造的育人场域，不同场景的教室融合了多学科知识，将教与学的方式融合在教室环境中，充分调动学生的视、听等感官。

（二）学习活动前后关联

乐学教室是集物理环境、人际环境、技术环境和心智环境为一体的环境综合体，它们相互联结、共同作用，具有相对稳定性。一段时间内，乐学教室中的学习活动前后关联，具有连续性。

1. 乐学教室中的学习活动要素具有相对稳定性

锡师附小打造的乐学教室是儿童学习与生活的主要场所，既是由桌椅、黑板组成的物理空间，又是师生同在的活动空间、生活空间和信息空间，形成了相对稳定的儿童学习生态系统。从物理环境的设计到制度的制定，都关注儿童的情感体验，遵循班级生命化、集体身份化、学习空间化和场域资源化的建设目标。教室环境体现出情境性、温暖度、便捷性和开放性。

2. 乐学教室中区域性学习环境拉近新旧学习的距离

学习的本质在于利用大脑存储的旧知识来解释新知识，联结新旧知识，建构知识结构。在乐学教室的课堂中，不同样态的区域化教学情境以学生为中心，改变了传统的点状课堂学习方式，重在探究新旧知识之间的联结。新知识进入原有观念团内，使原有的知识结构得到丰富和发展，实现新旧知识的同化。

3. 乐学教室中一些学科元素成为学生学习的先行组织者

奥苏贝尔提出的“先行组织者”是指先于学习任务本身呈现的引导性材料，且能清晰地与认知结构中原有的观念和新的学习任务相关联。乐学教室将知识融入环境，形成了能促进知识、技能、经验和环境之间关联的认知情境，大量的缄默知识和意会知识激活了儿童的相关图式，培养儿童的核心素养。乐学教室中的学科元素承载着智慧，成为学生学习的先行组织者。

二 从固定性供给转向开放式供给

乐学教室为儿童呈现多维度、多形式、多主题的学习空间，实现了从固定到开放的转变，是对传统教室的革新与发展。乐学教室的空间设计更灵活，活动方式更多样，互动合作更充分，学习环境更舒适。

（一）教室环境的变化体现资源的动态性

乐学教室根据学生学习需求和学习内容而变，以培养完整儿童为变化宗旨。乐学教室环境的变化主要表现为学习资源的动态变化。

1. 班级百变教室在变化中促进儿童发展

班级百变教室以治学为本，为学生提供情境，搭建学习支架；班级百变教室以变化为要，随教学时序而改变，随自然时令而改变，随教育主题而改变；班级百变教室以温暖为灵魂，营造温馨、和谐的氛围，使学生乐在其中。

班级百变教室要变中有序，变是为了儿童的发展。在将普通教室改造成“蜜蜂班”的过程中，我们提出班级百变教室的变化原则：有背景地变，有方向地变，有结构地变，有情境地变，为学而变。

2. 乐学教室中的多学科要素互动

乐学教室建设旨在促进多学科的互动与融合，强调“做中学”，强化学科本质，把抽象知识具体化。我们通过对教室情境的布置和应用，创造出独具匠心的教学设计，充分发挥环境对学科要素互动的作用。

比如，学校建造生态环境主题探险教室，学生在校园湿地馆种湿地植物，制作鸟类、昆虫标本。教师依据教材内容开发设计了“‘湿’情画意”跨学科主题学习活动：语文学科，学生以诗文颂湿地；美术学科，学生进行湿地写生；科学学科，学生利用 3D 打印、激光切割技术制作湿地文创作品。乐学教室为学科之间的深度融合提供了空间，使学生实现跨学科学习。

3. 乐学教室环境结构与德艺体活动处于动态的一体建构中

乐学教室是德艺体活动的环境资源，为德艺体活动提供行动素材和工具支持。德艺体活动主题与乐学教室合理匹配，活动情境与乐学教室恰当融合，活动板块与乐学教室结构一体化。乐学教室是动态的、多元化的、充满活力的学习空间。它与德艺体活动紧密结合，共同构建了一个富有创造力和活力的教育生态系统。乐学教室为学生提供多种学习资源，通过开展德艺体活动，培养儿童的团队协作精神。

（二）教室环境的跨学科融合体现学习的综合化

乐学教室的跨学科融合打破了传统学科的界限，将不同领域的知识和技能融合，为学生提供一个更加全面、综合的学习环境。

1. 多学科学习环境的一体性

乐学教室的多学科学习环境注重培养学生的创新能力和实践能力。在这里，学科活动注重体验学习，为学生提供丰富的学习资源，如书籍、视听媒体、实验器材、手工材料等，让他们拥有足够的探索空间。学生不再是被动地接受知识，而是通过主动参与、动手实践来获取知识，提升技能。

锡师附小建设了“三味书屋”功能阅读室，开展绘本阅读、神话阅读、古诗词阅读等阅读课程；建设了言语实践厅，开展小小朗读者、课本剧创编及表演等言语实践课程。①这些课程激发了学生的学习兴趣和创新意识，培养了学生的实践能力。

2. 跨学科学习资源的共生性

乐学教室拥有丰富多样的学习资源，适合开展不同学科的学习活动，为跨学科学习提供必要的支持，有助于学生全面了解各个学科的知识体系和思维方式。例如，学校开发了科学与数学融科课程“湿地的奥秘”，道德与法治和语文融科课程“紧急救援”，语文与美术融科课程“书屋的制作”。

3. 不同学科学习方式的互动性

乐学教室的学习基于学科并超越学科。同一间乐学教室为不同学科的学习提供环境支持，不同学科的学习方式基于环境发生互动，形成互补，实现互通。比如，语文和美术学科相互关联，诗歌里描绘的山川美景与画笔的勾勒往往互相影响。这种相互关联的不同学科的学习方式有助于学生全面了解各学科知识体系和思维方式。

（三）教室环境的空间转换体现学习的流动性

乐学教室是灵活多变的学习空间，通过空间转换为学生提供持续学习的脉络，促进学生间的交流与思想碰撞，培养学生的创新思维和合作精神。不同的空间设计可以满足不同学科的需要，推动多视角学习的整合，促进学生内在知识结构的更新。

---

① 张明霞．儿童学习生态的重构：乐学教室文化建设撬动育人方式转型[J]. 江苏教育研究，2022(16)：9.

1. 提供持续学习的脉络

乐学教室不再将学生局限于固定的时间和地点，而是进行灵活的空间布局，根据学生的学习需求，提供持续学习的脉络。比如，在学科挑战教室，学生既可以在实验区进行实践操作，又可以聚集在讨论区进行交流和思想碰撞，自由灵活的学习方式能够打破传统学习方式的局限性。

2. 推动多视角学习的整合

在乐学教室中，学生不再被限制在固定的座位上，而是可以根据学习需求自由移动。这种空间设计鼓励学生从不同的角度看待问题，促进多视角学习的整合。教师通过创设多元化、包容性的学习环境，采用跨学科的教学方法，促进学生知识体系的整合与拓展。比如，在语文教学中，学生可以在教室内自由移动，扮演不同的角色，模拟语文课文中描述的场景，从而更加深刻地理解课文的中心思想。这种多视角的学习方式能够帮助学生更好地理解知识，提高思维能力和创新能力。

3. 促进学生内在知识结构的更新

在乐学教室中，学生通过与不同学科、不同领域的知识互动，不断拓展自己的知识边界。乐学教室空间的流动性使得学生能够更好地将不同领域的知识进行整合，形成自己的内在知识结构。此外，通过与教师的交流和合作，学生也可以不断反思、更新自己的知识结构。

三 从单向计划性供给转向多元组合式供给

传统教室往往呈现一种特定的教学环境和师生互动形式，一般以教师为主导，由教师向学生传授知识，缺少生成性和互动性。而乐学教室打破常规，教师根据学生学习心向和发展需求提供情境基础和认知材料，彰显儿童趣味。

（一）乐学教室包容知识的纵向结构

乐学教室是一种创新的教育环境，强调以学习为中心，从学生的学习心向和认知需求出发，激发其好奇心和探索欲。在乐学教室中，学生习得的知识不再是孤立、静态的，而是关联、动态的。学生不仅可以进行高质量的学习，还可以建构完整的知识结构。

1. 环境中的学科知识模型具有知识建构的层次性

乐学教室是一种能让学习真正发生的空间环境，学生可以与教室里的学习资源发生互动，根据自己的经验背景，对外部信息进行主动选择、加工处理，从而获得基本知识，探索现象背后的原理，构建知识框架。学生的认知建构以学科基本观念、基本原理、基本方法等为基础，学生掌握了基本原理，才更容易理解学科内容。

2. 体现学科文化的环境具有认知刺激的层次性

学科挑战教室蕴含学科文化，巧妙呈现学科基本原理，让学生能在直观感受中深入理解学科的真谛。学生的学习条件不同，受到的认知刺激不同，习得的结果类型也不同。

教室环境中处处渗透着学科元素，墙上张贴的名人名言、乘法口诀表等，给学生视觉、听觉等多种感觉刺激，引发学生的好奇心。乐学教室的环境布置还可以为学生提供新的知识生长点，帮助他们积累经验，实现真正的、有意义的学习。

3. 学科主题区域融入跨学段的知识元素

不同学科主题区域的创设为学生提供了与现实生活紧密相连的、具有探索性和实践性的学习环境，支持学生通过观察、实验、推理等不同方法去主动探索和发现知识，继而培养他们的创新思维和实践能力。乐学教室不同于传统教室，其中的情境、材料等将不同学段的内容关联起来，使它们由浅入深、层层递进、螺旋式上升地呈现，构成相对系统的知识结构。

比如，为了帮助学生形成数感和符号意识，理解和掌握数的概念，形成运算能力和推理意识，数学乐学教室放置了计数器等多种趣味认数学具。低年级的学生通过辨认计数器理解数位的含义，形成初步的数感；中年级的学生借助计数器认识万以上的数，了解十进制计数法，掌握多位数的乘除法；高年级的学生则感悟新的计数单位，为学习小数做好准备。尽管学具相同，但对学生产生的认知刺激并不相同。

（二）乐学教室包容知识的横向联合

乐学教室是一种注重快乐学习、培养学生学习兴趣的教育环境。在这里，学生不仅可以构建完整的知识结构，还可以将不同学科建立联系，进行知识的整合和迁移，实现知识的横向联合。这种联合打破了不同学科的界限，强调知识的整体性和关联性，促进了多学科融合学习。

1. 时令环境包含多学科知识

乐学教室的环境布置不是固定不变的，而是动态变化的。乐学教室不仅注重学生知识、技能的习得，也注重学生情感、态度、价值观的形成。教师会根据季节的变化来更换教室内的装饰物，如根据季节变化更换绿植。学生通过观察植物的生长变化特点，习得相应的自然科学知识，提高自己的探究能力和科学素养。

课本中的文学作品也经常以季节为背景，表达人物情感，增强主题思想；艺术创作也经常借助季节元素来表达情感和意境。学生可以通过观察植物生长、阅读文学作品、欣赏艺术创作等来丰富人文科学知识，提高文学素养和审美能力。

2. 主题环境促发多视角感悟

教师在设计教学环境时，会围绕某个主题进行，以期为学生提供真实、具体的学习情境，从而帮助他们更好地理解知识。教师围绕单元的大概念来设计问题情境，以解决学生在现实生活中遇到的问题为目标，选择合适的任务，让学生以问题为导向，通过与同伴协作、交流，不断试错，在实践中探索问题的解决方法，提高分析、解决问题的能力。

“江南水乡学前街”主题探险教室融主题、资源、情境、事件和问题于一体，突出学科的融合性。学生在教师的指导下，分小组深入研究江南水乡的文化、历史、建筑风格和特色等，了解学前街的背景和特点。

3. 多学科环境提供综合学习视野

跨学科学习不是简单地将学科知识叠加，而是需要找到知识之间的内在联系，构建出框架结构，是知识的再创造。在乐学教室中，学生可以完成真正的跨学科学习。在教师的指导下，学生借助先前经验，融合两个或两个以上学科的知识或方法，实现知识迁移，完成问题解决。这就需要教师具备跨学科的知识结构，能找到知识之间的联系，引导学生发现不同学科的交叉点，帮助学生更全面地理解知识体系，整合知识内容，培养综合思维能力。

（三）乐学教室的多维目标引领

学生发展核心素养，主要指学生应具备的，能够适应终身发展和社会发展需要的必备品格和关键能力。教学中，教师要摒弃知识传授的单一教学目标导向，应注重在传授学生基础知识和技能的基础上，引导学生合作、探究，关注学生的学习过程和方法，培养学生积极的学习态度、正确的价值观和良好的道德品质。

1. 基于情境的情感目标引领

乐学教室强调培养学生的社会责任感，提升其创新精神和实践能力，促进其发展为有理想信念、敢于担当的人。教授《雷锋叔叔，你在哪里》这一课时正逢“雷锋月”，教师将学生绘画的雷锋画像、收集到的雷锋故事呈现在“名人墙”上，以直观的方式引起学生的情感共鸣，使他们能更好地理解教学内容和情感目标。教师还组织学生排练课本剧，让学生扮演雷锋，融入课文情境。

2. 基于事物的认知目标引领

乐学教室注重增强学生的文化基础，保证学生人文、科学等领域知识和技能的习得，促进其发展为有扎实文化基础和较高精神追求的人。教师通过具体事物来引导学生认知，帮助学生更好地理解抽象的概念和知识。

比如，教授“长方体和正方体的认识”时，教师结合学生已有经验，引导学生把形状相同的积木放在一起，先搭出立体图形，再抽象出平面透视图，将不同的图形呈现在作品展示板上。

3. 基于生态的道德目标引领

乐学教室重视培养学生的道德素养，使其学会处理自我和社会的关系，遵守道德准则和行为规范。教师将环保意识和责任感的教育渗透在教室环境中。

教师在教室精心布置一个自然角，在那里摆放盆栽、小金鱼、蚕宝宝等，学生给它们绘制了“姓名牌”和“介绍卡”。在自然角里，学生可以了解生态知识，认识自己在生态系统中的位置和角色，认识人类与自然环境的相互依存关系，形成生态意识和环保观念。

4. 基于文化的审美目标引领

乐学教室强调培养学生的审美能力，引导学生理解和尊重文化艺术的多样性，提高学生发现、感知、欣赏、评价美的意识和能力，促使其形成正确的审美价值取向。教师将文化元素融入审美教育，旨在培养学生的文化敏感性和审美能力。

教师在教室的一角设置一个创意工坊，墙上挂满学生的创意作品，如趣味时钟、纸盘怪脸等。创意工坊展台上摆放着各种手工材料和工具，方便学生取用。学生可以自由地选择感兴趣的项目进行创作，在此过程中提升艺术审美力和想象力。

四 从控制执行式供给转向创生增能型供给

在普通教室中，教师控制学习目标，掌控学习进程，调控评价方式，确定评价内容。教师的权威性决定学生的执行情况。

在乐学教室中，教师为学生提供丰富的学习资源，使教材与环境合为一体，教师的控制行为前置为对环境的创设与布置。当学生走进乐学教室学习时，教师的角色转变为协作者、服务者、组织者，学生与环境对话，环境为学生学习增加效能。

（一）探究以乐学教室为支撑的创生型教学行为

在乐学教室中，教师让学生带着学习任务到环境中去自主发现、自主探索、探究问题，寻求问题解决的方案，创生新思维。

1. 变化提示行为

乐学教室的环境是随着学习内容而改变的。在一段时间内，学习某一章节、某一单元或某一主题内容时，乐学教室的整体环境是不变的，局部会根据教学内容进行微调，以适应学生学习的需要。

当学生走进乐学教室时，教师有必要结合学习内容，提示学生留心教室环境的细微变化，为学生学习提供必要的支持，避免学生在探究中因未注意到环境变化而产生挫败感。

2. 意义联结行为

乐学教室的环境是教学内容的有效载体，不同环境承载着不同的意义，乐学教室中的学习是意义激活、意义联结的过程。在乐学教室中，教师教学行为的价值在于引导学生发现环境中的意义，巧妙联结教室主题区域的意义，使学生在意义的联结中形成学科观念、提升实践能力、点燃生活智慧。

在乐学教室中，教师经常使用的意义联结行为有：言语暗示、前后勾联、主题贯穿、场景还原等。

教师基于乐学教室环境进行的意义联结行为，有利于儿童完整和深度理解意义，在新情境中运用意义，激发儿童的创造力，唤起儿童的潜在学习力。

3. 冲突诱发行为

乐学教室的学习环境带有明确的目标导向。儿童走进乐学教室，原有认知与现有环境间产生冲突，激发儿童的求知欲、探究欲，促使他们主动与环境对话，展开探究式学习。

冲突诱发行为以学生的原认知为起点，教师需准确了解学情，基于学情布置乐学教室环境，将高于学生认知水平的知识嵌入环境中，以具体的情境任务诱发学生自主探究。

（二）探索基于乐学教室的增能型学习活动

乐学教室为儿童提供的学习环境丰富多样，儿童在乐学教室中接受多样化刺激，产生强烈的反应，给学习活动蓄势增能，提升学习效能。

1. 借助环境资源的自探自悟活动

乐学教室给儿童提供的环境是情境化、互动式、动态变化的。一个主题区域就是一个情境，情境赋予儿童角色，激发儿童的学习兴趣，使他们跃跃欲试，主动投入学习情境中，与情境中的物型学具、模拟场景展开对话，展开自探自悟活动。

儿童在乐学教室中的自探自悟活动是主动探索、反复尝试、错中求解、思维舒展的过程。儿童借助环境资源自探自悟，以自主学习为主，但并不排斥教师引导。当儿童与环境对话的行为出现偏差甚至遇到困境时，教师仍需要提供有意义的提示、支持，引导学生正确使用环境资源，以保证自探自悟走向深入。儿童通过自探自悟达成学习目标，收获的不只是知识、方法，还有可持续发展的学习力。

2. 环境功能引领的发散合作活动

乐学教室为儿童提供开放的主题区域、逼真的学习情境、丰富的学具资源，具有导向、支撑、联结、互动的功能。儿童带着学习任务走进乐学教室，可以选择自己喜欢的区域、需要的资源，与兴趣相投的伙伴展开合作学习。

乐学教室中的合作学习活动是发散式的，根据学习需要，儿童会在不同的主题区域学习。儿童在与环境互动的过程中，不会完全集中探究一个学习内容，而会关联相关学习内容，从中心内容向周围辐射，生成新问题。另外，学习方式是多样的，环境中丰富的学习资源为儿童采用多样的学习方式提供支撑。

3. 任务情境激发的冒险游戏活动

皮亚杰把游戏看作智力活动的一个方面，认为游戏是认识新的复杂客体和事件的方法，是巩固原有知识和技能的方法，是使思维和行动结合的方法，是思维活动的一种表现形式。儿童的生活离不开游戏，在儿童眼中学习也是一种游戏。锡师附小开发的乐学教室顺应儿童学习需求，为儿童提供多样的学习环境，如主题探险教室、学科挑战教室、校园隐秘教室等。

学生走进主题探险教室，进入一个个主题区域，沉浸在一个个任务情境中，暂时模糊现实身份，扮演游戏角色，承担任务，与同伴合作展开冒险游戏活动。儿童在试验、闯关、探秘等活动中接受多种学习刺激，丰富生命体验，生成生命资源。

（三）创建环境支撑型学科教学常规制度

1. 学科环境互动式学习制度

（1）教师根据学习内容适当调整学习环境，保证学习环境与学习内容相匹配。

（2）教师设定的学习目标与学习环境相适应。

（3）教师依据学习环境设计学习任务，学习任务之间的关联体现区域的连续性。

（4）教师组织学生小组合作，须在主题区域内开展。

（5）教师适时调整学生与环境互动的方式和进程。

（6）学习过程中，如果学生对环境提出特殊需求，教师应想办法为学生提供支持。

（7）组织学生汇报学习成果时应选择合适的主题区域。

（8）教师及时记录学生在乐学教室中的学习表现，评估环境支撑学习的效度，根据学习结果调整学习环境。

2. 学习环境满意度评估制度

（1）每学期组织学生开展一次学习环境满意度测评。

（2）学习环境满意度测评须科学设定评估内容和指标。

（3）学习环境满意度测评应选择典型学习内容。

（4）学习环境满意度测评应围绕环境氛围、情境背景、学具呈现方式、资源搭配等维度展开。

（5）学习环境满意度测评应客观反映学生学习效度，为改进环境提供依据。

（6）教师应根据学习环境满意度测评结果完善学习环境，有针对性地更新学习环境。

（7）学习环境满意度测评应与学生学业质量做比对，成为分析学生学业质量的参考指标。

（8）学习环境满意度测评应关注学习有困难学生的需求，教师应根据学生的层次有针对性地设计环境。

3. 师生学习环境建设共同体行动制度

（1）师生对学习环境的建设应指向共同的学习目标。

（2）学习环境建设应发挥教师主导和学生主体作用。

（3）师生共同建设学习环境的过程应充分体现学习过程的展开。

（4）师生共同建设学习环境应满足不同层次学生的学习需要。

（5）师生共同建设学习环境应体现学习的动态发展过程。

（6）师生共同建设学习环境应重视营造学习场域，诱发学生主动学习。

（7）师生共同建设学习环境应处理好学段、单元和课时之间的关系，兼顾实用性和发展性。

（8）师生共同建设学习环境应将学业评价与学习环境有机结合。

类似的环境支撑型学科教学常规制度还有很多。制度重在提供标准，为师生指明努力的方向，以期乐学环境支撑型教学成为师生学校生活的常态，转化为行动自觉。这些制度也是乐学文化的重要组成部分。

后记

距离乐学教育百又十年成果展刚刚一年，江苏省无锡师范学校附属小学组织编写的《理想乐园——营造教室文化（2020—2024）》一书将由教育科学出版社出版！附小人为之欣喜，深受鼓舞！

这本专著是“乐学教育丛书”中的第六本，原计划同其他五本一并于2023年出版，后斟酌再三，保留下来于今年出版，主要是附小人做教育勇立潮头的诚勇品格和追求卓越的乐学精神使然。一是当前学习环境设计和教室文化创生这一领域研究较少，可查阅的文献不多，这本专著具有开拓性的前瞻意义，撰写时附小人常怀敬畏之心；二是书稿撰写源于教育教学的一线实践，是附小人近年来“做科研”的生动写照，我们希望能够在书中清晰呈现“理论—实践—理论”螺旋上升的研究路径，以尽可能丰富、翔实的实践案例凝练乐学教室文化的附小表达；三是研究乐学教室里的人、事、物，是我们在新的历史阶段的新探索、新使命，沉淀酝酿、琢磨思量、更新迭代，书稿撰写是一个不断自我超越的生长性过程，立足当下又面向未来。

可以说，这本专著的诞生是乐学教育研究史上的又一次重大突破。借助江苏省教育科学“十三五”规划重点资助课题“暖认知理念下的儿童学习环境设计”，凭借江苏省中小学课程基地与学校文化建设项目“乐学教室文化：儿童学习生态的重构”，乐学教育的研究从乐学模型、乐学课程、乐学课堂引申到乐学环境。这本专著以学习环境设计为重要突破口，聚焦教室文化创生，在具有根源意义的学校微观空间着力，通过构建班级百变教室、学科挑战教室、主题探险教室、虚拟奇趣教室和校园隐秘教室这五种乐学教室样态，倒逼学习方式转型，以打通新课程改革的“最后一公里”。

感谢张明霞校长带领我们走上“乐学教室”的研究之路，她与老师们在“做科研”“创教室”的过程中达成共识：专著撰写的过程，是课题项目研究、教育教学实践、师生共同成长的过程，也是乐学教育研究不断深化、乐学教育品牌不断被擦亮、乐学教育影响力不断扩大的过程。在走向5.0版本的集团化办学进程中，学习环境的深入研究和乐学教室文化的持续传播，是附小人凝心聚力、接续奋斗的精神支点，是在江苏乐学教育研究中心这一平台上传播乐学教育基因的共同愿景，更是扎根中国大地办教育的新的生长点。

在乐学教育走向未来的道路上，我们得到了诸多领导、专家和学者的指导。在他们的再三鼓励下，我们才鼓起勇气、付出精力，进行回顾与提炼。在此，首先要感谢顾明远、杨九俊、成尚荣、彭钢等专家学者的亲临指导，乐学教育研究正是在他们的引领下才不断走向深入。其次要感谢南京师范大学王一军教授和无锡市教育科学研究院钱阳辉副院长，在书稿撰写的过程中，他们始终陪伴，倾囊相助。最后还要感谢所有关心、帮助过我们的朋友和同人！

虽然本书的撰写是老师们在丰富实践的基础上进行的，但由于老师们在理论学养、理性思维方面尚有不足，本书难免存在缺点和疏漏，敬请批评、指正。

乐学教育乃育人之景。心中有景，花香满径。

编　者

二〇二四年六月

出 版 人 郑豪杰
责任编辑 何 威
版式设计 思瑞博 沈晓萌
责任校对 马明辉
责任印制 李孟晓

图书在版编目（CIP）数据

理想乐园：营造教室文化：2020—2024 / 江苏省无锡师范学校附属小学组织编写 . -- 北京：教育科学出版社，2024. 12. --（乐学教育丛书）. -- ISBN 978-7-5191-4305-3

Ⅰ. G622.421

中国国家版本馆 CIP 数据核字第 2024Z3X912 号

乐学教育丛书
理想乐园——营造教室文化（2020—2024）
LIXIANG LEYUAN——YINGZAO JIAOSHI WENHUA（2020—2024）

出版发行	教育科学出版社		
社 址	北京 · 朝阳区安慧北里安园甲9号	邮 编	100101
总编室电话	010-64981290	编辑部电话	010-64981157
出版部电话	010-64989487	市场部电话	010-64989009
传 真	010-64891796	网 址	http://www.esph.com.cn
经 销	各地新华书店		
制 作	北京思瑞博企业策划有限公司		
印 刷	北京市大天乐投资管理有限公司		
开 本	720毫米 × 1020毫米 1/16	版 次	2024年12月第1版
印 张	18.5	印 次	2024年12月第1次印刷
字 数	250千	定 价	72.00元